Staats- und socialwissenschaftliche Forschungen

herausgegeben

von

Gustav Schmoller.

Siebenter Band. Viertes Heft.

(Der ganzen Reihe einunddreissigstes Heft.)

Franz Schwartz, Organisation und Verpflegung der Preussischen Landmilizen im siebenjährigen Kriege.

Leipzig,
Verlag von Duncker & Humblot.
1888.

Organisation und Verpflegung

der

Preussischen Landmilizen

im

siebenjährigen Kriege.

Ein Beitrag

zur

preussischen Militär- und Steuergeschichte

von

Dr. Franz Schwartz.

Leipzig,

Verlag von Duncker & Humblot.

1888.

Meinem lieben Vater,

Dr. W. Schwartz,

Professor und Director des Königl. Luisen-Gymnasiums zu Berlin.

Vorwort.

Indem bei Betrachtung des siebenjährigen Krieges die Persönlichkeit des Königs alles andere in den Hintergrund treten liess, konnte es geschehen, dass man von jeher den Hilfsmitteln, mit denen der Krieg von preussischer Seite geführt worden ist, insonderheit der Theilnahme des preussischen Volkes an jenem grossen Kampfe geringere Aufmerksamkeit geschenkt hat.

Oft genug ist das Wort Napoleons nachgesprochen worden, nicht das preussische Heer habe sieben Jahre lang Preussen gegen die drei grössten Mächte Europas vertheidigt, sondern Friedrich der Grosse. Und doch wird man behaupten dürfen: ohne seine getreuen Unterthanen, vor allen seine Brandenburger und Pommern, die mit Freuden Gut und Blut für ihren König opferten, die stets seinen Kerntruppen die Offiziere wie die Soldaten stellten, hätte wohl selbst Friedrich unterliegen müssen. Er selbst hat nach dem Kriege zu einer Deputation der pommerschen Ritterschaft gesagt: „ich liebe die Pommern wie meine Brüder, . . . denn sie sind brave Leute, die mir jederzeit in Vertheidigung des Vaterlandes, sowohl im Felde als zu Hause, mit Gut und Blut beigestanden haben“ [1]); und noch in seinen letzten Jahren hat er bekannt: „setze ich mich vor meine Pommern und Märker und habe schon die Hälfte meiner Monarchie verloren, nur selbst den Kopf nicht . . . , so jage ich den Teufel aus der Hölle“ [2]). In dem Volke beruhte schon damals die eigenthümliche Kraft des preussischen Heeres, trotz der Durchsetzung dieses Heeres mit fremden Bestandtheilen [3]), und damit des

---

[1]) Preuss, Friedrich der Grosse III, 1833, S. 62.

[2]) Aeusserung des Königs gegen seinen damaligen Adjutanten, den späteren General v. Rüchel. Vergl. „General von Rüchel“ (nach hinterlassenen Papieren) Preussische Jahrbücher Band 44 S. 638.

[3]) Ueber die Bedeutung der Landeskinder in den Regimentern sagt der König in dem politischen Testament von 1768: „ces 60 soldats citoyens“ (auf die Kompanie) „sont tous d'une même contrée, beaucoup entre eux sont parents et se connoissent; ceux-ci mêlés avec les étrangers font une excellente composition“ u. s. w. Dieser Stamm an einheimischen Mannschaften war es, welcher der einzelnen Truppe ihren landschaftlichen Typus gab, so dass ein märkisches oder pommersches Regiment sich wesentlich von einem schlesischen oder ostpreussischen unterschied.

Königs eigene Stärke. Der siebenjährige Krieg war für den gesammten preussischen Staat eine Vorschule des Freiheitskrieges, das ganze Volk hat mit seinen materiellen und ideellen Mitteln theilgenommen an dem grossen Kampfe.

Es fehlt heute noch viel, dass diese Thatsache gewürdigt wäre, ist sie doch kaum bisher ausgesprochen worden; an Beweisen aber gebricht es ihr nicht.

Zweck der folgenden Darstellung ist einmal, ein Blatt aus der preussischen Armeegeschichte dadurch zu erneuern, dass die grosse Bedeutung gezeigt werden soll, welche im siebenjährigen Kriege für die Vertheidigung der Provinzen, die Ergänzung des Feldheeres und die Fortführung des Kampfes die überall errichteten Landmilizen gehabt haben; andererseits aber sollen die finanziellen Leistungen dargelegt werden, die der grosse Krieg der Steuerkraft des preussischen Volkes über das Mass des Gewöhnlichen weit hinaus zugemuthet hat. Es ist bis in die neueste Zeit von allen Seiten bestritten worden, dass im siebenjährigen Kriege in Preussen ausserordentliche Kriegssteuern erhoben worden seien; die allgemeine direkte Landmilizsteuer und die Landmilizakzise, die, wie wir sehen werden, in allen alten Provinzen der Monarchie zur Anwendung kamen, sind aber unzweifelhaft als wirkliche Kriegssteuern anzusehen, wenn sie auch im Vergleich zu den Kriegsabgaben, die man um dieselbe Zeit in den österreichischen Staaten ersann, als geringfügig und als äusserst human bezeichnet werden müssen.

Vorangeschickt werden musste eine gedrängte Uebersicht der Landmilizen und milizähnlichen Einrichtungen des brandenburgisch-preussischen Staates vor dem siebenjährigen Kriege, vor allem, um die Kontinuität des Gedankens, dass im Nothfalle alle Unterthanen zur Vertheidigung des Vaterlandes verpflichtet seien, hervortreten zu lassen.

Das Quellenmaterial für die vorliegende Arbeit entstammt, von subsidiären Entlehnungen aus der durchaus unzureichenden gedruckten Litteratur abgesehen, im wesentlichen den Akten des Berliner Geheimen Staatsarchives; werthvolle Ergänzungen dazu fanden sich in Provinzial-Staatsarchiven, besonders aber auch in dem Archive des Kgl. Grossen Generalstabes und der Kgl. Geh. Kriegskanzlei. Ueberall wurde von den Kgl. Archivverwaltungen die Benutzung der einschlägigen Akten dem Verfasser in der zuvorkommendsten Weise gestattet. Derselbe erfüllt hier die angenehme Pflicht, diesen Behörden, sowie allen den Herren, die ihm bei seiner Arbeit ihre wohlwollende Unterstützung haben zutheil werden lassen, vor allen seinem verehrten Lehrer, Herrn Professor Dr. Koser, seinen verbindlichsten Dank auszusprechen.

Einleitung.

Brandenburgisch-preussische Landmilizen und Landesaufgebote bis zum siebenjährigen Kriege.

I. Die alten Milizen des 17. Jahrhunderts.

Während in den meisten anderen deutschen Territorien die alte, auf Lehen- und Landfolge gegründete Kriegsverfassung schon im 16. Jahrhundert mit dem Aufkommen der Soldtruppen zugrunde gegangen war oder doch „mehr nur als eine Erinnerung oder als ein Spiel“ [1]) fortbestand, hatte sich dieselbe im brandenburgischen Kurstaate noch vollkommen in die Zeit des dreissigjährigen Krieges hinübergerettet. Freilich wollte das alte Aufgebot nicht mehr so recht in den Geist des neueren Systems passen, aber mancherlei kleinere Reformen hatten die Brauchbarkeit desselben immerhin erhalten.

Die Grundzüge des märkischen Milizsystemes waren zu Beginn des grossen Krieges etwa folgende. Aus dem Aufgebot des Adels und seiner Mannen war das Institut der sogen. Lehnpferde hervorgegangen [2]), auf Grund dessen die Inhaber von Lehen verbunden waren, nach der Grösse

---

[1]) G. Schmoller, Die Entstehung des preuss. Heeres von 1640 bis 1740. Deutsche Rundschau 1878, Augustheft, S. 253.

[2]) Vergl. über dies und das folgende ausser Schmoller a. a. O. Hassel, die Heeresverbesserungen des Grossen Kurfürsten während der ersten Periode seiner Regierung (—1655), Preussische Jahrb. Bd. 14 S. 616 ff.; Droysen, Preussische Politik 2. Aufl. III, 2, S. 56 ff.; Courbiere, Gesch. der brandenb.-preuss. Heeresverfassung, Berlin 1852, S. 20 ff.; F. Hirsch, Die Armee des Grossen Kurfürsten und ihre Unterhaltung 1660—1666, Hist. Zeitschrift Bd. 53 S. 229 ff.; Mylius, Corp. Constit. March. Bd. III u. Bd. VI.

des Lehnsbesitzes in Kriegsfalle dem Landesherren einen oder mehrere gutgerüstete Reiter mit Pferden zu stellen, sowie dieselben drei Monate lang auf eigene Kosten zu unterhalten; die in ihrer Höhe genau bestimmte Verpflichtung haftete an den Lehnshufen, die Sollstärke der Milizreiterei blieb also damit konstant.

Anders mit dem Fussvolk. Die allgemeine Landfolgepflicht erstreckte sich gleichmässig auf alle bäuerlichen Unterthanen und die Bürger der Städte. Da man aber in der Praxis von der ganzen Masse des Volkes keinen Gebrauch machen konnte, auch das Interesse des Landes verbot, mehr als nöthig Arbeitskräfte der gewohnten Thätigkeit zu entziehen, war es üblich geworden, immer nur gewisse Prozentsätze der Bevölkerung aufzubieten, dafür aber an diese grössere Anforderungen in Rücksicht auf gute Rüstung und militärische Brauchbarkeit zu stellen; und zwar mussten die Zurückbleibenden für den Unterhalt der Ausziehenden Sorge tragen. Die so zusammengebrachte Miliz hiess der Landesausschuss oder auch das Landvolk[1]). Für ganz bestimmte Fälle fest normirt, wechselten die Prozentsätze doch dem jedesmaligen Bedürfnisse entsprechend. Es war also möglich, um ein Beispiel zu nehmen, zuerst etwa den zwanzigsten Mann aufzubieten und zum Heere zu schicken, sodann aber zur Deckung des Kreises etwa den fünften Mann unter die Waffen zu rufen. Im Falle der äussersten Noth, wenn es galt, eine grössere Masse schleunigst an einem Punkt zu konzentriren, enthielt das Aufgebot wohl gar alle Mannschaften des betreffenden Kreises, es wurde zum allgemeinen Landsturm. Länger übrigens als drei Monate unentgeltlich zu dienen, war auch das Fussvolk nicht verbunden.

Soweit in den Marken. Im Herzogthum Preussen waren die Wehrverhältnisse zu jener Zeit, wenn man von einigen lokalen Eigenthümlichkeiten sowie von den Benennungen speziell absieht, wesentlich dieselben.

Erwähnt zu werden verdient endlich noch, dass die kurfürstlichen Jäger und Förster jederzeit bei entstehender Kriegsgefahr zusammengezogen und einerseits zur Beschützung der landesherrlichen Familie, andererseits zur Sicherung von Transporten u. s. w. bestimmt wurden, ja schon in der Thätigkeit der späteren Feldjäger als Kolonnenjäger beim Heere und als Ueberbringer von Depeschen Verwendung fanden[2]).

Das gesammte so für die Landesvertheidigung verfügbare Mannschaftsmaterial war an sich weder schlecht noch un-

---

[1]) Obwohl Mannschaften der Städte dabei sind; vergl. u. a. Friedlaender, Märkische Forschungen VII, 212 ff.

[2]) Bald kommen, mit Sicherheit 1675, auch die Forstbeamten der adligen Grundherren und der städtischen Kommunen hinzu.

brauchbar; es kam alles darauf an, wie es in jedem einzelnen Falle verwerthet, wie es verwendet werden würde. Aber Kurfürst Georg Wilhelm war nicht der Mann, von den ihm zur Verfügung stehenden Mitteln im rechten Augenblick energischen Gebrauch zu machen. Wohl erging in der Zeit bis zum Prager Frieden nicht weniger als sieben Mal ein allgemeines Aufgebot, „sich Mann bei Mann" und „von Haus zu Haus bereit zu halten"[1]), aber von einer planmässigen Verwendung des gesammten Landesaufgebotes ist niemals die Rede. Wo eine grössere Anstrengung geboten erschien, griff man nach dem Muster der anderen Staaten zur Aufstellung geworbener Truppen; nur mehr gelegentlich und meist in engster lokaler Beschränkung machte man wirklich von den Lehnpferden oder einem schwachen Ausschusse Gebrauch, doch ebendeswegen auch selten mit Erfolg. So 1619 gegen die durch die Mark ziehenden zügellosen englischen Hilfsschaaren des Winterkönigs[2]); so 1626 gegen die nach der Niederlage an der Dessauer Brücke das brandenburgische Gebiet heimsuchenden Mansfelder[3]); so 1633, als die geworbenen Regimenter des Kurfürsten nach Schlesien marschirt waren[4]). Aehnlich in Preussen 1621, als die Polen gegen Livland zogen[5]); 1626, als Gustav Adolf bei Pillau landete[6]); 1627, als der Kurfürst selbst nach dem Herzogthum kam[7]). Aber jedesmal bezweckte das ganze Aufgebot weiter nichts als eine, geradezu furchtsam zu nennende Defensive.

Unter diesen Verhältnissen waren jene alten Einrichtungen der Landesvertheidigung, statt in dem Kriege eine Schule und neue Kraft zu finden, nur immer mehr verfallen, die Kluft zwischen dem Milizaufgebot und der geworbenen Truppe hatte sich beständig erweitert. Kein Wunder, dass der junge Fürst, der nunmehr den Thron seiner Väter bestieg, seine Stütze in dem miles perpetuus suchte und die alten Milizen einstweilen bei Seite liess.

Subsidiär hat dann Friedrich Wilhelm dieselben während seiner ganzen Regierung bei den verschiedensten Gelegenheiten wieder herangezogen, aber sie waren ihm in der alten Form nur ein Nothbehelf; sie einer gründlichen Reorganisation zu unterziehen, hat der Kurfürst niemals die nöthige Musse gefunden. Nach welchen Gesichtspunkten er wohl eine solche beabsichtigt haben mag, darüber giebt uns die Behandlung der ostpreussischen Milizen beim Beginne des schwedisch-

[1]) Mylius C. C. M. III Abtheil. I und II, VI Abtheil. I (1618, 20, 23, 25, 31, 32, 33).
[2]) Cosmar, Schwarzenberg, Berlin 1828. Beilage XII.
[3]) Courbiere a. a. O. S. 34.
[4]) Courbiere S. 38.
[5]) und [6]) Hassel a. a. O. S. 624.
[7]) Courbiere S. 35.

polnischen Krieges Aufschluss. Unter Zurückbehaltung eines Landsturmes für die äusserste Noth wurden nämlich die gesammten Mannschaften des Aufgebotes in regelmässige Regimenter und Kompanien getheilt und in Bezug auf Sold und, soweit es die Umstände erlaubten, auch auf Kleidung und Waffen vollkommen den geworbenen Truppen gleichgestellt; dementsprechend wurden sie dann auch ganz wie diese ohne irgend eine lokale Beschränkung verwendet, ja ein grosser Theil machte den ganzen Feldzug in Polen mit[1]). Engster Anschluss der Milizen an den miles perpetuus, ja vielleicht weiterhin eine vollkommene Verschmelzung beider zu einer nationalen Armee moderner Art, das mag etwa der Gedanke Friedrich Wilhelms gewesen sein.

Als indess zu seinen Zeiten noch einmal ein allgemeines Landesaufgebot erging, hielt man sich doch wieder ganz an die alten Formen; es war im Jahre 1674, als die Schweden die Abwesenheit des Kurfürsten benutzt hatten, um in sein Land einzufallen. Da das allgemeine Aufgebot von damals für die Beurtheilung des ganzen alten Milizinstitutes nach seinen guten und seinen schlechten Seiten von grossem Interesse ist, sei es gestattet, auf die Hauptpunkte dieser Landesvertheidigung gegen die Schweden hier einzugehen[2]).

Es galt vor allem einerseits die Besatzung der Hauptstadt zu verstärken, andererseits auch die Kreise und Städte der Mark nach Möglichkeit zu decken, besonders gegen Marodeure und kleinere Streifereien des Feindes; denn grösseres zu wagen, hielt sich der Statthalter, Fürst Joh. Georg von Anhalt, dem schwedischen Heere gegenüber mit Recht für zu schwach. Nachdem dieser zuerst ohne Resultat mit den Ständen verhandelt hatte, — er forderte die Lehnpferde und den Ausschuss, wie es ja hergebracht war, — befahl der Kurfürst am 9. Dezember 1674 in einem Schreiben an Anhalt, ohne auf die Einreden der Stände zu achten „den sechsten Mann in den um Berlin und Kölln nächstgelegenen Kreisen, durchgehends in Städten und Dörfern, sie seien adlige oder Amts-Unterthanen, auszuheben“. Dies geschah, und noch im Mai 1675 waren in Berlin fünf Kompanien Ausschuss mit zusammen 857 Mann unter den Waffen. Ferner wurden die kurfürstlichen und nichtkurfürstlichen Förster und Jäger zu Fuss und zu Pferd aufgeboten, dann die Bürgerschaften in den Städten gemustert und

---

[1]) Vergl. Rauchbar, Georg Friedrich von Waldeck, Arolsen 1870, Bd. I S. 86 f.; Droysen, Preuss. Politik 2. Aufl. III, 2, S. 57; Riese, Die Schlacht bei Warschau, Breslau 1870, S. 58 Anm. 2. Von den so aufgestellten Truppen, im ganzen etwa 7000 Mann, fochten mindestens 16 Kompanien Dragoner mit bei Warschau, vielleicht aber noch bedeutend mehr; vergl. Riese a. a. O. S. 41, 42.

[2]) Geh. Staats-Arch. R. 21. 136 u und R. 63 Nr. 30.

in Pflicht genommen, und endlich, soweit die Schweden dies zuliessen, auch die Bauern der Kreise von den Edelleuten zusammengezogen, in Fähnlein gegliedert und exerzirt. Auf diese Weise war nicht nur Berlin sichergestellt, sondern es war auch möglich, einen lebhaften kleinen Krieg mit den Schweden zu führen, der freilich nicht immer den gewünschten Erfolg hatte, in dem sich aber doch die altmärkischen Bauern auszeichneten, die unter dem Landeshauptmann Achaz von der Schulenburg während der ganzen schweren Zeit mit Geschick und Glück den Elbübergang bei Sandau vertheidigten; ebenso wie auch die Haltung der neumärkischen Bauern rühmend erwähnt zu werden verdient. Besonders gefährlich wurden später diese bewaffneten Landleute den Schweden bei ihrem Abzuge nach der Schlacht von Fehrbellin, wo von ihnen alles niedergeschlagen wurde, was immer vom Feinde zu erreichen war [1]).

Bei diesem letzten allgemeinen Aufgebot ist ein hohes moralisches Moment, das an die Regungen zur Zeit des siebenjährigen und des Freiheitskrieges erinnert, als ein nicht geringes Hilfsmittel in Anrechnung zu bringen. Dennoch diente auch das Jahr 1675 wieder dazu, die Erfahrungen, die der Kurfürst bisher mit der Miliz gemacht hatte, zu bestätigen: dies Wehrinstitut hatte sich in der Form, in der es damals noch bestand, gründlich überlebt. Die gestellten Mannschaften wussten immer weniger mit den Waffen umzugehen, der Abstand zwischen ihnen und dem stehenden Heere wurde immer grösser; endlich sperrten sich die Stände fast jedesmal gegen das Aufgebot und meist musste noch in jedem Falle eine besondere Uebereinkunft getroffen werden, was natürlich auch nicht zur Stärkung und Klärung des Prinzips beitrug. Aber die Umstände gestatteten es nicht anders. Friedrich Wilhelm war auf allen anderen Gebieten so ausserordentlich in Anspruch genommen, dass ihm hier alles darauf ankam, nur immer gerade im Augenblick geeignete Mittel zur Hand zu haben. So musste er es seinem Nachfolger überlassen, ob dieser die Reorganisationspläne, die ihm selbst vorgeschwebt hatten, zur Ausführung bringen würde.

II. Reformversuche des ersten Königs.

Kurfürst Friedrich III. hat den ernstesten Willen gehabt, eine Reform in der angegebenen Richtung durchzuführen.

---

[1]) Wie gerade der Kurfürst selbst von Anfang an eine derartige Entfesselung der Volkswuth gegen die Schweden gewünscht hatte, das beweist sein Befehl aus Kleve vom 20. Mai 1675: „allen Schweden, wo sie solche bekommen könnten, die Hälse entzwei zu schlagen"; vergl. Witzleben u. Hassel, Fehrbellin, Berlin 1875, S. 61.

Ein Hauptgebrechen der alten Einrichtung mit Recht darin erkennend, dass ein sehr grosser Theil der aufgebotenen Leute die ihnen in die Hand gegebenen Waffen so gut wie garnicht zu gebrauchen verstand, beschloss er, die ganze Neuerung von diesem Punkte aus anzugreifen. Er befahl demnach, dass alle jungen Leute bis zum vierzigsten Jahre aufgezeichnet werden und nach und nach schon im Frieden eine nothdürftige militärische Ausbildung erhalten sollten, damit man dann jederzeit im Kriegsfalle geübte Leute in der nöthigen Anzahl zu den Waffen rufen könne. Die in der Ausbildung begriffenen Mannschaftsklassen sollten aber, um sie für die Zeit ihrem bürgerlichen Leben nicht ganz zu entziehen, nicht etwa in moderner Weise in das stehende Heer eingestellt werden, sondern vielmehr eine Landmiliz ausmachen, die nur an bestimmten Tagen, zu bestimmten Stunden in kleinen Abtheilungen zusammensein und exerzirt werden sollte. Dieser grossartig angelegte Plan, der an sich schon in den weitesten Kreisen auf den Widerstand stiess, dem beinahe jede derartige umfassende Armeereorganisation ausgesetzt ist[1]), wurde auch dadurch eben nicht gefördert, dass die fast während der ganzen Regierungszeit des Kurfürsten-Königs anhaltenden auswärtigen Kriege das höhere Zivil- und Militärbeamtenthum des Landes äusserst in Anspruch nahmen; er scheiterte endlich an den finanziellen Schwierigkeiten, indem die Stände durch nichts zu bewegen waren, die entstehenden, allerdings nicht unbedeutenden Kosten auf sich zu nehmen. Seine dem wahren Interesse des Staates entsprechenden Absichten wider den Willen der Stände, wider den des Landes zur Ausführung zu bringen, dazu war Friedrich nicht der rechte Mann; auch hier zeigte sich, dass seine Regierung „reich an Ideen und Entwürfen und arm an wirklichen Erfolgen war“.[2])

Um das Projekt nicht ganz fallen lassen zu müssen, begann daher der König, Konzessionen zu machen, die nicht dazu beitrugen, die Brauchbarkeit des Institutes zu erhöhen. Wir wollen die einzelnen Phasen dieser Verhandlungen hier nicht weiter verfolgen, auch sind sie noch nicht genügend aufgeklärt worden[3]); soviel aber ist sicher, dass die Land-

---

[1]) Der Plan war in den breitesten Schichten des Volkes höchst unpopulär, da man allgemein fürchtete, die so ausgebildeten Milizen würden wie Soldtruppen auch zu allen auswärtigen Kriegen, zu rein dynastischen Zwecken verwendet werden.

[2]) Schmoller a. a. O. S. 265.

[3]) Die Angaben der neueren Autoren — ich nenne nur Courbiere (a. a. O.), Gansauge (Brandenburgisch-preussisches Kriegswesen, Berlin u. s. w. 1839), Bräuner (Geschichte der preussischen Landwehr, Berlin 1863) — sind lückenhaft, zum Theil unklar und weichen von einander ab; erst eine Spezialarbeit auf Grund von Archivalien dürfte hier die Einzelheiten sicher stellen.

miliz, die schliesslich zustande kam, äusserst geringen Werth hatte, dass sie sich wenig oder garnicht von der Mittelmässigkeit ähnlicher Einrichtungen benachbarter Staaten unterschied, ja dass sie in ihrer äusseren Form geradezu als ein Zerrbild alles militärischen Wesens angesehen werden musste[1]). Dazu waren die Kosten der Miliz recht beträchtliche: Kosten an Geld und indirekte Kosten in Gestalt von Privilegien an die Milizsoldaten, deren bedenklichste Seite die Befreiung von jeder Anwerbung zum stehenden Heere war, wodurch diesem viel nöthiges und gutes Material verloren ging.

Friedrich I. hatte diese Vergünstigungen nur gewährt, um die Sache an sich erst populär zu machen, er hatte daher auch zunächst auf manches Wesentliche verzichtet; mit dem, was so zustande gekommen war, war er selbst wenig zufrieden. Er gab den Plan nie auf, nach geschlossenem Frieden eine bessere, straffere Organisation der Landmiliz zustande zu bringen, er dachte daran, einen festen Fuss für diese dadurch zu erhalten, dass er die beim Frieden zur Entlassung kommenden Soldaten planmässig im Lande ansiedelte und die dazu gehörigen Offiziere in Wartegeld nahm, — aber er sollte den Frieden nicht mehr erleben, er starb und der unförmige Torso blieb.

III. Stellung Friedrich Wilhelms I. zu milizialen Instituten.

[Aufhebung der Landmiliz Friedrichs I.] Wer die Anschauungen Friedrich Wilhelms I. kennt, dürfte kaum in Zweifel sein über die Stellung, die der neue König der Landmiliz seines Vaters gegenüber einnehmen musste. Nicht dass er als der so oft und mit Unrecht verschrieene starre Soldatenkönig das Prinzip einer Volksbewaffnung an sich verabscheut hätte; denn gerade er schafft, wie wir alsbald sehen werden, die auf eben solcher Grundlage beruhenden Landregimenter, er bedient sich, wo es ihm am Platze erscheint, eines allgemeinen Landsturmaufgebotes, unter ihm beginnt das für die preussische Armee eigenthümliche Beurlaubungswesen, von ihm datirt der Zustand, den nachmals Blücher mit den Worten charakterisirt hat, „es sei der grösste Ruhm Preussens, dass man nicht sagen könne, wo der Bürger aufhöre und der Soldat anfange“. Aber Friedrich Wilhelm hasste die Landmiliz, die er vorfand, als Karikatur des

[1]) Wenn die eben erwähnten Schriftsteller die Wichtigkeit der Miliz für die Wiederbelebung des militärischen Sinnes in der Bevölkerung hervorheben, so besagen derartige subjektive Reflexionen neuen Datums garnichts. Obige absprechende Beurtheilung dieser Miliz kann nicht besser begründet werden als durch die Berufung auf die Stellung, die, wie wir gleich sehen werden, Friedrich Wilhelm I. zu derselben einnahm.

Soldatenthums, er empfand es schwer, wie diese Miliz den Ersatz des stehenden Heeres beeinträchtigte, ihm war die ganze Sache auch zu kostspielig, zumal da zu einem Widerstand gegen ein Heer die Miliz doch ausserstande war; sollte einmal ein landsturmähnliches Aufgebot nothwendig und wünschenswerth erscheinen, so waren dazu nicht solche theueren Vorbereitungen im Frieden nöthig.

Damit war also das Todesurtheil für die Miliz Friedrichs I. gesprochen, der König hob sie auf und verbot im amtlichen Verkehr strengstens das Wort Miliz oder Militär zu gebrauchen, er wünschte an diese Miliz nicht mehr erinnert zu werden.

In Verbindung mit dieser Massregel müssen wir noch zweier anderer gedenken, die, wenn sie auch erst etwas später ausgeführt wurden, doch in derselben Richtung zu wirken bestimmt waren. Die eine war die bekannte Ablösung des Lehnpferdedienstes[1]) durch eine gewisse jährlich zu zahlende Summe, Lehnskanon genannt, und die andere betraf die Aufhebung der Privilegien der Schützengilden als unnützer Vorrechte ohne Gegenleistungen; die dem höchst friedlichen Zwecke der Bürgerwachten an den Thoren dienenden Bürgerkompanien liess der König bestehen, sie leisteten das, was man von ihnen forderte, und kosteten der Staatskasse garnichts und dem Stadtsäckel auch nur wenig.

[Die Landregimenter.] Nachdem die Erinnerung an die alte Miliz allmählich geschwunden war, konnte Friedrich Wilhelm I. bei Gelegenheit wieder an die Errichtung einer Truppe denken, deren Grundprinzipien den letzten Plänen seines Vaters durchaus entsprachen[2]).

Bei der grossen Mobilmachung gegen Hannover im August 1729 waren auf Befehl des Königs alle ausrangirten, aber noch diensttüchtigen Soldaten aus dem Lande und den Städten nach den Provinzialhauptorten Berlin, Magdeburg, Stettin und Kolberg zusammengezogen und, um die Garnisonen dieser Städte zu ersetzen, bezw. zu verstärken, unter dem Befehl von verabschiedeten Offizieren in Kompanien formirt worden. Nach der Abrüstung wurden nun diese Kompanien, indem zugleich die Massregel auch auf Ostpreussen übertragen wurde, dauernd in den Heeresverband eingefügt und

---

[1]) Die bis zu jener Zeit vorkommenden Ablösungen sind nicht allgemein und beziehen sich immer nur auf den einmaligen Kriegsfall. Vgl. z. B. Hirsch a. a. O. S. 242 f., 248 u. s. w.

[2]) Die relativ besten Angaben über das folgende finden sich bei Droysen, Preuss. Politik V, 3, S. 18 Anm., und in den Aufzeichnungen des Herzogs von Bevern: Märkische Forschungen XIX, S. 33, 283.

zwar in folgender Weise. Es wurden vier sogen. Land- oder Garnisonregimenter[1]) formirt mit den Standquartieren Berlin, Stettin, Magdeburg und Königsberg, die ersteren beiden zu je 7, die letzteren zu 5 bezw. 4 Kompanien. Offiziere, Unteroffiziere und Spielleute blieben beständig im Dienst und erhielten Halbsold, die Mannschaften — Ausrangirte der Feldregimenter, zu denen später auch kleinere Enrollirte, d. h. junge Leute unter 5 Zoll kamen, — waren gewöhnlich beurlaubt. Im Kriege traten die Regimenter für den Garnisondienst und als Festungsbesatzung unter allen Umständen, im Frieden nur innerhalb der Monate April bis Juni auf eine für jeden einzelnen Fall genauer festgesetzte Zeit zusammen, um etwas zu exerziren und Wachtdienste für die mit den Felddienstübungen beschäftigten Regimenter zu thun. Diese Landregimenter, die in der Organisation unseren Landwehrregimentern am nächsten stehen, bestanden also in der ersten Zeit seit 1729 nur aus gedienten, älteren Leuten und durchweg aus Landeskindern oder doch durch langen Dienst und spätere Ansiedlung naturalisirten Ausländern.

In den ersten Jahren Friedrichs II. wurden die Landregimenter etwas in den Hintergrund gedrängt durch die ausserordentliche Vermehrung der stehenden Garnisontruppen von 4 auf 22 Bataillone; dennoch blieben sie auch während des ganzen ersten und zweiten schlesischen Krieges mobil. Im siebenjährigen Kriege wieder voll in Thätigkeit tretend, leisteten sie während desselben recht gute Dienste und zwar wurden sie ziemlich in derselben Weise wie die stehenden Garnisontruppen und speziell gemeinsam mit den Provinziallandmilizen, dieser Schöpfung des siebenjährigen Krieges, mit der sich unsere Arbeit näher beschäftigen wird, verwendet. Nach dem Frieden bestanden sie noch in alter Weise fort bis zum Jahre 1788, wo Friedrich Wilhelm II. ihr Eingehen befahl. So verschwanden nach sechzigjähriger Dauer diese Formationen von 1729, um ein Vierteljahrhundert später in anderem Gewande wieder zu erstehen[2]).

[1]) Garnisonregimenter schlechthin konnte man sie damals ohne Missverständniss nennen, weil die stehenden Garnisontruppen nur in Bataillonen formirt waren.

[2]) Während des siebenjährigen Krieges selbst werden diese Regimenter offiziell ausschliesslich als „Neue Garnison-“ oder „Landregimenter“ mit dem Zusatze des Standquartieres bezeichnet. Der noch spätere offizielle Name war „Landmilizregimenter“; und da viele Werke über den siebenjährigen Krieg sich auch schon für die Kriegszeit nicht nur dieser Bezeichnung bedienen, sondern für ebendieselbe Truppe auch die Namen Milizbataillon, Garnisonregiment, Garnisonbataillon gebrauchen, so ermisst man die Verwirrung, welche durch die Litteratur in diese Verhältnisse gebracht worden ist. Ueberhaupt harren diese, in ihrer ganzen

[Plan eines Landesaufgebotes in Ostpreussen 1733[1]).] Man erinnert sich, dass im September 1733 die Wirren in Polen begannen, dass die von Frankreich unterstützte sogen. Patriotenpartei am 12. September Stanislaus Leszczynski zum König gewählt hatte, dass Friedrich Wilhelm, trotzdem der Kaiser es schon einmal zurückgewiesen, dennoch bei seinem Angebot beharrte, statt der im Berliner Vertrag von 1728 stipulirten 10 000 Mann preussischer Hilfstruppen Reichsvölker in Sold zu nehmen und nach Schlesien zu schicken, selbst aber mit seiner ganzen Armee gegen die Franzosen an den Rhein zu marschiren. Um eben dieselbe Zeit aber begannen auch die Wirren in Mecklenburg akuter zu werden und eine Einmischung Preussens als Gegengewicht gegen die hannöverische heraus zu fordern. Unter diesen Umständen bedurfte der König aller seiner, also auch der in Ostpreussen stehenden Truppen, andererseits hatte aber auch wieder letztere Provinz eine genügende Grenzbedeckung nöthig, zumal gerade der Bandenkrieg zwischen den Stanislaiten und der sächsischen Partei in jenen, Preussen benachbarten Gegenden besonders grosse Dimensionen angenommen hatte. Als nun am 25. September die Nachricht nach Berlin kam, dass die Russen im Einverständnisse mit dem sächsischen Prätendenten in Polen eingerückt seien, konnte auch dies nur dazu beitragen, dass Friedrich Wilhelm seine Vorsichtsmassregeln beschleunigte.

Demgemäss schrieb der König am 26. September an die preussische Kammer: da Marsch und Krieg zu erwarten und es dann vielleicht zu spät sein würde, um Ordre einzukommen, so erhalte sie für alle Fälle eine allgemeine weitgehende Vollmacht, zu thun, was sie für gut halte, „als etwa bei feindlichen Einfällen die Bürger und Bauern aufzubieten und zu armiren“. Die Kammer solle nach Berathung mit der im Lande bleibenden Generalität weitere Vorschläge machen.

Indem die Kammer nun schon den königlichen Intentionen gemäss die ersten Vorbereitungen zu treffen begann, sandte sie zugleich am 17. Oktober einen umfassenden Plan nach Berlin ein, der allerdings damit rechnete, dass etwa 30 Eskadrons Kavallerie in Preussen bleiben würden, dafür aber auch versprach die ganze lange Grenze durchaus von fremdem Gesindel rein zu halten. Wenn dieser Plan auch nicht zur Ausführung kam, so ist er doch interessant genug, um wenigstens in grossen Zügen mitgetheilt zu werden. Was die Kammer vorschlug, war folgendes: Zur Leitung des ganzen Werkes

---

Einrichtung so bemerkenswerthen Regimenter noch einer eingehenden aktenmässigen Behandlung, die speziell die Einzelheiten der Organisation und die Veränderungen, die diese erlitten hat, klarstellen müsste.

[1]) Vergl. Geh. Staats-Arch. R. 46 B n 3,3.

werde eine geheime Landesvertheidigungskommission aus Mitgliedern der Regierung und der Kammer zusammengesetzt, sie verhandele mit der Generalität und berichte direkt an den König; sie habe, gegen spätere Rechnungslegung, die Verfügung über sämmtliche königliche Kassen und Magazine und sei endlich noch in einigen anderen Punkten mit besonderer Vollmacht auszustatten, z. B. müsste sie im Dienste des Landes Adlige, Bauern und Kölmer gleichmässig zu Fuhren heranziehen dürfen. Zur Verstärkung der bewaffneten Macht — denn nur 14 Eskadrons könnten in den grösseren Grenzstädten in Detachements vertheilt werden, 16 müssten als eine jederzeit verfügbare Reserve weiter zurückbleiben — würden einerseits die Bürgerkompanien in den Städten in guten Stand zu setzen und, wo ihnen Gewehr mangelte, dies wie Munition aus den königlichen Zeughäusern zu geben, andererseits auch sämmtliche Bauern der Grenzdörfer mit Flinten und Schiessbedarf zu versehen sein. Ferner müssten die Befestigungen der Grenzschlösser als Zufluchtsorte ausgebessert und diese mit Bauernmannschaften besetzt werden. Um endlich ein gutes Nachrichtenwesen zu erhalten, würden sämmtliche Forstbeamte und Landausreiter verpflichtet werden, zu patrouilliren und den Beamten und Offizieren Rapport abzustatten. Was die Deckung der aus allen diesen Massregeln erwachsenden Kosten anbetraf, so scheint es die Kammer für selbstverständlich gehalten zu haben, dass diese aus königlichen Kassen zu geschehen hätte.

Als aber dieser Entwurf in Berlin eintraf, war es schon entschieden, dass der König, abgesehen davon, dass er dem Kaiser 10 000 Mann Hilfstruppen stellte, sich vollkommen neutral verhalten würde; damit blieben dann auch die meisten Truppen im Lande und die Grenzdeckung durch ein Aufgebot war überflüssig geworden. Man darf wohl sicher annehmen, wenn der Plan, zu dem doch, und das ist das Wichtigste, der König selbst die Grundzüge angegeben hatte, zur Ausführung gekommen wäre, dass er dann auch seinen Zweck, die preussische Grenze gegen Einfälle und Plünderungen polnischer Banden zu decken, vollkommen erreicht hätte.

IV. Landmilizen und Milizpläne in den ersten beiden schlesischen Kriegen.

Wie 1733 waren es die östlichen Provinzen, Pommern, die Neumark und Ostpreussen, wo die Ereignisse des Frühjahrs 1741 eine Deckung der Grenze gegen Uebergriffe aus Polen nothwendig erscheinen liessen. Sodann aber wollte man in dem erst soeben für den preussischen Staat erworbenen Schlesien auf Veranlassung des Ministers von Münchow es sogar einmal wieder mit einer dauernd zu erhaltenden Landmiliz versuchen.

[Milizpläne im ersten schlesischen Kriege.[1])] Im Januar und Februar 1741, also zu einer Zeit, wo Preussen noch ganz ohne Bundesgenossen dastand, liefen nämlich äusserst bedenklich lautende Nachrichten über Bewegungen an der polnischen Grenze ein, die befürchten liessen, dass die Polen, von Wien aus aufgestachelt, die Partei Maria Theresias ergreifen würden. Die Aufstellung eines polnischen Heeres war zunächst nicht zu besorgen, diese bedurfte langer Vorbereitung, des Beschlusses auf einem öffentlichen Reichstage u. s. w.; aber des Einfalls einzelner Banden, „lüderlichen Gesindels, dergleichen in Polen zusammenzuraffen eben so schwer nicht ist[2])", schien man jederzeit gewärtig sein zu müssen.

Die Folge der Nachrichten war daher am 11. Febr. 1741 ein Rundschreiben an die preussische, die pommersche und neumärkische Regierung, sowie an den Landeshauptmann von Lauenburg-Bütow, mit der Mahnung, die äusserste Vorsicht den Polen gegenüber zu beobachten. Zugleich wurde Fürst Leopold von Anhalt-Dessau mit dem Vorsitze einer Landesvertheidigungskommission für die ganze Monarchie betraut, an der die in Berlin gebliebenen Kabinettsminister sowie die Minister des Generaldirektoriums theilnehmen sollten; die Entscheidung über alle weiteren Massregeln sollte Anhalt haben, doch musste er zugleich dem Könige darüber berichten.

Schon unterm 14. Februar machte nun die pommersche Kammer — die Regierung in Stettin zögerte zu lange — positive Vorschläge, die dahin gingen, in die Grenzstädte kleine Garnisonen des Stettinischen Landregimentes zu legen, die Bauern auf dem platten Lande zu einer Miliz aufzubieten, sowie endlich sämmtliche Forstbeamte, Land- und Polizeiausreiter in ein Corps zusammenzuziehen; doch wurde gleich betont, dass ein Erfolg nur zu erwarten sei, wenn in der Neumark dieselben Einrichtungen getroffen würden.

Fürst Leopold erklärte alle diese Massregeln für durchaus richtig und den Umständen angemessen, nur einige Punkte führte er noch genauer aus[3]). Er empfahl, falls die Abgabe

[1]) Geh. Staats-Arch. R. 46 B n 3.

[2]) So das Rundschreiben vom 11. Februar. Vgl. Preussische Staatsschriften aus der Regierungszeit Friedrichs II. Bd. I, Berlin 1877, S. 280.

[3]) Protokoll vom 14. März 1741 (wie alles übrige aus Geh. Staats-Arch. R. 46 B n 3). Es berührt eigenthümlich, wenn man hier den sonst als Eisenfresser verschrieenen „alten Dessauer" sich mit einer Bauernmiliz einverstanden erklären, ja sogar anderen gegenüber für dieselbe eintreten sieht; genau so, wie wir es weiter oben von seinem ihm in allem so geistesverwandten Herrn und Meister, von Friedrich Wilhelm I. gesehen haben. Jedesmal nur ein Beweis mehr für den eminent praktischen Sinn der beiden grossen Männer, die frei von aller Prinzipienreiterei immer gerade

von Detachements des Stettinischen Landregimentes nicht möglich sein sollte, die Aufstellung einiger Kompanien Enrollirter aus den Kantons der pommerschen Regimenter, die wie Leute des Landregimentes zu bezahlen und von ehemaligen Offizieren zu befehligen seien [1]). Zugleich erging eine entsprechende Weisung an die Präsidenten der neumärkischen Kammer und Regierung, sich mit den pommerschen Behörden in Verbindung zu setzen.

Die Sache nahm ihren weiteren Fortgang, ohne zunächst noch von den Veränderungen in der politischen Lage beeinflusst zu werden.

Während die ersten Vorbereitungen schon getroffen wurden, sandte nun am 26. April auch die pommersche Regierung nochmals einen letzten, sehr umfassenden Entwurf zur Genehmigung ein. Er enthielt eine Erweiterung der Vorschläge der Kammer vom 14. Februar. Nur die unmittelbar an der Grenze gelegenen Kirchspiele seien zu den Vertheidigungsmassregeln heranzuziehen, dafür sei aber auch in ihnen alles in Waffen zu bringen, was überhaupt im Stande sei, sich zu wehren. Die Adligen seien verpflichtet, sich und ihre Hofleute selbst mit Waffen zu versehen; Schulzen, Freie und Müller, sowie sämmtliche königliche und private Forstbeamte, Land- und Polizeiausreiter müssten nach altem Brauch sich für ihre Person ebenfalls bewaffnen und mit Munition versorgen; ebenso die Bürger in den Städten, diesen würde jedoch im Unvermögensfalle aus dem königlichen Zeughause mit dem Nöthigen ausgeholfen werden. Jedem Wirth — „er sei Bauer, Kossäthe oder Instmann, wenn er nur seine eigene Feuerstelle habe“ — sei aus dem Zeughause eine Bajonettflinte und eine Tasche mit Patronen zu liefern; die Knechte der Wirthe, sowie die der Schulzen, Freien und Müller würden mit geradegemachten Sensen oder Heugabeln zu bewaffnen seien, um als Pikeniere Dienste leisten zu können. In Lauenburg-Bütow sei übrigens die Ritterschaft verpflichtet und auch willig, mit 400 Mann aufzusitzen; erginge an diese ein Universale, so könnte man hier wohl auf das Bauernaufgebot verzichten [2]). Im

---

das thaten, was ihnen im Augenblick nöthig, nützlich und thunlich erschien.

[1]) Wie dieser Gedanke Anhalts im siebenjährigen Kriege dann die weiteste Ausdehnung fand, werden wir später sehen; er bezweckt die Aussonderung einer Elite aus der ganzen Masse des Volkes, um sie für besondere Zwecke zu verwenden, ganz wie der alte Landesausschuss.

[2]) Da von dieser Verpflichtung der lauenburgisch-bütowschen Ritterschaft zum „Aufsitzen“ im Jahre 1757 ebenfalls wieder die Rede ist, muss man annehmen, dass in diesen Kreisen das Lehnpferd überhaupt nicht abgelöst worden ist. Wir werden auf die eigenthümliche Stellung dieser Landestheile weiter unten bei Gelegenheit noch einmal zurückkommen. — Nebenbei gesagt ist die Zahl der angebotenen reisigen Mannschaften, 400, ziemlich hoch im Verhältniss zu der sehr schwach bevölkerten Gegend.

ganzen hoffe man so in den Grenzkirchspielen etwa 3500 Mann aufzubieten, wenn dies aber, wie wahrscheinlich, nicht genug sein würde, so müssten auch die dahinterliegenden Kirchspiele in etwa derselben Höhe noch herangezogen werden. Dem Adel und den Beamten würden die Befehlshaberstellen bei den einzelnen Theilen des Aufgebotes zu übertragen sein und diese hätten für eine gewisse Ausbildung der Mannschaften zu sorgen. Ein geordnetes Fanal- und Wachtenwesen solle dafür bürgen, dass das Aufgebot im Falle der Noth jederzeit schleunigst zusammengebracht und an den bedrohten Ort dirigirt werden könne. Endlich seien die Schlösser Neustettin und Bütow als Zufluchtsorte in Vertheidigungszustand zu setzen. — Was den Kostenpunkt anbelange, so müssten die als Offiziere dienenden Adligen ein Douceur erhalten und auch den Bauern u. s. w. müsse das Versäumniss vergütet werden. Ersteren könne man eventuell, da sie jetzt persönlich Dienste thäten, den Lehnskanon für das betreffende Jahr im Betrage von 17 Thlr. 9 g. Gr. u. 8 Pf. zurückzahlen, oder aber die ganze Provinz müsste als solche für alle Kosten aufkommen. Zu diesem Zwecke könnte man mit den Landständen verhandeln, damit diese etwa eine vierteljährliche Kontribution übertrügen, d. h. extraordinär bezahlten, bis man sähe, wie lange die Veranstaltungen dauerten.

Soweit der pommersche Plan; besonders interessant ist an ihm der Umstand, dass unter Betonung der alten Verpflichtung aller Unterthanen zum Schutze des Landes hier zum ersten Mal ausgesprochen wird, dass die betreffende Provinz die Kosten für so ausserordentliche Vertheidigungsmassregeln tragen müsse, wie dies dann im siebenjährigen Kriege allgemein die materielle Grundlage für die Provinzialmilizen werden sollte.

In der Neumark schloss man sich durchaus der Nachbarprovinz an, und hier ist es schliesslich auch wirklich zur Ausgabe von 200 Gewehren an die Bauern gekommen; in Preussen, wo man erst noch genug Truppen im Lande zu behalten gehofft hatte, begnügte man sich einfach damit, den bereits oben besprochenen Plan von 1733 wieder hervorzuholen und zur Annahme zu empfehlen.

Weiter sollten nun aber auch die ganzen Veranstaltungen nicht kommen, denn die allgemeine Lage der Dinge war inzwischen eine ganz andere geworden: der Tag von Mollwitz hatte angefangen die politische Atmosphäre zu klären. Zunächst erklärte der Dessauer, der inzwischen persönlich den Oberbefehl über das bei Göttin gegen Hannover und Sachsen zusammengezogene Armeekorps übernommen hatte, als man ihm die weiteren Pläne vorlegte, dass seine Kommission beendet sei, und die Sachen ihn nichts mehr angingen, und bald sollte sich zeigen, dass überhaupt niemand mehr dieselben einer eingehenderen Beurtheilung unterziehen würde. Die Provinzen wandten sich nämlich mit ihrem Anliegen jetzt direkt an den König und erhielten hier, nachdem sie eine Zeit lang hatten warten müssen, schliesslich den Bescheid, dass alle Vorkehrungen vor der Hand unnöthig seien: Friedrich hatte gerade damals, am 5. Juni, im Breslauer Vertrage endlich einen sicheren Bundesgenossen an Frankreich gefunden. Und da sich zu guter letzt um eben diese Zeit die Befürchtungen, von Polen aus beunruhigt zu werden, als grundlos erwiesen hatten, wären jede weiteren Massregeln auch zwecklos gewesen. Ueber einige vorbereitende, mehr sicherheitspolizeiliche Massnahmen waren somit auch diese Veranstaltungen nicht hinausgekommen.

Interessant und charakteristisch bleibt aber sowohl dieser Plan wie der von 1733, und zwar hauptsächlich deswegen, weil beide uns den Beweis liefern, dass nicht nur der Gedanke an ein allgemeines Aufgebot nur geschlummert, sondern dass auch die Verpflichtung der Unterthanen, sich zu einem solchen zu stellen, unvergessen geblieben war.

[Die schlesische Gebirgs-Landmiliz 1743 bis 1745 [1]).] Einen etwas anderen Charakter als die in den soeben besprochenen Plänen projektirten Aufgebote zeigte die schlesische Landmiliz vor allem, wie schon erwähnt, darin, dass in ihr ein dauerndes Institut geschaffen werden sollte.

Als nach der neuerworbenen Provinz die preussische Wehrverfassung, speziell die Kantoneinrichtung übertragen werden sollte, hatte der Chef der schlesischen Zivilverwaltung, der Etats-Minister von Münchow, es beim Könige durchzusetzen gewusst, dass die Gebirgskreise Hirschberg, Bolkenhayn, Reichenbach, Schweidnitz, Jauer und Löwenberg sammt den in ihnen gelegenen kleinen Städten, um ihre stark entwickelte Industrie zu schonen, von dem Kantonwesen frei bleiben sollten, dagegen aber dem Könige jährlich 60 sichere Rekruten — deren Aufbringungsmodus ihnen ganz überlassen blieb — zu stellen und ausserdem zum Schutze ihrer eigenen Grenzen eine gewisse Landmiliz zu errichten hätten [2]).

---

[1]) Die wichtigsten Akten hierüber befinden sich im Breslauer Staatsarchiv: Br. M. R. VII Nr. 1 und 2. Daneben kommen in Betracht Geh. Staats-Arch. R 96. 94 Ji sowie R 96. 83 Bbb. Eine kurze Notiz auf Grund der einzigen bisher bekannten Nachricht (Korn, Schles. Ediktensammlung I) bei Bornhak, Gesch. des preuss. Verwaltungsrechts II, 196 (Berlin 1885). — Um den Faden unserer Darstellung nicht ganz zu verlieren, behandeln wir diese schlesische Miliz hier kürzer als es vielleicht gerade für sie geboten erscheint. An anderer Stelle mag auf diese interessanten, aber auch etwas verwirrten Verhältnisse näher eingegangen werden.

[2]) Der Gedanke einer solchen dauernden Miliz muss auf den ersten

Nachdem die Kantonverhältnisse im August 1743 endgiltig geregelt, sollte alsbald auch diese Spezialbestimmung betr. der Landmiliz zur Ausführung gebracht werden. Obwohl die Landräthe in den von ihnen deshalb eingeforderten Gutachten sich aus Gründen innerer Politik sowie auch aus militärischen gegen eine solche Massregel erklärten, kommittirte Münchow doch je einen Rath der beiden Kriegs- und Domänenkammern, der glogauer und der breslauer, die alsbald im November 1743 sich ans Werk machen sollten, um die nöthigen Vorkehrungen zu treffen. Zugleich wurde auch ein Reglement ausgearbeitet, dessen Grundzüge etwa die folgenden waren: Die Formation hätte in 20 Kompanien zu geschehen zu je 1 Kapitän, 2 Subalternen, 5 Unteroffizieren und 100 Gemeinen, zusammen also 2160 Köpfen. Als Kapitäne sollten welche vom Adel, als Subalterne kleine Beamte oder wohlhabende städtische Bürger, als Unteroffiziere Schulzen und dergl., als Gemeine ausschliesslich angesessene Wirthe evangelischen Bekenntnisses genommen werden; und zwar hätte die Miliz ausschliesslich aus Freiwilligen zu bestehen. — Mit Gewehren sollten sich die Leute, soweit es ging, selbst versehen, wo Waffen fehlten, würden sie solche zugleich mit der gesammten Munition aus königlichen Zeughäusern geliefert erhalten; grüne Hutkokarden, schwarze Binden und für die Offiziere schwarz-weisse Portepees sollten einigermassen den Mangel eines anderen Uniformabzeichens ersetzen. — Die Offiziere müssten im Dienst als Entschädigung ein Douceur, die Mannschaften eine entsprechende Quantität Freibier erhalten; im Frieden solle die Marsch-, im Kriege die Militärvorschusskasse dafür aufkommen. — Jeder Kompanie sei ein bestimmter Sammelplatz, immer sechs oder sieben zusammen aber für grössere Konzentrirungen ein General-Rendezvous anzuweisen und zwar so, dass die einzelnen Kompanien in höchstens 12, die — so zu sagen — Bataillone in höchstens 24 Stunden zusammenberufen werden könnten; die Alarmirung selbst habe mittels sogen. Laufzettel zu geschehen. — An Uebungen der Miliz wären, abgesehen von einer gewissen Einzelausbildung durch die Unteroffiziere, im Frühjahr ein zweitägiges Kompaniescheibenschiessen, im Herbst aber eine gleichfalls zweitägige „Revue" abzuhalten.

Soweit das „Interims-Reglement" der schlesischen Landmiliz, wie es nach unwesentlichen Aenderungen am 4. Dezember 1743 vom Könige genehmigt worden ist; nach ihm wurden alle Einrichtungen getroffen und es bildete bis zuletzt die

---

Blick recht unpreussisch, recht wenig fridericianisch erscheinen, und doch war er unter den dortigen Umständen ganz zeitgemäss; man erinnere sich nur der in ihrer Art recht brauchbaren böhmischen und besonders ungarischen Insurgentenschwärme der Oesterreicher.

Grundlage der schlesischen Miliz, da ein definitives Reglement niemals erfolgt ist. Ueber eine dauernde, mit genügender Vollmacht ausgestattete Oberleitung, vor allem aber über eine entsprechende Verpflegung der Miliz war nichts näheres bestimmt worden, beides Umstände, aus denen sich später die grössten Schwierigkeiten ergeben sollten.

Die Kommissare mühten sich redlich ab, die Landmiliz zu Stande zu bringen, aber was konnte man den Offizieren versprechen, wie dem gemeinen Manne die Furcht benehmen, er solle wirklich unter die Soldaten gesteckt werden! Unendliche Ueberredungskünste wurden aufgewendet, und selbst eine in Einzeldrucken vertheilte ausdrückliche königliche Beruhigungs-Deklaration [1]) fruchtete nicht viel. Endlich hatte man nach unsäglichen Mühen Mitte Juni 1744 die Kompanien vollzählig beisammen, dass sie sogar nach kurzer Vorübung an den General-Rendezvous vor dem Minister von Münchow Revue passiren konnten, um dann sofort vorerst wieder entlassen zu werden. Freilich hatte man den Offizieren angemessene Diäten zahlen, den Leuten reichlich Freibier liefern müssen, ja noch ganz anderes: die Mannschaften waren garnicht die vom Reglement geforderten angesessenen Wirthe, sondern die Gemeinden hatten für Geld und gute Worte arme Leute oder junge Burschen überredet, sich als Freiwillige zur Miliz zu melden, und ihnen auch noch eine angemessene Wegzehrung mitgegeben. Dass dem abgeholfen werden musste, sahen die Kommissare ein; und wenn sie nun schon einerseits von Münchow einen besseren, mehr militärischen Zuschnitt für die Miliz forderten, verlangten sie andererseits vor allem, dass entweder das Loos ohne Gestattung der Stellvertretung entscheiden solle, wer zu dienen habe, oder aber, dass in gewissem Turnus alle Unterthanen zur Miliz gezogen werden müssten.

Die Ereignisse schnitten einstweilen die Antwort auf diese Forderungen ab. Der Krieg, den Preussen soeben als Hilfsmacht des Wittelsbachischen Kaisers wieder begonnen, fing an eine ziemlich bedenkliche Wendung zu nehmen; dazu trat in kurzer Zeit allgemeine Geldkalamität in den preussischen Kassen ein: da war zu solchen „Bagatellen“ keine Zeit.

Und doch hatte der König, wenn auch in anderer Weise als es die Betheiligten erwartet, die Landmiliz im Gedächtniss behalten. Der General von der Marwitz, der bei Troppau mit 22 000 Mann Oberschlesien decken sollte, empfing plötzlich am 5. November vom Könige durch Staffette den Befehl, sofort die ganze schlesische Landmiliz aufzubieten und an der Grenze im Gebirge zu postiren. Friedrich fürchtete einen Einfall der sich in seinem Rücken schon höchst unangenehm bemerkbar

[1]) Vgl. Korn, Schles. Ediktensammlung (I) 16. März 1744.

machenden österreichischen leichten Truppen über Landshut nach Schlesien.

Da half kein Widerstreben: Münchow musste an die Kommissare und die Landräthe die nöthigen Ordres ausfertigen und diese gehorchten, wenn auch nicht ohne einiges Achselzucken. Genau, wie es der König befohlen: am 13. November war die Miliz versammelt, zum Theil sogar schon, wie es befohlen, an der Grenze postirt, freilich genau in der Verfassung, wie wir sie schon bei der Zusammenziehung im Juni kennen gelernt haben. Ausserdem hatte man, um eine Panik zu vermeiden, die Massregel lediglich als eine Probemobilmachung hingestellt. Münchow aber sowohl wie Marwitz hatten es doch für ihre Pflicht gehalten, dem Könige die in Wirklichkeit ziemlich bedenkliche Beschaffenheit der Miliz vorzustellen und um ev. Aenderung zu bitten. Fast wider Erwarten ertheilte daraufhin Friedrich die ebenso kurze wie bündige Antwort, dass unter diesen Umständen die Aufbietung der Landmiliz vor der Hand noch anstehen könne. Dieser Befehl, d. d. Kolin den 9. November, traf am 13. bei Münchow und Marwitz, am 14. bei den Kommissaren ein: nach zweitägigem Beisammensein konnte somit die Landmiliz wieder nach Hause gehen. Diese zweite allgemeine Mobilmachung der schlesischen Miliz blieb auch die letzte.

In den nächsten Monaten bis zum April 1745 wurden allerdings noch verschiedentlich einzelne Kompanien zusammengezogen, theils von der Zivilbehörde gegen Marodeure u. s. w. requirirt, theils von militärischen Befehlshabern, so gelegentlich zu Postirungen von dem Generalleutnant von Truchsess, dem seit Beginn des Frühjahrs oblag, die Grenze Schlesiens von der Lausitz an bis ins Glatzische hinein zu decken. Aber die Geldverpflegung der Miliz war trotz ziemlich harten Dienstes immer noch nicht befriedigend geregelt, die Gemeinden erklärten sich schliesslich für unfähig, ihre Leute weiter zu unterhalten, und zuletzt stahl sich einer nach dem anderen von den Mannschaften nach Hause, weil sie absolut nichts mehr zu leben hatten.

Ende April schien noch einmal ein Umschwung eintreten zu sollen, als der Oberst Winterfeldt, einer der fähigsten und thatkräftigsten Offiziere der Armee, ein ziemlich selbständiges Kommando unter Truchsess übernahm[1]). Schon die ersten kleineren glücklichen Streifzüge Winterfeldts ermuthigten besonders im hirschberger Kreise die Bauern, die ja noch meist mit Gewehr versehen waren, ihrerseits einen Guerillakrieg

---

[1]) Vergl. über dies und das folgende ausser den Akten die betr. Stellen aus der in den „Kriegsgeschichtlichen Einzelschriften des Grossen Generalstabes“ Heft 3, Berlin 1884, abgedruckten Korrespondenz Winterfeldts und Truchsess' mit dem König, S. 50—60.

gegen die Oesterreicher zu eröffnen. Wahrscheinlich die gelegentliche Nachricht hiervon war es nun, die den König veranlasste, dem Obersten die sofortige Aufbietung der gesammten schlesischen Miliz anzubefehlen, und zwar so, dass in zwei Tagen, bis zum 4. Mai, schon alles beendet sein sollte. Mehr mechanisch wurde der königliche Befehl von den einzelnen Instanzen weiter gegeben, viel Erfolg versprach sich niemand davon, und wirklich war am 4. Mai auch nicht eine Kompanie versammelt; besonders hemmend wirkte es aber auch, dass schon wieder und zwar diesmal radikale Neuerungsvorschläge in der Luft schwebten. Der Urheber dieser war der Oberst von Winterfeldt. Da er selbst aber keinen Augenblick freie Zeit hatte, wollte er deren Durchführung anderen überlassen, und erst durch die dringendsten Bitten des Ministers von Münchow liess er sich bewegen, seinen Vorschlag wenigstens selbst dem Könige zu unterbreiten. Was er beabsichtigte war die gänzliche Beseitigung der alten Miliz und an deren Stelle die Errichtung von zwei bis drei auserlesenen, aber auch angemessen zu besoldenden Freiwilligen-Kompanien, die einigen entschlossenen Offizieren anzuvertrauen und deren Einrichtung und Verpflegung durch Kammer-Kommissare zu ordnen wären. Der König erklärte sich mit wenigen Worten vollkommen mit den Absichten seines Vertrauten einverstanden, aber leider erliess er keinerlei entsprechende Weisungen an die Zivilbehörde, wie man solches gehofft hatte. Winterfeldt hatte zu weiterem keine Zeit, Münchow traute sich nicht die Sache aut eigene Verantwortung zu unternehmen und hoffte auch immer noch auf einen direkten Befehl des Königs. Die Folge davon waren interimistische und halbe Befehle an die Landräthe, und deren Folge wieder eine allgemeine Verwirrung, eine völlige Desorganisation. Denn durch die prinzipielle Billigung der Neuerung war zunächst doch der alten Miliz das Todesurtheil gesprochen: der Verband der Kompanien, soweit man von einem solchen überhaupt noch reden konnte, löste sich auf, man lieferte die derzeit vertheilten Gewehre, mit denen ja die neuen Freikompanien bewaffnet werden sollten, an die Zeughäuser zurück, kurz die alte Miliz gehörte nach wenigen Tagen der Vergangenheit an. Die neuen Kompanien aber kamen niemals zu Stande; da man den Leuten keine bestimmten Versprechungen machen konnte, erhielt man natürlich auch keine Freiwilligen, neue Bestimmungen aber erfolgten nicht. Dann kam der Tag von Hohenfriedberg und nach ihm ist weder von der alten Miliz noch von den Freikompanien jemals ernstlich wieder die Rede gewesen.

Noch zweimal ist allerdings in späteren Jahren die Erinnerung an diese schlesische Miliz wieder aufgefrischt worden. Das eine Mal war im Herbst 1750, als der König, zur Revue in Schlesien weilend, sich beiläufig bei Münchow nach derselben erkundigte und einen kurzen Bericht (d. d. Glogau 21. Sept.) darüber entgegennahm. Das andere Mal geschah, als sich schon wieder Gewitterwolken am politischen Himmel zusammengezogen hatten, im Anfang des Jahres 1756. Damals (Anfang Januar) forderte der König, im Geiste schon alle seine Mittel berechnend und überschauend, von dem derzeitigen Minister von Schlesien, v. Schlabrendorf, ausführlichen Bericht und Gutachten über die ehemalige Landmiliz ein. Wenngleich nun der darauf erfolgende Bericht (d. d. Breslau 30. März) ohne zu übertreiben nur die ungeschminkte Wahrheit sagte, darf es uns doch nicht wundernehmen, dass im siebenjährigen Kriege von der Aufbietung einer schlesischen Landmiliz niemals wieder die Rede gewesen ist.

Zu Beginn des grossen, dritten schlesischen Krieges, darüber kann kein Zweifel obwalten, war in allen Provinzen der preussischen Monarchie die grosse Masse des Volkes des Gebrauches der Waffen vollständig entwöhnt; wenn man schon an ein allgemeines Aufgebot appelliren wollte, so war dies praktisch doch nur gegen räuberische Banden und Marodeure verwendbar, nicht aber zum Widerstande gegen ein reguläres feindliches Heer, und endlich konnte ein solches Aufgebot, weil es alle wehrfähigen Mannschaften in Anspruch nahm und alles bürgerliche Leben still stehen hiess, wohl als momentane Hilfe in der grössten Noth, nicht aber als Vertheidigungsmassregel von einiger Dauer gelten. Demnach ist es nur zu erklärlich, dass man im siebenjährigen Kriege, als, zur Abhilfe des Truppenmangels, wieder an etwas Milizähnliches gedacht werden musste, darauf verzichtete, alle Waffenfähigen d. h. also auch alle älteren, verheiratheten Leute aufzubieten, dass man vielmehr nur die brauchbarsten Mannschaften auswählte, aus ihnen eine bestimmte Anzahl von Milizbataillonen formirte und diese, was den Dienst, die Disziplin, sowie auch das mehr Aeusserliche anbetraf, den Truppen des stehenden Heeres möglichst ähnlich machte. So bekam man allerdings weniger, aber in jeder Beziehung bessere Mannschaften und man konnte sie, so lange das Bedürfniss andauerte, unter den Waffen erhalten, ohne doch dem Lande alle Lebensadern zu unterbinden.

V. Die preussische Heeresverfassung zu Beginn des siebenjährigen Krieges.

Bevor wir auf die Landmilizen des siebenjährigen Krieges des näheren eingehen, dürften einige orientirende Worte über die damalige preussische Heeresverfassung nicht unerwünscht sein.

Die preussische Armee beruhte seit Friedrich Wilhelm I. auf zwei Grundlagen, dem Kantonwesen und der ausländischen Werbung. Das erstere gründete sich auf die prinzipielle Verpflichtung aller Unterthanen zum Kriegsdienste, eine Verpflichtung, die allerdings eine Reihe von Ausnahmen zu Gunsten der Wohlhabenden und im Interesse des Landeswohlstandes erlitt[1]). Der Ersatz der Truppen regelte sich nun im einzelnen so, dass jedem Feldregiment[2]) bezw. jeder Kompanie und Eskadron ein bestimmter Bezirk zugewiesen war zu dem Zweck, daraus ihren Bedarf an inländischen Rekruten zu decken; dieser Bezirk hiess Kanton. Die sämmtlichen, dem Regimente in demselben zur Verfügung stehenden Leute waren aufgezeichnet, hiessen daher allgemein Enrollirte. Eine so starke Armee aber wie die preussische ganz, oder auch nur grösstentheils aus eigenen Unterthanen zu rekrutiren, verbot die Fürsorge für die Wohlfahrt des Landes, daher musste ein grosser Theil des Menschenmaterials für die Regimenter durch Anwerbung von Ausländern beschafft werden. In der so entstehenden Mischung sollten die Inländer den nationalisirenden Sauerteig abgeben und so nach Möglichkeit eine vollkommen aus Landeskindern bestehende Armee ersetzen[3]).

Was die Kategorien der Regimenter anbetrifft, so umfassten die Friedensformationen deren drei: die Feldregimenter, die eigentliche Kampfestruppe, an Zahl und Stärke weit überwiegend, die Garnisonregimenter, die Landregimenter.

Das Feldregiment Infanterie[4]) bestand aus 2 Bataillonen zu je 5 Kompanien Musketiere und 1 Kompanie Grenadiere. Die Grenadierkompanien zweier Regimenter stiessen im Kriege zu einem Grenadierbataillon von 4 Kom-

---

[1]) Nicht kantonpflichtig waren die Söhne der königlichen Beamten, Kaufleute und Materialisten und diejenigen, die 6000 Thlr. im Vermögen hatten, sowie neue Kolonisten für sich und ihre Kinder und die Arbeiter einiger vom Staate besonders geschützter Industrien. Die Kantonfreiheit des Adels war höchst ideell; denn wer von diesem diensttüchtig war, diente doch als Junker, Freikorporal und Offizier in der Armee; wer des Königs Rock nicht trug oder getragen hatte, wurde von seinen Standesgenossen kaum als voll angesehen.

[2]) Ueber den Ersatz der Garnison- und Landregimenter vergl. S. 23 und S. 9.

[3]) Man vergleiche Friedrichs eigene Worte in dem „Politischen Testament“ von 1752 (bei Droysen, Preuss. Politik V, 3, S. 18 Anm. 2) und in dem „Militärischen Testament“ von 1768 (ebenda und: Miscellaneen zur Geschichte Friedrichs d. Gr., Berlin 1878, S. 123. Vergl. auch oben Vorwort Anm. 3).

[4]) Friedrich Wilhelm I. hinterliess 1740 32, sein Sohn hatte 1756 48 Feldregimenter Infanterie.

panien zusammen. In der Zeit bis zum siebenjährigen Kriege war die Friedensstärke einer Musketierkompanie ohne Offiziere 136 Mann, die der Grenadierkompanie etwas grösser. Davon waren etwa 60 Mann Kantonisten, von denen wiederum der grösste Theil, vorausgesetzt dass er die erste Rekrutenzeit bereits absolvirt hatte, im Frieden zehn Monate des Jahres beurlaubt war, um seinem bürgerlichen Gewerbe nachzugehen, und sich nur die Hauptexerzirmonate Mai und Juni bei der Fahne befand[1]). Die Dienstzeit an sich war, Ausnahmen abgerechnet, lebenslänglich, bezw. sie dauerte bis zur Invalidität. Das Traktement und die kleinen Montirungsgelder der Beurlaubten wurden in den zehn Monaten gespart, davon musste der Kompaniechef die Kosten der ausländischen Werbung bestreiten; was übrig blieb, floss in seine Tasche und ergänzte seine sonst sehr mässig bemessenen Einkünfte: die sogen. Kompaniewirthschaft. Im Kriege fiel die Beurlaubung natürlich fort und somit auch die damit verbundenen Ersparnisse; daher übernahm es dann der König, auf seine Kosten die Armee mit den nöthigen Ausländern zu rekrutiren.

Das Regiment Kavallerie[2]) — Kürassiere und Dragoner — bestand, einige Abnormitäten abgerechnet aus 5 Es-

---

[1]) Die Zahlenangaben über das Verhältniss zwischen Kantonisten und Nichtkantonisten, sowie über die Urlauber schwanken ausserordentlich und man findet sie kaum bei zwei von einander unabhängigen Autoren gleich angegeben; auch das in solchen Fragen für die Theorie sonst ausschlaggebende Reglement von 1743 enthält über diesen Punkt keinerlei deutliche Bestimmungen; zur genaueren Feststellung bedürfte es einer sorgfältigen Durchsicht der sicher noch zum grossen Theil erhaltenen Listen, und zwar der Listen aus den verschiedensten Jahren. Die von uns oben gegebenen Zahlen finden sich bei Droysen, Preuss. Politik V, 3, S. 16, doch sind sie sehr niedrig und geben nur die Friedenseffektivstärke. Bei der Mobilmachung nahm die Zahl der Kantonisten zu durch Einstellung rein inländischer Augmentationsmannschaften, die im Frieden nicht zum Etat des Regimentes gehörten, und deren Höhe auch erst nach der politischen Lage des Staates, nach der Stärke des Feindes bemessen zu werden pflegte. Ausserdem darf man auch nicht vergessen, dass eine ganze Reihe von Landeskindern, weil sie nicht eigentlich auf Grund der Kantonpflichtigkeit zu den Regimentern gekommen waren, nicht nur nicht als Kantonisten, sondern geradezu als „Ausländer" bezeichnet wurden, trotzdem sie geborene Preussen waren. Es sind dies die sogen. Rothgeschriebenen; nämlich einmal Soldatensöhne, — deren Zahl recht beträchtlich war, — dann alle ausserhalb des Regimentskantons Geworbene, also auch alle freiwillig eingetretenen Eximirten, und endlich noch unsichere Kantonisten, d. h. besonders solche Landeskinder, die sich etwas hatten zu schulden kommen lassen. Soviel lässt sich demnach zur allgemeinen Charakterisirung doch mit Sicherheit sagen, dass während der ganzen Regierungszeit Friedrichs II. allermindestens die Hälfte seiner Armee aus geborenen Preussen bestand, die in ihrem Kriegsherren von Jugend auf ihren Landesherren zu erblicken gewohnt waren.

[2]) Friedrich übernahm 1740 an Reiterei im ganzen 20 Regimenter, er hatte 1756 12 Kürassier-, 12 Dragoner- und 8 Husarenregimenter.

kadrons zu je 158 Mann, wovon 60—65 Kantonisten waren, das Husarenregiment hatte 10 Eskadrons zu je 132 Mann, gleichfalls mit dem entsprechenden Zusatze an Einländern; die Wirthschaft und die Beurlaubung war überall wie bei der Infanterie.

Die Garnisonregimenter, nur Infanterie, wurden grösstentheils durch Abgaben von den Feldregimentern ergänzt, sie enthielten daher meist ältere, zum grossen Theil nicht mehr ganz felddienstfähige Leute, unter Umständen geradezu Veteranen; ihre Wirthschaft war der der Feldregimenter ähnlich, doch waren die Soldsätze geringer. Zum Garnison- und Besatzungsdienst bestimmt, erfuhr diese Truppengattung eine starke Vermehrung in den ersten Jahren Friedrichs II., da es galt, auch die zahlreichen schlesischen Festungen mit genügender Besatzung zu versehen. Und beim Beginne des siebenjährigen Krieges wurde sie abermals fast verdoppelt, was einerseits das Bedürfniss nach mehr Truppen an sich, andererseits die nötig werdende Besetzung der sächsischen Festungen veranlasst hat[1]).

Die letzte Kategorie der Friedensformationen endlich sind die oben besprochenen vier Landregimenter. Von ihnen ist also nur ein Stamm ständig besoldet, die Mannschaften sind beurlaubt und versammeln sich erst auf Ordre, die Regimenter enthalten nur Landeskinder oder durch langjährige Dienstzeit zu Preussen gewordene Ausländer. Grenadiere hatte diese Truppe für gewöhnlich nicht.

Zu allen diesen, schon im Frieden vorhandenen Regimentern traten nun im siebenjährigen Kriege noch zwei andere Truppenarten, die das augenblickliche Bedürfniss hervorgerufen hatte, und die mit Beendigung des Krieges alsbald wieder verschwanden, nämlich die Freitruppen und unsere Provinziallandmilizen.

Die Freitruppen, hauptsächlich gegen die österreichischen Irregulären bestimmt, waren nicht etwa selbst Irreguläre, sondern sie wurden in regelmässigen Regimentern, Bataillonen und Kompanien bezw. Eskadrons formirt. „Frei“ waren sie nur in Betreff der Kampfesweise, frei von der Schultaktik der Linientruppen; ihre Aufgabe war der Kampf im durchschnittenen Terrain, in Wald und Dorf, sowie die ganze Thätigkeit des kleinen Krieges. Sie bestanden

[1]) Ueberkommen hatte Friedrich nur 4 Bataillone, bis 1745 hatte er sie aber auf 22, bis 1758 gar auf 43 Bataillone in 13 Regimentern vermehrt. In den Jahren 1742—53 waren auch aus den Garnisonbataillonen Grenadierkompanien ausgezogen, von jenen getrennt und auf Feldetat gesetzt worden; sie bildeten 5 von den ständigen 6 Grenadierbataillonen und waren von vornherein zum Felddienst bestimmt. Eine Verwendung einzelner der eigentlichen Garnisonbataillone zu solchem Dienst fand nur mehr ausnahmsweise und gelegentlich statt.

im Prinzip nur aus Geworbenen und nahmen freiwillige Landeskinder, Ausländer und Deserteure, wie sie gerade kamen. Die Freitruppen entsprachen, von einigen Misserfolgen abgesehen, durchaus den Erwartungen, die der königliche Kriegsherr an sie stellte, so dass er sie später beim Ausbruche des bairischen Erbfolgekrieges sofort wieder ins Leben rief; nicht zu gedenken der ständigen Freiregimenter, die Friedrich in seinem letzten Lebensjahre errichtete.

Mit den Provinziallandmilizen werden wir uns gleich eingehender zu beschäftigen haben. Wir wollen aber die vorangeschickte Uebersicht nicht schliessen, ohne mit einem Wort auf die Waffenübung der städtischen Bürger in den Schützengilden hingewiesen zu haben, deren Privilegien Friedrich II. bald nach seiner Thronbesteigung wiederhergestellt hatte, und in den Bürgerkompanien, denen, wo keine Garnison einquartirt war, der Wachtdienst an den Thoren oblag. Was zu Zeiten der Noth aus diesem Material, allerdings nur durch geeignete Führer, geschaffen werden konnte, das hat die ruhmreiche Thätigkeit der kolberger Bürgerschaft während der verschiedenen Belagerungen durch die Russen im siebenjährigen Kriege bewiesen [1]). Freilich waren die Kolberger und mit ihnen wohl auch die Einwohner mancher anderen befestigten Städte durch ihren Bürgereid speziell verpflichtet, zur Vertheidigung ihrer Festung Leib und Leben, Gut und Blut daranzusetzen [2]). Von der kriegerischen Thätigkeit aber der Einwohner einer anderen preussischen Stadt während des siebenjährigen grossen Ringens ist unseres Wissens nichts bekannt und es würde eine solche, falls sie wirklich stattgehabt hätte, schwerlich von grossem Belang gewesen sein. Wenn uns Bielfeld für das Jahr 1745 von der Bewaffnung und Einübung von 16 000 berliner Bürgern meldet [3]), so wollen wir ihm dies glauben; grosse Leistungen muss ihnen aber doch niemand zugetraut haben, da bei den Besuchen der Oesterreicher und Russen im siebenjährigen Kriege, wo eine

---

[1]) Wir werden auch auf diese später bei Gelegenheit noch einmal zurückkommen.

[2]) Nach: „Nettelbecks Leben von ihm selbst erzählt“, herausgegeben von Haken, Halle 1821, I, S. 105. — Dass für die Einwohner von Küstrin eine gleiche Verpflichtung bestand, bezeugt J. C. Seyffert, Annalen der Stadt und Festung Küstrin, Küstrin 1801, S. 96.

[3]) „Pour se mettre encore plus en état de défense et soulager la garnison, nos généraux jugèrent à propos d'armer 16 000 bourgeois partagés en différentes compagnies. Leurs armes furent tirées de l'arsenal, on les exerçoit tous les jours, et ces citoyens d'une capitale d'un État militaire, nés pour ainsi dire au sein de la guerre, se prêtèrent à ces exercices avec une ardeur, une bonne volonté et un succès qui surpasse toute croyance.“ (1. Dez. 1745.) Bielfeld, Lettres familières, à la Haye 1763, II, 203. Diese Briefe sind bekanntlich spätere Ueberarbeitungen.

Wiederholung dieser Massregel sehr angebracht gewesen und vielleicht beide Male, mindestens aber das erste Mal von Erfolg gekrönt worden sein dürfte, von einem abermaligen Aufgebot der Bürgerschaft nicht einmal die Rede ist[1]).

Der erste Feldzug des dritten schlesischen Krieges war vorübergegangen, ohne den König von Preussen in entscheidende Vortheile zu setzen. Friedrich musste sich nunmehr darauf gefasst machen, die von allen Seiten anstürmenden Feinde gleichzeitig zu empfangen. Soweit es in seinen Kräften stand, wurden alle Vorbereitungen getroffen; die alten Regimenter wurden verstärkt, neue errichtet. Die Deckung seiner rechten Flanke seinen Bundesgenossen überlassend, wollte sich der königliche Feldherr selbst auf die Oesterreicher werfen, während Feldmarschall Lehwaldt mit seiner kleinen Armee die Russen von Ostpreussen fernhalten sollte. Nur von den Schweden versah sich Friedrich eines Angriffes nicht, und demnach war ganz Pommern ohne besondere Bedeckung geblieben; ebenso wenig war es nöthig erschienen, die Neumark gegen Uebergriffe von Polen aus zu schützen. Dennoch sollte in diesen beiden Provinzen die Lage bald dazu führen, dass an Vertheidigungsmassregeln irgend welcher Art gedacht werden musste. Und da der König ausser Stande war, genügende Truppen zur Beschützung jener Gegenden abzugeben, — es galt damals gerade die schweren Verluste von Prag und bald die noch schlimmeren von Kolin zu ersetzen, — so blieb nur der Ausweg, auf die alten Prinzipien der Landesvertheidigung, auf eine Miliz zurückzugreifen.

Die alsbald in den einzelnen Provinzen getroffenen Massregeln — denn auch Magdeburg-Halberstadt und die Kurmark wurden, wegen des Vordringens der Franzosen im Westen, mit hineingezogen — zusammenhängend zu behandeln, verbieten die provinziellen Verschiedenheiten; das Bild müsste ein äusserst unklares werden.

Was ihnen allen — wenn wir von den ganz eigenthümlichen ostpreussischen Milizen, von denen ganz zum Schluss auch die Rede sein wird, absehen — gemeinsam und charakteristisch

---

[1]) Nach Preuss, Friedr. d. Gr. II, 1833, S. 87, hätte, als Hadik nach Berlin kam, der Stadtpräsident v. Kircheisen den Bürgern bei schwerer Strafe verboten, zu den Waffen zu greifen; wir glauben ihm seine Gründe nachfühlen zu können.

ist, wird sich hier mit wenigen Worten sagen lassen. Ihre gleichmässige Veranlassung war die schwere Bedrängniss der Provinzen, die, so gut wie ganz von Truppen entblösst, gleich im ersten Anprall eine Beute des Feindes zu werden drohten. Um dem zu erwartenden Angriff wenigstens nicht ganz wehrlos gegenüberzustehen, und da auf Hilfe von dem selbst schwer bedrängten Könige einstweilen nicht zu hoffen war, ging man allenthalben daran, Miliztruppen aufzustellen. Die Mannschaften wurden ausschliesslich vom Lande ausgehoben, die Offiziere, soweit es irgend anging, aus dem eingesessenen Adel genommen. Ursprünglich nur für kurze Zeit berechnet, blieben die Milizen dann doch den ganzen Krieg über bestehen; sie waren ganz reguläre Truppen geworden, mit denen zu rechnen und über die zu verfügen der königliche Kriegsherr sich gewöhnt hatte, wenn auch fast ausschliesslich zum Nutzen der betreffenden Provinzen. Sie bestanden zum grössten Theile aus Fussvolk, doch enthielten sie auch Reiterei und, wenn man es so gelten lassen will, auch Artillerie[1]). Vielfach auch Felddienst thuend, wurden sie meist im Garnisondienst, im weitesten Sinne dieses Wortes, und, was besonders wichtig war, auch als Ersatzkadres für die Feldtruppen verwendet.

Für den Unterhalt der Milizen mussten überall die betreffenden Provinzen die nöthigen Gelder aufbringen und zwar durch eine eigens dafür auferlegte Steuer, ohne dass damit den Ständen auch nur die leiseste Verfügung über jene Truppen zugestanden hätte. Als der Unterhalt dann Schwierigkeiten zu machen anfing, suchte man sich durch andere Finanzoperationen zu helfen; so wurde z. B. in allen Provinzen ein eigener Landmilizimpost bei der Akzise eingeführt. Nur wo die Mittel des Landes absolut nicht mehr ausreichten, übernahm der König die Miliz, so in Pommern und der Uckermark. Mit dem Frieden wurden dann schliesslich alle Provinzialmilizen reduzirt[2]).

---

[1]) Gehörten damals zur Kriegsausrüstung eines jeden Bataillons an sich schon zwei Feldgeschütze, so wurden, wie wir unten sehen werden, Landsoldaten vielfach auch aushilfsweise als Festungsartilleristen ausgebildet.

[2]) Das bisher bekannte gedruckte Material über dies ganze Thema ist so lückenhaft und ungenau, dass es überhaupt nicht lohnt, sich hier eingehender mit diesem zu beschäftigen. Fast ausschliesslich musste mit rohem archivalischen Material gearbeitet werden. Einige recht brauchbare Notizen über die pommerschen Milizen enthält allerdings Marschall von Sulicki, Der siebenjährige Krieg in Pommern u. s. w., Berlin 1867, S. 25—30. — Die auf den ersten Blick sehr zuverlässig erscheinenden Angaben Courbiere's (Brandenb. - preuss. Heeresverf. S. 111—113) sind im höchsten Grade korrekturbedürftig. Sie stammen augenscheinlich aus einem im Generalstabsarchiv befindlichen Promemoria aus dem Jahre 1804 über die Landmilizen des siebenjährigen Krieges (D I 92 a), welches bei den damals wieder allgemein auftauchenden Milizplänen mit statistischen Daten dienen, über

Soviel über das Allgemeine: Einen Einblick in das Innere und Einzelne der Organisation werden die folgenden Darlegungen ergeben, und zwar erregen hier vor allem unser Interesse die Einrichtungen, die in Pommern, der Uckermark und der Neumark getroffen wurden: es sind diejenigen Landestheile, wo die Milizverfassung des siebenjährigen Krieges am vollständigsten sich entwickelt und am wirksamsten sich bewährt hat. Die Milizen des Restes der Kurmark und die von Magdeburg-Halberstadt werden dagegen erst in zweiter Linie in Betracht kommen.

---

die allgemeine sachliche Organisation Aufklärung geben sollte, dabei aber in Betreff der einzelnen Formationskörper und besonders in den Namen der Chefs die grössten Ungenauigkeiten enthält.

Erster Theil.

Pommern und Uckermark[1]).

I. Entstehung des Milizplanes bis zur Bewilligung der ersten „drei Monate" durch die Stände.

In Pommern fürchtete man im Mai des Jahres 1757 noch nicht so sehr eine schwedische Invasion als vielmehr eine Landung der Russen an der völlig unbedeckten Küste; das Erscheinen einzelner russischer Kreuzer schien die Besorgnisse zu rechtfertigen. Um wenigstens nicht einem plötzlichen Ueberfall ausgesetzt zu sein, wurden zunächst regelmässige Strandwachten organisirt. Einzelne Landräthe und Beamte schlugen alsbald wieder, wie im Jahre 1741, vor, allgemein die Bürger und Bauern unter die Waffen zu rufen, und der Landeshauptmann von Lauenburg und Bütow, von Weyher, wollte gleichfalls wieder die dortige Ritterschaft aufsitzen lassen[2]).

---

[1]) Vgl. Geh. Staats-Arch. R 63. 85 b Vol. I—V und Landmiliz, Pommern, Militaria, 5 a. b. Vol. VI, VII. — Daneben Stettiner Staats-Arch. Tit. 18. P. 1 R. A. Vol. I—III, Tit. 97 P. 1 R. A. Vol. I—III, sowie Stett. Staats-Kanzl. Tit. 4 P. 2. cont. app.

[2]) Vergl. oben S. 13. Lauenburg-Bütow nimmt überhaupt — um dies gleich zu bemerken — wie hier, so auch in der Folge eine ganz eigenthümliche Stellung ein. Dieser Landestheil hat an der Aufbringung der Gelder für die pommersche Miliz, also auch später an dem sogen. Nebenmodus und dem Landmilizimpost keinen Antheil genommen, „weil er zum onere contributionis in Pommern überhaupt nichts beitrüge", ja die beiden Kreise haben vielleicht nicht einmal Mannschaften zu der Miliz gestellt. Die ganz eigenthümlichen Sonderrechte, die damals jene noch der polnischen Oberlehnsherrlichkeit unterworfenen Theile der preussischen Monarchie genossen, verdienten wohl einmal eine etwas eingehendere Untersuchung. Wie weit auch die Starostei Draheim, die bekanntlich zusammen mit obigen beiden Herrschaften durch den Brom-

Aber bald brach sich die Ueberzeugung Bahn, dass man mit diesen Mitteln einem regulären Heere gegenüber doch nichts ausrichten, vielmehr nur den Feind anreizen würde, Dörfer und Städte zu zerstören. Da die äusserst schwache stettiner Garnison keinerlei Detachements abgeben konnte, vom Könige aber günstigsten Falles nur einige tausend Mann zu erwarten waren, so blieb nichts übrig als aus dem im Lande zur Verfügung stehenden Menschenmaterial eigene Truppenkörper zu bilden und diese, um auch entsprechende Anforderungen an sie stellen zu können, den regulären Truppen möglichst ähnlich zu machen. Demnach beantragten die Landräthe der am meisten bedrohten Kreise im Einverständnisse mit den Magistraten der Küstenstädte und unterstützt von einer Reihe patriotisch gesinnter Männer[1]) bei der stettiner Kriegs- und Domänen-Kammer, alle dimittirten Soldaten, ferner exerzirte Enrollirte und einige junge Mannschaft einzuziehen, daraus Kompanien zu formiren und dieselben mit Offizieren aus der Ritterschaft, die Dienste zu thun erbötig sei, zu versehen; so könne man hoffen das Land mit Hilfe einiger regulärer Truppen zu decken. Von einem Anerbieten, dass die Provinz die Kosten dieser Massregel tragen wolle, war dabei aber nicht die Rede.

Die pommersche Kammer, die wohl einsah, dass etwas und zwar bald geschehen müsse, berichtete sofort an das Generaldirektorium[2]), indem sie versprach auf diese Weise etwa 2 Regimenter, d. h. also ungefähr 2800 Mann zusammenzubringen. Wenn dies nicht genüge, müssten die angrenzenden Marken hinzugezogen werden; die Hauptsache sei nur die Anweisung von Geldern, um die Kosten der Errichtung zu bestreiten und den Offizieren und Mannschaften Sold zahlen zu können.

Das Generaldirektorium verhielt sich den Vorschlägen gegenüber ziemlich passiv, es besorgte, dass durch ihre Ausführung der Ersatz der Feldregimenter schwer beeinträchtigt werden würde, und vor allem war es rathlos, woher die Gelder zu nehmen seien. Als daher die Kammer immer mehr drängte[3]), auf die nunmehr auch aus Schwedisch-Pommern

---

berger Vertrag vom 6. November 1657 an Preussen kam, dieser Ausnahmestellung theilhaftig war, wäre dann ebenfalls zu erörtern; doch wollen wir nicht unerwähnt lassen, dass damals jene Starostei, im Gegensatz zu Lauenburg und Bütow, an dem Landmilizgeld mitsammt dem sogen. Nebenmodus und dem Impost theilgenommen hat.

[1]) Besonders zu nennen sind hier die Namen Weyher, Grumbkow, Meyer, Platen, Puttkamer, Münchow, Böhn, Lettow und Heydebreck. — Ueber eine angeblich besonders hervorragende Theilnahme des späteren Ministers von Hertzberg behalten wir die nöthigen Aufklärungen uns für einen andern Ort vor.

[2]) Am 6. und 11. Juni, also noch vor der Schlacht bei Kolin.

[3]) Berichte vom 16. und 18. Juni und 3. Juli.

kommenden drohenden Nachrichten hinwies und anführte, dass sich doch die ostpreussiche Miliz ganz gut zu bewähren scheine, erklärte das Generaldirektorium endlich, dass es hierin etwas zu entscheiden nicht befugt sei und dass sich die Kammer ev. direkt an den König wenden möge.

Was nun inzwischen an Verhandlungen u. s. w. vor sich gegangen, ist nicht mehr mit Genauigkeit festzustellen. Jedenfalls noch ehe die Kammer oder auch die Stände dem Könige ihre Wünsche vortragen konnten[1]), erschien in Stettin eine Kabinettsordre, die die Errichtung von 10 Bataillonen Landmiliz auf Kosten der Provinz befahl. Der König schrieb — aus Leitmeritz vom 13. Juli 1757 — an den Kammerpräsidenten v. Aschersleben: er habe sich überzeugt, die schwedischen Rüstungen könnten leicht Vorpommern und Stettin gelten; er hoffe zwar trotz der schweren Verluste von Kolin zum Schutze jener Lande bald ein Korps von 20000 Mann freimachen zu können, „damit aber inzwischen Stettin und dortige Gegenden einigermassen mehr als bisher gedeckt sei, so habe Ich zuvörderst und da Mir gemeldet und versichert werden wollen, dass die Provinzen von Pommern sowohl als von der Kurmark vorerst nur ein hinlängliches Korps von Landmiliz errichtet zu sehen sehr wünschen, daferne Ich nur die Offiziers, so solche formiren und kommandiren, benennen wollte, da sie sich sodann freiwillig offerirten, die Unterhaltung eines solchen Korps Truppen zu ihrer Beschützung lieber extraordinarie zu übernehmen, als sich von einem grausamen und erbitterten Feinde ruiniren zu lassen, resolviret, dass von dergleichen Landmiliz vorerst an 10 Bataillons, in allem 5000 Mann, jedes Bataillon à 500 Mann und jede Kompanie à 100 Mann, 1 Kapitän, 1 Leutnant, 1 Fähnrich, 6 Unteroffiziers und 1 bis 2 Tambours errichtet werden sollen, wozu dann ganz Vor- und Hinterpommern, auch die Uckermark konkurriren und wozu die verabschiedeten Soldaten nebst anderen Leuten aus den Kreisen genommen werden müssen". Gediente vom Adel sollten als Offiziere bestellt und das nöthige Gewehr u. s. w. aus den Zeughäusern von Stettin und Kolberg entnommen werden. Zugleich wurde endlich auch wieder die Zusammenziehung aller irgend abkömmlichen Förster und Jäger anbefohlen. Die Ausführung aller dieser Massregeln wurde dem stettiner Interimskommandanten, Generalmajor v. Podewils, und dem Kammerpräsidenten v. Aschersleben übertragen. Des ersteren Rayon, die militärische Seite, aber überwies eine Kabinettsordre vom 14. Juli alsbald an den zum wirklichen Kommandanten und Vize-

---

[1]) Wir werden auf diesen Punkt sehr bald noch genauer zurückkommen; vgl. S. 33 f.

gouverneur ernannten Generalleutnant v. Manteuffel, der zugleich beordert wurde, einige reguläre Bataillone von der Armee nach Pommern zu führen[1]).

Der König hatte es sogar sehr eilig mit der Errichtung der Miliz; dies zeigt der Umstand, dass er an demselben 13. Juli, wo die Ordre an den Kammerpräsidenten erging, zugleich immediat den sämmtlichen vor- und hinterpommerschen, sowie den uckermärkischen Landräthen befahl, sich sofort nach Stettin zu begeben und alles, was ihnen Podewils und Aschersleben inbetreff der Landmiliz eröffnen würden, schleunigst zur Ausführung zu bringen.

Vollauf in Anspruch genommen, die Wunden zu heilen, die der Unglückstag von Kolin geschlagen, hatte Friedrich, wenn man von der Festsetzung der Stärkeetats absieht, nur in grossen Zügen seine Absichten wegen der Landmiliz kundgegeben, alle Einzelheiten aber der Ausführung seiner Beamten überlassen. Demnach konnte es nicht ausbleiben, dass die Befehle des Königs, im einzelnen einer verschiedenen Deutung fähig, bei den verschiedenen Instanzen auch wirklich eine solche erfahren mussten.

Die Minister des Generaldirektoriums waren der Ansicht, dass sie die ganze pommersche Landmiliz garnichts anginge, da die Kammer immediat instruirt worden sei. Die Kabinettsordre an Aschersleben wurde von diesem so ausgelegt, wie wenn er nur für die ersten Massregeln der Errichtung Vollmacht erhalten hätte. Der Kommandant endlich forderte auf Grund seiner ihm ertheilten Instruktion — in allen Militärsachen, also auch in allen die Landmiliz angehenden, hätten ihm die Kammer und die Landräthe Folge zu leisten — alles, was er an Mannschaften und Geld brauchte, von der Kammer, ohne im geringsten danach zu fragen, wo diese es hernahm. Wer eigentlich die Verantwortung trug, wusste niemand recht.

Endlich aber hatte der König zwar allgemein befohlen, dass die Uckermark „für dies Mal und sonder Konsequenz“ pro rata zu Pommern gerechnet werden solle, aber das daraus sich ergebende Verhältniss des uckermärkischen Kreisdirektoriums zur pommerschen Kammer war in keiner Weise näher bestimmt worden.

Alles dies hat schliesslich, wie wir weiter unten sehen werden, zu grossen Weiterungen geführt und einen guten Theil zu den grossen finanziellen Schwierigkeiten beigetragen, welche der pommerschen Kammer die Unterhaltung der Miliz späterhin bereitet hat. Gerade deshalb, weil diese Prinzipien-

---

[1]) Es waren dies die bei Kolin furchtbar mitgenommenen Regimenter Moritz v. Anhalt (Nr. 22) und Herzog v. Bevern (Alt-Bevern, Nr. 7), die sich aus ihren, in Pommern gelegenen Kantons wieder vollzählig machen sollten.

fragen erst Monate nach dem Empfang der königlichen Befehle deutlicher hervortraten, als die Dinge schon lange ihren Gang gegangen waren, war die Lösung eine um so schwierigere.

Noch in den letzten Wochen des Juli fanden die Verhandlungen der Kammer mit den Ständen wegen der Uebernahme der Gelder statt. Das Ergebniss war zunächst: Die Uckermark, der am besten situirte Theil, erklärte sich gern bereit, ihre Mannschaftsquote zu stellen und die nöthigen Montirungs- sowie auch auf drei Monate Verpflegungsgelder zu zahlen, betonte aber sofort, dass etwas über diese Zeit hinaus zu übernehmen ihr vollkommen unmöglich fallen würde[1]). Hinterpommern, das zuerst im Hinweis auf seine grosse Armuth um gänzliche Verschonung gebeten hatte, willigte dann gleichfalls ein, ausser der Mannschaft auch deren Verpflegung für drei Monate zu übernehmen, wenn ihm eine grössere Summe, — 10 000 Thlr. Defektengelder, — die es von der Kammer zu fordern habe, in Anrechnung gebracht werde; die Montirungskosten wollte die Provinz zwar vorschiessen, bat aber um spätere Wiedererstattung derselben[2]). Die vorpommerschen Stände verstanden sich zwar endlich dazu, die Mannschaften zu stellen, wollten aber von einer Geldzahlung einstweilen überhaupt noch nichts wissen, trotzdem der Zustand der Provinz keineswegs ganz so schlecht war, wie der Hinterpommerns.

Soweit die Erklärungen der Stände. Da nun aber die Miliz einmal befohlen war, so mussten sich schliesslich auf fortgesetztes Drängen der Kammer, wenn auch unter beständigen Lamentationen, die Stände beider Pommern gleichfalls dazu bequemen, die Aufbringung der Montirungskosten und der Verpflegungskosten auf drei Monate für die von ihnen zu stellenden Mannschaften auf sich zu nehmen.

Somit war denn das Bestehen der Landmiliz für ein Quartal finanziell sicher gestellt, und der Kammerpräsident konnte am 30. Juli dem Könige dieses Resultat mittheilen.

---

[1]) Den Umstand, dass überall von vornherein die „drei Monate“ betont wurden, kann man entweder so erklären, dass überhaupt eine bestimmte kürzere Frist gesucht wurde und diese sich als die natürlichste ergab, da auch die Kontribution und andere Steuern nach Quartalen veranlagt und erhoben wurden, oder aber vielmehr dadurch, dass man annimmt, die Kammer und die Stände hätten an die drei Monate anknüpfen wollen, die die alte Miliz, deren wir zu Beginn der Einleitung des näheren Erwähnung gethan haben, unentgeltlich dienen bezw. vom Lande unterhalten werden musste.

[2]) Die hinterpommerschen und kamminischen Landstände stellten zugleich in einer Immediateingabe (vom 29. Juli) dem Könige ihre durch Misswachs, Viehsterben und andere Kalamitäten veranlasste grosse Noth vor, erlangten aber weiter nichts, als dass ihnen die 10000 Thlr. wirklich angerechnet wurden.

Obwohl diesem Bericht die ausführlichen interimistischen Etats der 10 Bataillone zur Approbation beigelegt wurden, so ist eine Antwort auf denselben doch niemals erfolgt, und demnach hat sich der Monarch auch über die Klausel der „drei Monate", die die Stände aller drei Provinzen als conditio sine qua non aufstellten, niemals geäussert.

Was für Schwierigkeiten sich schon bei dieser ersten Repartition herausstellten und wie namentlich die einzelnen Städte das Versprechen der Landstände aufnahmen, werden wir später sehen.

Die Kabinettsordre an Aschersleben vom 13. Juli und eben nur diese spricht von einer freiwilligen Offerte der Provinzen, die Landmiliz auf ihre Kosten zu unterhalten. Wie weit kann von einem solchen Anerbieten die Rede sein?

Sehr wenig stimmt zunächst zu der Aeusserung der Kabinettsordre an Aschersleben folgender Passus der schon angeführten Instruktion an die Landräthe: „es zweifeln S. K. Mt. dannhero auch nicht, es werden vorgedachte Dero Landräthe dasjenige, so ermeldeter Kammerpräsident v. Aschersleben ihnen eröffnen wird, ganz willig annehmen, auch Höchstderoselben bei dieser ganz sonderbaren Gelegenheit und bei den jetzigen so hoch gefährlichen und critiquen Umständen, wo es schlechterdings auf das Wohl und Wehe des werthen und lieben Vaterlandes ankommt, alle Proben von dero rechtschaffener Gesinnung auch dero Treu und Eifer für S. K. Mt. und Dero Haus geben, mithin nach allen ihren möglichen Kräften es an nichts ermangeln lassen, um dieses vorerst so hochnothwendige Arrangement auf das Allervordersamste und baldigste Abwendung der pressantesten Gefahr zustande zu bringen".

Wäre wirklich ein allgemeines freiwilliges Angebot von Seiten der Provinzen erfolgt, so hätten diese Worte doch kaum rechten Sinn. Zieht man nun ferner das Benehmen der Stände, als ihnen der königliche Befehl inbetreff der Landmiliz mitgetheilt ward, in Betracht, so wird man den Gedanken an ein vorheriges, die Uebernahme der Kosten angehendes Erbieten von dieser Seite schon jetzt fallen lassen müssen. Nicht genug, dass die Stände später dagegen auf das lebhafteste protestirten, als ihnen das Generaldirektorium auf ihre Bitte um Erleichterung ihrer Lasten die Antwort gab, sie hätten sich ja freiwillig erboten, die Landmiliz zu unterhalten: waren doch die beiden Pommern damals einfach ausser Stande, an etwas derartiges zu denken, da ihre wirthschaftliche Lage, wie sie unten eingehender geschildert werden soll, sie eher vollster Schonung, ja sogar fast schon direkter Unterstützung bedürftig machte[1]).

[1]) Vergl. den Schluss des Abschnittes über Pommern.

Das Generaldirektorium aber als solches kann dem Könige gleichfalls keinerlei Angebot übermittelt haben, denn es war von der ganzen Sache wenig berührt worden und schloss endlich nur aus der auch ihm mitgetheilten Kabinettsordre vom 13. Juli, dass entweder die pommersche Kammer oder die dortigen Stände dem Könige die Bereitwilligkeit der Provinz, die Kosten zu tragen, zum Ausdruck gebracht haben müssten. Die Kammer endlich, der zuletzt sowohl die Stände wie das Generaldirektorium alles in die Schuhe schieben wollten, erhärtete auf Grund ihrer Akten, dass weder sie noch ihr Präsident vor dem Eintreffen der Kabinettsordre überhaupt an den König in dieser Angelegenheit geschrieben hatte.

Es bleibt nach alledem nur die Möglichkeit, anzunehmen, dass in patriotischen Kreisen der Gedanke, ja vielleicht hier und da der Wunsch aufgetaucht ist, dem Könige die Kosten der unumgänglichen Landesvertheidigung ganz oder theilweise abzunehmen, und dass von dieser Stimmung ausgehende, vielleicht etwas zu enthusiastische Kundgebungen privater Art zu den Ohren des Monarchen gedrungen sind. Die Annahme solcher allgemein gehaltenen, nicht offiziellen Versicherungen würde sich mit dem Wortlaute der Kabinettsordre vereinbaren lassen, besonders da auch dieser selbst so allgemeiner Natur ist, dass man sich auf eine philologische Wortkritik kaum einlassen kann[1]).

Unzweifelhaft ist aber, und dies ist wichtig zu konstatiren, weil es der ganzen historischen Tradition widerspricht: die Stände, oder mit dem Ausdruck des Königs „die Provinzen“ Pommerns und der Uckermark haben sich niemals erboten eine Landmiliz auf eigene Kosten zu errichten und zu unterhalten, weder auf drei Monate, noch auf unbestimmte Zeit, sie haben erst auf den ausdrücklichsten Wunsch des Königs hin die schier zu grosse Last nach einigem Zögern auf sich genommen.

Es ist richtig, es schwindet mit dieser Klarstellung ein gewisser patriotischer Nimbus, der bisher über der ganzen pommerschen Miliz ruhte. Aber was hier verloren geht, wird — denken wir — vollkommen wieder eingebracht werden, wenn uns die weitere Darstellung noch so reichlich Gelegenheit bietet, den hohen Patriotismus, den Opfermuth der Pommern und die schweren Lasten und Leiden, die diese Provinz zu erdulden hatte, und die sie in stetem Hinblick

---

[1]) „Da Mir gemeldet und versichert werden wollen, dass die Provinzen von Pommern sowohl als von der Kurmark . . . ein Korps von Landmiliz errichtet zu sehen sehr wünschen, . . . da sie sich sodann freiwillig offerirten“ u. s. w.

auf ihren geliebten und jetzt so schwer bedrängten Landesvater standhaft trug, kennen und würdigen zu lernen.

II. Organisation der pommerschen Landmiliz.

Für die Oberleitung des ganzen Milizwerkes waren, wie erwähnt, in der ersten Kabinettsordre der Generalmajor v. Podewils und der Kammerpräsident v. Aschersleben gemeinsam bevollmächtigt worden, und zwar so, dass der erstere die eigentlichen Militaria, der letztere aber die Oekonomika besorgen sollte, beide mit ziemlicher Gleichberechtigung.

Sobald nun aber der Generalleutnant v. Manteuffel in Stettin erschienen war, nahm er die Sache höchst energisch allein in die Hand. Er wusste sich kraft der ihm vom Könige ertheilten Vollmacht der Kammer und dem Generaldirektorium gegenüber bald so zu stellen, dass dieses der ersteren befahl, dem Kommandanten in allen militärischen Dingen, einschliesslich der ökonomischen Seite, Folge zu leisten, vor allem, wenn er Vorschüsse verlange, ihm diese stets sofort auszuzahlen.

Noch selbständiger endlich war die Stellung, die der Nachfolger Manteuffels [1]), der General der Infanterie, Herzog von Bevern, welcher seit dem Mai 1758 das stettiner Gouvernement inne hatte, den Zivilbehörden gegenüber einnahm [2]). Ein recht charakteristisches Beispiel dafür ist folgendes

---

[1]) Manteuffel war 1758 der damals in Pommern befindlichen Dohnaschen, früher Lehwaldtschen Armee zugetheilt worden.

[2]) August Wilhelm der Aeltere, Herzog von Braunschweig-Bevern, einer der tüchtigsten Generale der damaligen preussischen Armee und seit 1747 Wirklicher Gouverneur von Stettin, hatte an den ersten beiden schlesischen Kriegen rühmlich theilgenommen und unlängst bei Lobositz mit hoher Auszeichnung, sowie bei Prag und Kolin mitgefochten. Zur Zeit der Rossbacher Schlacht mit dem Oberbefehl in Schlesien betraut, konnte er den Fall von Schweidnitz nicht hindern, wurde bei Breslau von den mehr als doppelt so starken Oesterreichern geschlagen und bald darauf bei einer Rekognoszirung gefangen genommen. Seine nahe Verwandtschaft mit dem österreichischen Kaiserhause verschaffte ihm bald wieder die Freiheit, und Friedrich befahl ihm nunmehr sein Gouvernement in Stettin persönlich zu übernehmen. Die überaus schwierigen Geschäfte des pommerschen Oberkommandirenden hat er dann auch seit dem Mai 1758 bis zum Frühjahr 1762 mit grösster Einsicht und Energie und zu vollster Zufriedenheit seines königlichen Kriegsherren wahrgenommen, und ihm vor allem ist die vorzügliche Ausbildung und die zweckdienliche Verwendung der pommerschen Milizen zu danken. Nach dem russischen Frieden 1762 nochmals auf den schlesischen Kriegsschauplatz berufen, besiegte der Herzog am 16. August die Oesterreicher bei Reichenbach und half dadurch dem Könige dieselbe Festung wiedergewinnen, deren erstmaliger Verlust ihm hauptsächlich zur Last gelegt worden war.

Ereigniss. Als im Februar 1759 das Generaldirektorium infolge einiger, bei der in Magdeburg stehenden kurmärkischen Landmiliz vorgekommenen Unregelmässigkeiten den Kommandeuren sämmtlicher Landbataillone, in Pommern den Gouvernements von Stettin und Kolberg ein ausführliches Reglement über alle die Landmiliz angehenden Sachen[1]) durch die Provinzialkammern zur Nachachtung zufertigen liess, verbat sich Bevern auf das entschiedenste eine solche Einmischung eines Zivilkollegiums in die ihm von Sr. Mt. direkt übertragenen Militaria; er werde jederzeit unaufgefordert thun, was er für den königlichen Dienst am besten halte. Das Generaldirektorium nahm dies ganz ruhig hin und befahl der Kammer, „Se. Durchlaucht nicht mehr mit solchen Sachen zu behelligen". — Bevern war der rechte Mann am rechten Ort. Ein Organisationstalent ersten Ranges, hat er besonders die gedeihliche Fortentwickelung der Milizen gefördert. Gerade dass er von fürstlichem Geblüt war, verschaffte ihm hierbei eine Autorität, die wohl einem anderen General schwerlich jemals zutheil geworden wäre. Ueber seine Thätigkeit im einzelnen unten ein weiteres.

Zunächst springt schon in die Augen, dass eine derartige Emanzipation und Zentralisation der gesammten Oberleitung der Landmiliz in der Hand eines einsichtigen und thatkräftigen Mannes für die Entwickelung des ganzen Instituts äusserst heilsam werden, andererseits aber in anbetracht der kritischen Lage, in der Pommern sich während des ganzen Krieges befand, auch dringend geboten erscheinen musste. Die Aufgaben des stettiner Gouverneurs waren allerdings keine geringen. Im Sommer 1757 befanden sich in ganz Pommern ausser einigen Invaliden und einer schwachen Artilleriekompanie nur das Stettinische Landregiment (Stockhausen), sowie die Reste einiger ehemals sächsischen Truppentheile, der Regimenter Flemming und Manstein und des Grenadierbataillons Köller, alles zusammen nicht einmal 3000 Mann[2]). Indem nun zu diesen Streitkräften noch die neu zu errichtende Landmiliz mit zusammen

---

[1]) „Vorschriften und Anweisungen, wie alles mit Komplettirung der Landbataillons auch Auszahlung der Verpflegungs- und Montirungsgelder monatlich gehalten werden soll." Dies Reglement übertrug der Kammer eine genaue Aufsicht über die Oekonomie der Landbataillone. Bei späterer Gelegenheit über dasselbe ein weiteres.

[2]) Die Regimenter Flemming und Manstein gingen bald darauf ganz ein, nur das Grenadierbataillon Köller blieb bestehen und wurde neu gefestigt; allerdings kam dafür im Juli 1758 aus Preussen das Garnisonregiment v. Puttkamer (Nr. 1) nach Stettin. Die Regimenter Moritz und Alt-Bevern, die, wie wir oben gesehen, Manteuffel mitgebracht hatte, verliessen Stettin schon wieder im Dezember 1757, sobald sie nur wieder vollkommen hergestellt waren.

etwa 5400 Mann kam, sollten durch dieselben zwei Festungen, Stettin und Kolberg, vertheidigt und auch noch das platte Land, soweit es ging, vor der Wuth des Feindes bewahrt werden. Wahrlich zu viel Last und Ehre für das kleine Häuflein! Grössere preussische Truppenmassen konnten immer nur vorübergehend nach Pommern geschickt werden und verfolgten auch dann meist noch den Nebenzweck, im Winter von Schwedisch-Pommern oder Mecklenburg zu leben und sich dort in jeder Hinsicht zu erholen. Der Hauptantheil an der Vertheidigung Pommerns sollte somit der neuen Miliz zufallen; es kam also alles darauf an, in welcher Weise die Befehle des Königs inbetreff dieser realisirt werden würden.

Als eins der Haupterfordernisse für eine gedeihliche Entwickelung musste aber von vornherein die materielle Sicherstellung der Landmiliz gelten; und nur die in militärischer Hinsicht vollkommene Unterordnung der Kammer machte es möglich, dass immer und immer wieder Rekruten geschafft wurden, sowie vor allem, dass die Landmiliz unter den grossen finanziellen Verlegenheiten, in welche die Kammer verwickelt wurde, niemals zu leiden hatte. Der Gouverneur verlangte und erhielt bis zum 1. März 1761, wo der König die pommersche Miliz für seine Rechnung übernahm, regelmässig alle nöthigen Gelder und zwar in der Höhe der von Podewils und Aschersleben aufgestellten interimistischen Etats für die zehn Bataillone; wegen der Verwendung derselben hatte die Kammer durchaus nichts hineinzureden.

Als ein Hauptbedenken war bei dem Auftauchen des Planes einer Landmiliz mit geltend gemacht worden, dass diese den regelmässigen Ersatz der Feldregimenter in bedenklicher Weise stören würde. Die Kabinettsordre vom 13. Juli hatte dann befohlen, dass als Mannschaften „verabschiedete Soldaten und andere Leute aus den Kreisen“ genommen werden sollten, und der Definition des letzteren Begriffes den weitesten Spielraum gelassen. Niemand wusste daher recht, ob die Hinzuziehung von Enrollirten der Regimenter gestattet oder verboten sei. Da sodann die Aushebung auch nicht etwa durch Offiziere geschah, sondern die Magistrate und die Landräthe die auf ihre Bezirke repartirten Mannschaften stellen mussten, so hatten sich diese, um kein Aergerniss mit den Regiments- bezw. Kompaniechefs zu haben, von den Enrollirten nach Möglichkeit fern gehalten und neben den alten Soldaten entbehrliche Leute aller Art, besonders Tagelöhner und so auch viele verheirathete Leute und Familienväter abgeliefert. Wurden nun auch hier und da, wie z. B. von Seiten der Stadt Prenzlau, Freiwillige über die befohlene Zahl hinaus gestellt, so wurde die Lieferung der verlangten Mannschaft dagegen anderen Städten und Kreisen äusserst beschwerlich, ja fast unmöglich. Doch bald schaffte eine neue Kabinettsordre hier Rath und gestattete sogar, einige Remedur besonders in Betreff der Familienväter eintreten zu lassen. Der König befahl nämlich (d. d. Weissenberg den 10. August 1757) dem Generaldirektorium, dass in den am meisten der Gefahr eines feindlichen Einfalles ausgesetzten Provinzen „alle junge Mannschaft, so das Gewehr tragen kann, es sei Enrollirte, Ausrangirte oder was es wolle, eingezogen und z. Th. an die dort stehenden Regimenter, z. Th. aber an ermeldte Landmiliz abgeliefert werden solle, auf dass diese sowohl komplett werde, als auch gedachte Mannschaft nicht das Unglück habe, einem eindringenden Feinde in die Hände zu fallen und von solchem auswärtig fortgeführt zu werden" [1]). War nun auch an eine rationelle Ausführung dieses fast ungeheuerlich erscheinenden Befehles garnicht zu denken, so wurde doch der beabsichtigte Zweck vollkommen erreicht. Die stehenden Regimenter, die durch die grossen Verluste von Prag und Kolin geschwächt waren, wurden wieder vollzählig und die Provinzialmiliz alsbald mehr als dieses, abgesehen davon, dass der König noch genug inländisches Rekrutenmaterial für eine Reihe von Neuerrichtungen erhielt [2]).

Eine Wiederholung dieses Befehles zu Beginn des Sommers 1758 hatte abermals den gewünschten Erfolg. Als überhaupt späterhin die Landbataillone bei ihrer Thätigkeit als Ersatztruppen immer und immer wieder bedeutenden Bedarf an Rekruten hatten, kam ihnen in dieser Beziehung zweierlei zustatten. Einmal die Furcht vor den Russen, die viele Landleute mit Hab und Gut in die Städte, besonders nach Stettin und Kolberg trieb, so dass man nur die Waffenfähigen herauszusuchen brauchte; sodann aber auch die steigende Noth, welche viele arme Leute aus Stadt und Land, die sonst nichts zu leben hatten, geradezu ein Unterkommen in der Landmiliz suchen liess, wo es zwar schweren Dienst, aber doch auch freies Quartier, Kleidung, Brot und Besoldung gab.

Dass bei der langen Dauer des Krieges, wie schon bei den Feldregimentern, so noch viel mehr bei der Landmiliz der Begriff „waffenfähig", was Alter und Grösse anbetraf, immer dehnbarer wurde, ist nur zu gut erklärlich, da der eigentliche direkte Nachwuchs ausser Stande war, den enormen

---

[1]) Man wollte sich zunächst nur der Rekruten versichern, damit sie nicht dem Feinde in die Hände fielen. Dies führte aber dazu, sie in die Land- und Garnisontruppen einzustellen, um sie dort ausbilden zu lassen, und auf diese Weise wurden jene Bataillone und Regimenter Ersatzkadres für die Armee. Wir werden später, wo von der militärischen Verwendung der Miliz zu sprechen ist, noch genauer auf diesen Punkt einzugehen haben.

[2]) Ueber diese vergleiche die „Geschichte des siebenjährigen Krieges von den Offizieren des Grossen Generalstabes" II, S. 19. In Pommern selbst wurden, wie wir weiter unten sehen werden, noch zwei neue Provinzialbataillone — Tettau und Stosch — errichtet.

Bedarf auch nur annähernd zu decken. So dienten in den Landbataillonen gemeinsam der fast sieben Fuss hohe Veteran, der noch einmal für seinen König die Waffen ergriffen hatte, und, kaum fünf Fuss gross, der verarmte Bürger oder Bauer, den die Noth unter die Miliz getrieben. Es standen im Gliede neben einander noch im Wachsthum begriffene Knaben von fünfzehn oder sechzehn Jahren — dies der eigentliche Nachwuchs für die Armee, der auch die relative Mehrzahl ausmachte — mit schier abgelebten Greisen von sechzig Jahren und darüber.

Trotz alledem versagten doch gelegentlich sämmtliche Quellen inländischen Ersatzes die Dienste und es blieb, sollten anders die Bataillone vollzählig erhalten werden, nichts anderes übrig, als auch einige Fremde einzustellen: so gefangene und übergelaufene Schweden und Russen, unter denen sich bekanntlich viele Deutsche befanden, sowie in Mecklenburg ausgehobene Rekruten, hier und da wohl auch einige Sachsen. Der durchaus inländisch-nationale Charakter der Milizbataillone wurde jedoch dadurch kaum wesentlich alterirt.

Weit grössere Schwierigkeiten als die Beschaffung der Mannschaften schien aber die der nothwendigen Offiziere zu machen. Geeignete Kommandeure für die zehn Bataillone fanden sich noch am ersten; es waren verabschiedete Stabsoffiziere oder auch Kapitäns, die für diese neuen Stellungen zu Majors befördert wurden[1]). Geeignete Personen zur Besetzung von 150 Subalternstellen zu finden, schien dagegen fast ein Ding der Unmöglichkeit, besonders da die zur Verfügung stehenden Geldmittel so äusserst knapp waren. Aber ein Appell an den Patriotismus des pommerschen Adels verhallte nicht ungehört. In Menge leisteten die Edelleute dem Rufe des Königs Folge und eilten nach Stettin und Kolberg, um bei der Landmiliz Dienste zu thun, viele ungeachtet ihres hohen Alters und körperlicher Gebrechen. Dass diese Männer dann meist jahrelang ohne zu murren in ihren Stellungen, wo es nur schweren Dienst und Entsagungen aller Art gab, ausgeharrt haben, während oft genug ihr Haus und Hof vom Feinde verwüstet wurde, lässt die Grösse des patriotischen Opfers erst recht ermessen.

Als nun aber schliesslich auch durch dieses Aufgebot des Adels immer noch nicht alle Offiziersstellen besetzt worden waren, mussten andere Mittel aushelfen. Langgediente und brauchbare Unteroffiziere von der Armee oder solche, die

---

[1]) Meist Privatedelleute, zum Theil aber auch abkömmliche höhere Beamte, die Offiziere gewesen waren. So erhielt z. B. sofort ein Bataillon der eine pommersche Oberforstmeister v. Grumbkow, ein ehemaliger Infanteriemajor; sein Departement musste während des Krieges sein Amtsgenosse v. Meyer, der nicht gedient hatte, mit versehen.

sich schon in Zivilstellungen befanden, wurden als Offiziere bei der Landmiliz angenommen. Und als dann später der Umstand, dass viele der älteren adligen Offiziere bald den Strapazen erlagen, noch grösseren Mangel an Subalternen erzeugte, wurden auch halbinvalide Offiziere von der Armee bei den Landbataillonen eingestellt und diesen so zugleich eine interimistische Versorgung gewährt.

Mit den Mannschaften und Offizieren, die die Landmiliz so erhielt, konnte Manteuffel wohl zufrieden sein; was ihnen an äusserer Tüchtigkeit abging, das musste der gute Wille und die Ueberzeugung, dass man für die heimischen Hütten und Altäre kämpfe, ersetzen.

Mitte August 1757 waren die ersten Aushebungen ziemlich vollendet und die zehn Bataillone einigermassen komplett. Sie wurden nach ihren Kommandeuren genannt und zwar erhielten die Bataillone Natzmer (später Schlichting), Schlichting, Alt-Wedell (beide 1758 reduzirt), Ingersleben (später Wassmer), Sydow und Klitzing ihre Garnison in Stettin, Grumbkow und Jung-Wedell in Damm und endlich Schmeling und Kleist in Kolberg.

Gleich hier mit der Aufstellung der Bataillone zeigte aber Manteuffel, dass er entschlossen sei, ohne die Kammer zu Rathe zu ziehen, das zu thun, was er im Interesse des Königs und des Landes für gut befand. Bei seiner Ankunft in Stettin hatte er nämlich alsbald erkannt, dass er ohne jede Reiterei — von dieser Truppengattung stand ihm auch nicht ein Mann zur Verfügung — den Schweden gegenüber einen sehr schweren Stand haben würde. Der König brauchte jede seiner Schwadronen selbst höchst nöthig, ihn um Hilfe anzugehen vermied der Gouverneur, dem Lande noch mehr aufbürden wollte er auch nicht, und so musste er sich mit den Mitteln behelfen, die er eben zur Hand hatte. Obwohl nun die von Aschersleben und Podewils aufgestellten Interimsetats für die Landmiliz genau den Intentionen des Königs zu entsprechen schienen, obwohl nach ihnen die Vertheilung der Summen auf die Städte und Kreise stattgefunden hatte, ja auch weiterhin immer wieder stattfinden sollte[1]), trug er doch kein

---

[1]) Diese Etats, die der Vertheilung und Aufbringung der Gelder bis zuletzt, bis zum 1. März 1761, zu Grunde lagen, setzten aus für ein Bataillon mit 1 Kommandeur, 4 Kapitäns, 1 Adjutanten, 5 Leutnants, 5 Fähnrichs, 5 Feldwebel, 25 Unteroffiziere, 10 Tambours und 500 Gemeine, einschliesslich der Kompanieunkosten, 1304 Thlr. 14 g. Gr. monatlich, für zehn Bataillone aber 13 045 Thlr. 20 g. Gr. an Verpflegungsgeldern sowie 27 312 Thlr. 12 g. Gr. an einmaligen Montirungsgeldern, einschliesslich 4000 Thlr. für 160 Offiziere. Trotz der obigen und aller späteren Aenderungen der Etats in sich ist doch immer mit diesen Summen gerechnet und den Provinzen niemals die Aufbringung von Geldern darüber hinaus zugemuthet worden. — Die neuen Etats Manteuffels vergl. Beilage I.

Bedenken, sie sofort seinen Wünschen entsprechend umzugestalten. Indem er nämlich die Stärke der Kompanien auf 96 statt auf 100 Gemeine festsetzte, liess sich, abgesehen von einigen kleineren Verbesserungen im Etat der Landbataillone selbst, auch die Aufstellung und Erhaltung eines eigenen kleinen Kavalleriekorps ermöglichen, ohne dass dem Könige oder dem Lande auch nur ein Pfennig mehr aufgebürdet wurde[1]). Die einmaligen Montirungs- und Ausstattungskosten, Remonten u. s. w. für dieses Korps wurden theils aus ersparten Traktementen von Offizieren und Mannschaften genommen, die im ersten Monate noch an dem kompletten Stande der Landbataillone gefehlt hatten, theils wusste Manteuffel sie auf andere Weise flüssig zu machen. Das demgemäss nun aus gedienten Kavalleristen und jungen Bauernsöhnen gebildete pommersche „Provinzialhusarenkorps“ oder, wie es bald hiess, die „Landhusareneskadron“ erhielt in dem Rittmeister v. Hohendorf, einem alten Kavallerieoffizier, einen Kommandeur, der es verstand, seiner kleinen Schaar in kurzer Zeit schneidigen preussischen Reitergeist einzuflössen, so dass sie die Erwartungen des Gouverneurs bald bei weitem übertraf.

Dass Manteuffel auch noch die Brotverpflegung der gesammten Milizen fürsorglich, der der Feldregimenter entsprechend, ordnete[2]) und endlich noch die Rationen für die Husaren und die berittenen Offiziere der Landmiliz unentgeltlich aus dem königlichen Proviantamt anwies, so dass diese wenigstens nicht dem Lande zur Last fielen, soll nur nebenbei erwähnt werden.

---

[1]) Erspart wurden für jedes Bataillon 35 Thlr. 20 g. Gr. 1 Pf., also im ganzen 358 Thlr. 8 g. Gr. 10 Pf. monatlich; die Zuhilfenahme von 28 Thlr. 3 g. Gr. 2 Pf. aus einem anderen Fonds genügte, um den monatlichen Unterhalt der auf 110 Mann normirten Eskadron zu bestreiten. — In kurzer Zeit fand dann der Gouverneur doch wieder Mittel und Wege, die Kompanien auf 100, die Bataillone auf 500 Gemeine zu verstärken; wahrscheinlich aber erst, als, wie wir sehen werden, 1758 zwei Bataillone reduzirt worden waren. — Den ersten Etat der Husaren vergl. Beilage IIa.

[2]) Die Landmiliz, einschliesslich der Husaren, erhielt demnach pro Kopf alle fünf Tage 8 Pfund Brot aus dem königlichen Magazin gegen den gewöhnlichen Abzug von 2 g. Gr., die Theile aber, die ausmarschirt waren und schweren Dienst gegen den Feind thaten, dasselbe unentgeltlich. Diese Einrichtung war für den gemeinen Mann ein grosser Segen, denn sie ermöglichte ihm doch auch bei dem späteren grossen Steigen aller Preise, sich wenigstens einigermassen satt zu essen, da er nach wie vor dasselbe Brotquantum für denselben Preis erhielt. Bei der Landmiliz in Magdeburg z. B. führte dagegen das Fehlen einer analogen Massregel die grössten Uebelstände herbei. — Dass die Landmiliz von ihren betreffenden Garnisonstädten denselben Servis, wie er dem regulären Militär zukam, zu beanspruchen habe, wurde von Anfang an als selbstverständlich angenommen und dagegen von den Kommunen auch gar kein Widerspruch erhoben.

Wir erinnern uns, dass die Kabinettsordre vom 13. Juli dem Gouverneur die Zusammenziehung sämmtlicher Förster und Jäger anbefohlen hatte; auch dies wurde nunmehr zur Ausführung gebracht. Ferner war durch die allgemeine Aushebung der jungen Mannschaft, wie sie die Kabinettsordre vom 10. August anordnete, ein solcher Ueberschuss an Rekruten erzielt worden, dass Manteuffel auch noch zur Formirung zweier neuen Bataillone — Tettau und Stosch — schreiten konnte[1]).

Die äussere, rein organisatorische Thätigkeit Manteuffels war mit diesen Massregeln beendet, er verliess im Frühjahr 1758 Stettin, um ein Kommando bei der Dohnaschen Armee zu übernehmen.

Die Arbeit, die seinen Nachfolger erwartete, war nicht gering, denn soeben hatten die Milizen, kaum durch angestrengtes Exerziren einigermassen kriegstüchtig geworden, auch schon die ersten Abgaben von Kantonisten an die Feldregimenter machen müssen. Zuerst galt es daher für den Herzog von Braunschweig-Bevern die Bataillone wieder durch Rekruten vollzählig zu machen, ehe an weiteres gedacht werden konnte. Da die Ergänzung nun in anbetracht der gewaltigen Aushebungen des vorigen August und September auf einige Schwierigkeiten stiess, und da namentlich auch hier und da Offiziersmangel sich geltend gemacht hatte, reduzirte Bevern im Mai 1758 das Bataillon Alt-Wedell, und als dann der Ersatz der schweren Verluste von Zorndorf theils schon im Gange war, theils noch in Aussicht stand, im September desselben Jahres auch noch ein zweites Bataillon, das des Major v. Schlichting[2]). Die Offiziere, Unteroffiziere und Mannschaften wurden an die anderen acht Bataillone vertheilt und diese somit wieder vollkommen komplett gemacht auf den Bestand von 540 Mann und 16 Offizieren. Was dann noch übrig war, blieb einstweilen zur Disposition des Gouverneurs und wurde, wo es noth that, aushilfsweise verwendet.

Eine ganze Reihe anderer Veränderungen und Neuformationen, die Bevern nun weiterhin vornahm, entsprang grösstentheils dem Bedürfniss, eine gewisse nöthige Anzahl von Truppen stets zum Felddienst zur Verfügung zu haben,

---

[1]) Weder diese noch auch das Jägerkorps dürfen eigentlich zur Landmiliz gerechnet werden, weil die Provinzen zu ihrer Unterhaltung garnichts beigetragen haben. Da sie aber andererseits fortwährend mit den Landbataillonen zusammen verwendet wurden, ihnen auch ausserordentlich nahe gestanden haben, wird es gerechtfertigt erscheinen, sie unten noch etwas näher zu besprechen. Vergl. Anhang I.

[2]) Dieser Offizier erhielt das bisherige Natzmersche Bataillon, während dessen Kommandeur, ein alter Malachowski-Husar, von Bevern bei den Landhusaren verwendet wurde; in welcher Weise, werden wir gleich sehen. Vergl. S. 44.

auch dann, wenn etwa gerade die Landbataillone infolge vorhergegangener umfangreicherer Abgaben wieder grösstentheils aus Neulingen bestehen und so höchstens zum Garnisondienst verwendbar sein würden. Wirklich und unter allen Umständen zum Felddienst brauchbar waren aber bisher eigentlich nur das wieder verstärkte, ehemals sächsische Grenadierbataillon Köller und die Landhusareneskadron, ev. noch die beiden Bataillone Tettau und Stosch, während das Stettinische Landregiment[1]) die eigentlichen Milizbataillone an dienstlicher Brauchbarkeit wie an innerem Werth keineswegs übertraf und auch das im Juli 1758 eintreffende Garnisonregiment v. Puttkamer fast ausschliesslich für den Besatzungsdienst bestimmt war. Zu Anfang des eben genannten Monats stand nun der Abmarsch der letzten Truppen des Dohnaschen Korps bevor; wollte also Bevern sich dann dem Feinde gegenüber nicht ganz passiv verhalten, so musste er bald seine Vorbereitungen treffen.

Zunächst wurden daher schon im Juni aus sämmtlichen Landbataillonen 300 der besten Leute ausgezogen und aus diesen zwei Freikompanien oder Freiparteien oder, wie Bevern sie selbst später nennt, Provinzialfreigrenadierkompanien[2]) gebildet. Sie machten zusammen ein Korps aus, doch nur faktisch, ohne gemeinsamen Namen. Der Kommandeur wurde ein Hauptmann v. Wussow, Chef der anderen Kompanie ein Hauptmann v. Hüllessem[3]), der dann nach dem Tode Wussows im April 1759 das Kommando der beiden Kompanien übernahm, während in die erledigte Kapitänsstelle der Hauptmann v. Knesewitsch einrückte. Die Subalternoffiziere, die Unteroffiziere und Mannschaften galten als Kommandirte aus den Landbataillonen, ihre Stellen wurden also dort nicht wieder besetzt und sie bezogen das ihnen von dort aus zugehörige Traktement. Um aber die Freikompanien pekuniär den anderen Felddienst thuenden Truppentheilen gleichzustellen, verordnete Bevern für das ganze Personal derselben ausserdem eine Zulage an Traktement wie an den für die kleinen Montirungsstücke bestimmten Geldern[4]). Die Kompanien sollten endlich immer vollzählig erhalten und jeder Abgang sofort aus den Landbataillonen ersetzt werden; ausserdem

[1]) Vergl. oben S. 8 f.

[2]) Vergl. Märkische Forschungen XIX, S. 187. Ueber ihren ersten Versuch als Grenadiere vergl. Marschall von Sulicki, der siebenjährige Krieg u. s. w. S. 199—201. Was Courbiere (a. a. O. S. 112) von Landbataillonen Wussow und Hüllessem bringt, die in Freibataillone umgeformt worden wären, beruht auf vollkommenem Irrthum.

[3]) Es ist dies der spätere Generalmajor und Kommandant von Magdeburg. Nicht „Hülsen", wie er fälschlich oft genannt wird.

[4]) Diese Zulage, die einzige Mehrausgabe, die für die Freikompanien nöthig wurde, betrug für beide Kompanien zusammen monatlich 328 Thlr. 18 g. Gr. 4½ Pf. Vergl. den Etat Beilage III a.

sollte es ihnen aber auch gestattet sein, eventuell direkt geeignete Leute anzunehmen und, wenn auch zunächst nur als Ueberkomplette, einzustellen.

Im Oktober desselben Jahres verstärkte nun Bevern auch die Kavallerie seines kleinen Heeres durch die Errichtung einer zweiten Eskadron Landhusaren, während obenein noch der Mannschaftsetat der Eskadron um 1 Unteroffizier und 10 Gemeine vermehrt wurde. Da ferner die Husaren beständig Felddienst thaten, musste andererseits auch der Verpflegungsetat derselben in allen seinen Posten entsprechend erhöht werden[1]).

Alle Mehrkosten, die auf diese Weise erwuchsen, musste die Kammer, ebenso wie die Zulage für die Freikompanien aus den durch Reduktion der zwei Milizbataillone ersparten und weiterhin zu ersparenden Geldern bestreiten.

Während Hohendorf seine Eskadron wie bisher behielt, bekam das Kommando des ganzen Korps nunmehr der Oberstleutnant v. Natzmer[2]); in dieser Stellung folgten ihm dann der Major v. Stülpnagel und bald darauf der inzwischen auch zum Major beförderte v. Hohendorf.

Unter diese Massregeln Beverns aus dem Jahre 1758 fällt nun endlich auch noch die Aufstellung zweier neuen Infanteriebataillone, nämlich des Grenadierbataillons Ingersleben und des Bevernschen dritten oder Rekrutenbataillons. Da aber diese beiden nicht zur Landmiliz gehören, noch aus ihr hervorgegangen sind, wollten wir sie eben hier nur erwähnen, um auf die durch sie hervorgerufene Verstärkung der Streitkräfte aufmerksam zu machen[3]).

Als endlich alle diese Neuformationen noch nicht genügten, hat Bevern, wahrscheinlich im Laufe des Jahres 1759, zum zweiten Male die besten Leute aus den acht Landbataillonen aussuchen lassen und aus ihnen bei jedem Bataillon eine Rekruten- oder, wie sie wohl auch hiess, Grenadierkompanie zusammengestellt. Auch ihr ganzes Personal galt als kommandirt wie das der Freikompanien[4]) und bezog daher zunächst das gewöhnliche Landmiliztraktement.

Da in ihnen nur vollkommen felddienstfähige Leute ein-

---

[1]) Die betreffenden Erhöhungen stammen übrigens zum Theil erst aus späterer Zeit, je nachdem sich hier und da Bedürfnisse herausgestellt hatten; die Soldsätze waren schliesslich fast dieselben wie die eines Feldhusarenregiments. Den neuen Etat der Landhusaren vergl. Beilage II b.

[2]) Der, wie wir oben sahen, dafür sein Milizbataillon an den Major v. Schlichting abgab.

[3]) Unten werden wir bei eingehender Besprechung der Bataillone Tettau und Stosch auch ihrer noch einmal gedenken. (Anhang I.)

[4]) Die 8 Landbataillone zählten auch fernerhin mit den 2 Frei- und den 8 Rekrutenkompanien zusammen gerade 4000 Gemeine.

gestellt wurden, — „Rekruten" in des Wortes damaliger spezifischer Bedeutung, — so kamen die Offiziere, an denen die Landmiliz stets einigen Mangel litt, zum grossen Theile von den Feldregimentern, traten damit aber auf den Etat der Landbataillone; und jene wie die Unteroffiziere erhielten eine Zulage zum Miliztraktement, welche sie ihren Kameraden in den anderen Felddienst thuenden Bataillonen einigermassen gleichstellen sollte.

In der Garnison gehörten nun diese Kompanien vollkommen zu den Landbataillonen und thaten mit ihnen einerlei Dienst. Rückten sie aber aus, so wurden sie entweder einzeln kompanienweise verwendet[1]), oder sie bildeten zusammen zwei Grenadierbataillone und wurden in solchem Falle dann wohl von einigen der dem Gouverneur zur Verfügung stehenden Stabsoffiziere befehligt[2]). Die Rekrutenkompanien sollten stets aus den Landbataillonen vollzählig erhalten werden, nahmen aber auch wie die Freikompanien direkt Mannschaften an und hatten so häufig sogar Ueberkomplette.

Infolge aller dieser Aenderungen bezw. Neuschöpfungen verfügte Bevern nunmehr überhaupt an eigentlichen, stets zum Felddienst verwendbaren Truppen über zwei Husareneskadrons, zwei Freikompanien, die Grenadierbataillone Köller und Ingersleben; in zweiter Linie über das dritte Bataillon Bevern, die beiden Rekrutengrenadierbataillone, die Bataillone Tettau und Stosch, während die sehr geschwächten 8 Landbataillone mit dem Garnisonregiment v. Puttkamer und dem Stettinischen Landregimente fast ausschliesslich zum Garnisondienst gebraucht wurden. Alle die erstgenannten Truppentheile, die Husaren natürlich ausgenommen, waren den damaligen Anforderungen des Gefechtes entsprechend mit Bataillonskanonen ausgerüstet, auch die Freikompanien führten jede zwei Geschütze. Für besondere Aufträge konnte der Gouverneur noch jederzeit die Bataillonsartillerie verstärken[3]).

---

[1]) In dieser Weise werden z. B. gelegentlich erwähnt die Kompanien Diebitsch, Konarski, Kleist und Lettow.

[2]) So nennt sie u. a. Sulicki S. 234 als Rekrutenbataillone Paulsdorf und Schöning, ohne dass darum aber die 8 Kompanien dauernd unter diesen Namen zusammengefasst worden wären. Dagegen haben sie ständig gemeinsam einen gewissen Stab: 1 Regiments- und 2 Bataillonsfeldscheerer sowie 2 Adjutanten. Vergl. den Etat Beilage IIIb.

[3]) Dass endlich der stettiner Gouverneur — um auch diesen Umstand nicht unerwähnt zu lassen — seine Vertheidigungsmassregeln sogar auch auf die See ausgedehnt und auch hier trotz einiger Misserfolge rühmliches geleistet hat, ist ja allgemeiner bekannt, wenn auch eine abschliessende Arbeit über dies Thema keineswegs existirt. Ueber einzelnes vergl. Schäfer, Gesch. des siebenj. Krieges, 1867, I S. 348; Sulicki a. a. O. S. 235—37, 242—47 u. s. w.; Barthold im „Histor. Taschenbuch" 3. Folge. 2. Jahrg. S. 104—107. Für uns hat diese Sache noch besonderes Interesse, weil die Bemannung der Schiffe, die Offiziere u. s. w. zum grössten Theil der Landmiliz entnommen wurden.

Den grössten Theil der durch die Gesammtheit aller dieser Massregeln Beverns erwachsenen Mehrkosten musste die Kammer aus den Landmilizgeldern bezw. für diese vorschussweise bezahlen, alles in anbetracht dessen, dass das Land zur Unterhaltung von 10 Bataillonen verpflichtet sei, eigentlich aber jetzt doch nur 8 zu unterhalten habe. Nur in einigen besonderen Fällen wusste der Herzog hier und da auch anderswoher kleinere Summen flüssig zu machen[1]).

Die Uebernahme sämmtlicher zur pommerschen Landesvertheidigung errichteten Truppen auf königliche Kassen am 1. März 1761 führte nennenswerthe organisatorische Aenderungen nicht herbei.

Nach den Friedensschlüssen mit Russland am 5. Mai und Schweden am 22. Mai 1762 erschien die weitere Existenz der pommerschen Provinzialtruppen überflüssig, da zur Wahrnehmung der Wachtdienste in Stettin-Damm und Kolberg das Garnisonregiment v. Puttkamer und das Stettinische Landregiment genügten.

Demnach wurden von dem nunmehrigen Kommandanten von Stettin, Generalmajor v. Puttkamer, mit dem 1. Juli 1762 auf Befehl des Königs die alten 8 Landbataillone[2]) mit ihren Rekrutenkompanien aufgelöst, die Mannschaften zum grössten Theil an die auf höheren Etat gesetzten und nunmehr ausschliesslich als Rekruten- und Ersatzabtheilungen betrachteten Bataillone Bevern III, Tettau und Stosch vertheilt[3]), sowie zur Vollzähligmachung des Stettinischen Landregimentes verwendet, der Rest aber in die Heimath entlassen.

Von den Offizieren konnte ebenfalls ein guter Theil, zumeist die jüngeren, noch bei den eben erwähnten Truppentheilen oder sonst irgendwie in der Armee oder bei anderen Provinzialmilizen verwendet werden. Die älteren aber, oder die, welche nunmehr auf dem heimathlichen Gute dringend nothwendig geworden waren, wurden des weiteren Dienstes entbunden; das Bewusstsein der guten That und der königliche Dank war die Belohnung für ihre Opferfreudigkeit.

Die anderen pommerschen Provinzialtruppen, die Husareneskadrons und die Freikompanien waren aber, noch ehe der Friede mit Russland und Schweden perfekt geworden war, gemeinsam mit den beiden Grenadierbataillonen Köller und Ingersleben vom Könige zur Armee nach Schlesien berufen und vom Herzoge von Bevern dorthin geführt worden. Die

---

[1]) Das Nähere über den Unterhalt der Miliz vergl. unten in Kap. IV.

[2]) Die 1761 bei der Kapitulation von Kolberg in Gefangenschaft gerathenen Bataillone Schmeling und Kleist waren inzwischen wieder ausgewechselt worden.

[3]) Von der endlichen Reduktion auch dieser Truppentheile wird später die Rede sein. (Anhang I.)

Freikompanien wurden gemeinsam mit 4 schwachen Kompanien sogen. ungarischer Freigrenadiere v. Schony zu einem Grenadierbataillon [1]) unter dem Kommando des nunmehr zum Major beförderten Hüllessem vereinigt. Die Husaren würden mit einer kurmärkischen und einer neumärkischen Eskadron kombinirt; als gemeinsamer Kommandeur wird ausser Hohendorf dann sowohl ein Oberstleutnant v. Samoggy wie ein v. Lossow erwähnt. Nach dem Hubertsburger Frieden wurden dann sowohl die Freigrenadiere wie die Husaren reduzirt und anderweitig untergesteckt.

Direkt ist das Andenken an die pommerschen Provinzialmilizen in keinem späteren Truppentheile fortgepflanzt worden.

III. Verwendung und Dienst der pommerschen Landmiliz.

Wenn wir von den Leistungen der pommerschen Landmilizen sprechen wollen, wird sich freilich kaum eine Grenze der übrigen stettinischen Garnison gegenüber ziehen lassen. Wir müssen uns vorweg noch einmal erinnern, dass zunächst nur das Stettinische Landregiment und das Grenadierbataillon Köller zur Verfügung des Gouvernements standen, dass dann dazu die zehn Landbataillone, die Jäger, die Husareneskadron und endlich die beiden Bataillone Tettau und Stosch hinzukamen, dass ferner 1758 allerdings zwei Landbataillone reduzirt, dagegen die Freikompanien, eine zweite Husareneskadron und später noch die Bataillone Bevern III und Ingersleben-grenadiere errichtet, die Besatzungstruppen aber zugleich noch durch das Hinzukommen des Garnisonregiments Puttkamer verstärkt wurden.

[Verwendung im Felde.] Für die Betrachtung der kriegerischen Ereignisse, insonderheit des Dienstes im Felde, muss zugleich konstatirt werden, dass an demselben von der gesammten eigentlichen Miliz beständig nur die Freikompanien und Husaren theilgenommen haben, dass die Landbataillone aber nur zeitweise, d. h. in einer gewissen Abwechselung herangezogen wurden und dass endlich diese, seitdem die Ausziehung der Rekrutenkompanien die Aufstellung zweier weiteren Grenadierbataillone ermöglichte, nur noch gelegentlich, wenn die Umstände eine stärkere Anspannung aller Kräfte erforderten, ins Feld und unmittelbar mit dem Feinde in Berührung kamen.

---

[1]) Es wird bald so, bald auch Freibataillon Hüllessem genannt. Vergl. auch Bevern: Märkische Forschungen XIX S. 187.

Erwägt man, dass die ganze Streitmacht, die einschliesslich der zum Festungsdienst nöthigen Mannschaften in Stettin zur Verfügung stand, kaum 8000 Mann betrug, während die Schweden mit mindestens 16 000 Mann im Felde erscheinen konnten, so ist es vollkommen klar, dass der stettinische Gouverneur, zumal er alsbald auch noch gegen die Russen Front machen musste, allein gar nicht daran denken konnte, dem Feinde im offenen Felde die Stirn zu bieten. Da nun aber die preussischen Detachements, die der König ihm zu senden im Stande war, meist nur eine äusserst mässige Stärke aufzuweisen hatten, so musste Bevern selbst gemeinsam mit diesen sich auf den kleinen Krieg beschränken und in diesem durch Thatkraft und Rührigkeit zu ersetzen suchen, was ihm an numerischer Stärke fehlte. In dieser Richtung haben auch bald die stettinischen Truppen, besonders die Freikompanien und die Husaren, eine solche Virtuosität erlangt, dass die Schweden ihnen gegenüber vollkommen hülflos waren und trotz verschiedener Versuche diese Ueberlegenheit der preussischen leichten Truppen durch die Aufstellung analoger Abtheilungen niemals zu paralysiren vermocht haben.

Während so im kleinen Kriege die Preussen keck fast beständig die Angreifer waren, hat Bevern, — denn erst er kam dazu, die stettiner Garnison in grösserem Umfange zu verwerthen, — beständig auch mit dem grössten Nachdruck einen gewissen Bereich zu vertheidigen gewusst, dessen Grenzen wir etwa durch die Punkte Pasewalk, Uckermünde, Kammin, Stargard und Schwedt bezeichnen können; nur wenn die Uebermacht des Feindes an einem dieser Punkte zu drückend wurde, war er wohl auf kurze Zeit gezwungen, denselben aufzugeben[1]). Im grossen und ganzen ist mit dem Angeführten der Charakter des jedesmaligen Feldzuges auf diesem Kriegsschauplatze gegeben; die Entwickelung im einzelnen werden wir sogleich sehen[2]).

Als 1757 die Schweden unmittelbar nach der Errichtung der Milizen in Vorpommern einfielen, hatte Manteuffel noch nicht ernstlich an eine Behauptung des linken Oderufers denken können. Und wenn auch einige Abtheilungen der neuen Truppen, besonders die Husaren und die Jäger, den Schweden in einigen kleinen Scharmützeln durch kecke Streiche bald zeigten, dass sie besser thäten, ernstlich vorsichtig zu sein, statt in sorgloser Verachtung auf die Milizen

---

[1]) Wenn die Russen nicht in Hinterpommern zuviel zu schaffen machten, wurde, um Kammin oder Stargard zu decken, auch zeitweise eins der Bataillone der Kolberger Besatzung herangezogen.

[2]) Ueber die einzelnen Feldzüge vergl. durchaus: Sulicki, der siebenjährige Krieg in Pommern u. s. w.

herabzublicken[1]), — so war es doch für die Entwickelung der neuen Einrichtung sehr wesentlich, dass Ende November die Lehwaldtsche Armee aus Preussen an der Peene eintraf und alsbald die Feinde unter die Mauern Stralsunds zurückjagte. Denn einerseits fühlten die Schweden dadurch gleich zum Beginn die volle Wucht des preussischen Armes, dann aber gewann das Gouvernement jetzt vollauf Zeit, die Landbataillone mit allem zu versehen, was noch fehlte, die Mannschaften zu exerziren, d. h. aus Bauernjungen Soldaten zu machen, kurz erst die Gebrechen zu überwinden, an denen alle derartigen Neuerrichtungen in der ersten Zeit zu leiden pflegen. Indem so alles vorzüglich in Ordnung gebracht werden konnte, waren die Schwierigkeiten, welche die späteren Abgaben herbeiführten, ungleich leichter zu überwinden; es blieb immer ein fester, guter Stamm, es blieb im ganzen auch das Offizier- und Unteroffizierkorps, und mit Hilfe dieser Faktoren konnten die Bataillone auch kurze Zeit nach grossen Rekrutirungen wieder in brauchbaren Stand gesetzt werden.

Eine eigentliche kriegerische Thätigkeit der Milizen in grösserem Umfange begann erst mit dem Sommer 1758, als Ende Juni die letzten Truppen der Lehwaldtschen, nunmehr Dohnaschen Armee aus Vorpommern abmarschiert waren. Das Vorrücken der ganzen schwedischen Armee in die Uckermark und sodann in die Grafschaft Ruppin zu hindern, gestatteten ja Bevern seine Kräfte nicht; aber kaum hatte sich das Gros der Feinde etwas weiter von seiner Operationsbasis, der Peene, entfernt, so begann auch ihm im Rücken der Major von Stülpnagel mit den stettiner Freikompanien und den Husaren einen äusserst lebhaften kleinen Krieg: alle Verbindungen wurden abgeschnitten, die Magazine bedroht oder zerstört, Fouragirungen und Transporte gehindert, fortwährend erfolgten an den verschiedensten Punkten kleine Ueberfälle, so dass die Schweden nirgends und nie mehr Ruhe hatten, dass sie sich jeden Bissen Brot, jedes Bündel Heu schliesslich erkämpfen mussten und ausserdem keine zuverlässigen Nachrichten aus Stralsund und noch viel weniger über die preussische Armee erhalten konnten. Ein Angriff des Generals von Wedell in der schwedischen Front hatte allerdings selbst jetzt noch nicht den gewünschten Erfolg. Als aber endlich Anfang November der General von Manteuffel mit einigen Truppen auch noch ihre linke Flanke zu bedrohen schien, zogen es die dieser Art des Kampfes

[1]) Die Schweden sahen die Aufstellung der Landmiliz als eine Massregel der äussersten Verzweiflung des preussischen Königs an; sie hatten hier und da von Reklamationen und Widerspruch gehört und hofften auf Sympathien im Lande. Sie sollten sich bitter täuschen; sie hatten keine Ahnung von der inneren Kraft und den ausserordentlichen Hilfsquellen des preussischen Staates.

gründlich müden Schweden vor, über die Peene zurückzugehen, trotzdem ihnen auch jetzt noch eine ziemlich drückende Uebermacht zur Verfügung stand. Als schliesslich am Ende dieses Feldzuges Dohna und Manteuffel gemeinsam die schwedischen Winterquartiere angriffen, beteiligte sich auch der stettiner Gouverneur, nachdem er vorher schon die Oderinseln hatte besetzen lassen, mit einem für seine Mittel ausserordentlich starken Detachement.

Während dieser Ereignisse auf dem schwedischen Kriegsschauplatze waren aber pommersche Provinzialtruppen auch schon im Osten verschiedentlich mit den Russen zusammengerathen. Die Bataillone Schmeling und Kleist hatten soeben unter Führung des wackeren Majors von der Heyde, des bei Hohenfriedberg invalide geschossenen kolberger Kommandanten, zum erstenmale die in diesem Kriege so heiss umstrittene Persantefestung ruhmvoll vertheidigt, und nur die grosse persönliche Geistesgegenwart der Kommandeure der beiden Landbataillone hatte die Stadt vor dem Schicksal bewahrt, noch im letzten Augenblick einem Handstreiche Palmbachs zu erliegen [1]).

Die kleinen preussischen Truppenkorps, die dann in den nächsten Monaten nach dem Abzuge der russischen Armee bis in den April und Mai 1759 hinein beständig in Hinterpommern postirt bleiben mussten, um den stets zu besorgenden Einfällen der Kosaken zu steuern, bedurften auch einer dauernden Unterstützung von seiten des pommerschen Gouvernements. Und so mussten die Freikompanien und Husaren, nachdem sie den Kriegsschauplatz gegen die Schweden verlassen, im März und April 1759 sogar bis nach Neustettin, Lauenburg und Bütow ihre Streifzüge ausdehnen.

Der Feldzug von 1759 gegen die Schweden, der im April mit einigen für die Preussen meist glücklichen Gefechten auf den Oderinseln begonnen hatte, bekam eigentlich erst wieder

---

[1]) Die ganze Vertheidigung war ein Meisterstück gewesen. Da Artilleristen so gut wie gar nicht vorhanden, waren an Stelle solcher 130 Mann von den Landbataillonen durch einige Veteranen dieser Waffe, die Leutnants Scheel und Ebel, eingeübt worden. Auch hatten die Bürger nicht nur willig, jenachdem es noth that, Flinte, Spaten und Feuereimer ergriffen, sondern ein Theil derselben, der mit Geschützen umzugehen verstand, hatte sich auch hierfür zur Verfügung gestellt. Vergl. Archenholz: Geschichte des siebenjährigen Krieges, 6. Aufl. 1860, S. 189; Tempelhoff: Geschichte des siebenjährigen Krieges, II, 300. Die beste Anerkennung dieser Heldenthaten ist vielleicht der Dank des königlichen Kriegsherrn, der Heyde und Schmeling, jenen mit Ueberspringung eines Grades, zu Obersten ernannte und sie beide obenein mit dem Verdienstorden begnadigte (Kabinettsordre vom 15. Januar 1759). Ueber obige letzte Episode vergl. das Tagebuch der Belagerung der Festung Kolberg bei Tielcke: Beiträge zur Kriegs-Kunst und Geschichte des Krieges von 1756 bis 1763, II. Stück, Freiberg 1776, S. 197—199. Auch Sulicki a. a. O. S. 167 f.

Leben, als endlich im August Graf Dohna seine letzten Truppen wieder von der Peene abberufen hatte. Die Schweden schienen es jetzt darauf abgesehen zu haben, Bevern durch ihre Uebermacht ganz nach Stettin hineinzuwerfen, um dann frei schalten zu können. Nachdem die preussische Flottille der drückend überlegenen feindlichen Seemacht am 10. August bei Neuwarp zum Opfer gefallen war, mussten die Oderinseln unter starken Verlusten von den Preussen geräumt werden, Ueckermünde, Pasewalk und selbst Löcknitz kamen in die Hände der Schweden. Aber damit war hier auch ihre Offensive beendet, weitere Angriffe scheiterten an der Zähigkeit Beverns und seiner Truppen. Kammin und damit die ganze rechte Oderseite, das Papenwasser und ein ansehnlicher Strich links der Oder blieb in der Gewalt der Preussen; bis dicht vor Löcknitz standen ihre Vorposten. Die Uckermark freilich lag dem Feinde wieder offen, aber auch hierfür nahte Hülfe gegen Ende September; es war wiederum der General Manteuffel, der mit vier schwachen Bataillonen, dem Freiregiment Hordt und den Husaren von Belling die Schweden sollte vertreiben helfen. An Gewalt war nicht zu denken, aber die Preussen kannten ihren Feind. Bevern und seine Stettiner im Norden, Manteuffel und Belling im Süden inscenirten jetzt wieder jenen schon bekannten kleinen Krieg, so dass nach wenigen Wochen die Stellung der Schweden bei Strassburg und Pasewalk vollkommen unhaltbar, der Rückzug nach Schwedischpommern unausbleiblich geworden war. Und dass der Feind endlich auch auf diesem Rückzuge niemals Ruhe fand, dafür sorgten die preussischen Generale. Der Versuch Beverns und Manteuffels aber, auch in diesem Jahre die Schweden nach Stralsund und Rügen zu jagen, misslang, da ihre Streitkräfte zu einem solchen Unternehmen doch viel zu gering waren.

Da sich die russische Armee in diesem Feldzuge der mittleren Oder zugewendet hatte, so wurde Hinterpommern nur gelegentlich von Kosakenschwärmen heimgesucht. Um das Land aber auch von dieser Plage möglichst freizuhalten, hat Bevern unter Heranziehung der kolberger Garnison auch in dieser Richtung alles gethan, was in seinen Kräften stand; radikale Massregeln freilich blieben ohne eine zahlreiche leichte Kavallerie ein Ding der Unmöglichkeit.

Etwas mehr vermochte der Herzog hier in den ersten Monaten des Jahres 1760 zu thun, als die Waffen auf dem schwedischen Kriegsschauplatz ruhten. Die Detachements Stülpnagel und Podewils, die im Februar und März in Hinterpommern sich mit den Russen herumschlugen, bestanden fast ausschliesslich aus Truppen der stettiner Garnison; und auch bei dem Detachement Grabow, den grösseren Truppenkorps Forkade und Gablentz, die nach und nach in den folgenden Monaten, um Hinterpommern endlich einmal gründlich von dem Kosakengesindel zu säubern, aufgestellt wurden, blieben einige Bevernsche Truppen in Verwendung.

Der eigentliche Feldzug 1760 führte auf der schwedischen Seite wieder zu einer ziemlich gleichen Situation, wie wir sie in den früheren Jahren kennen gelernt haben. Als die Schweden nach einiger Erholungszeit neugestärkt im August sich wieder in Bewegung zu setzen anfingen, war weder Bevern noch der General von Stutterheim, der jüngere dieses Namens, der inzwischen den Befehl über die ehemals Manteuffelschen Truppen übernommen hatte, imstande, ihnen ein ernstliches Veto entgegenzusetzen, zumal beide stets auch die Russen im Auge behalten mussten. Der Marsch der Feinde ging diesmal wieder geradewegs nach der Uckermark, und da Stutterheim sich nicht zu weit von Stettin entfernen durfte, gelangte wieder das ganze Land links der Ucker in ihre Hände; aber wie bisher sollte ihnen ein weiteres Vordringen auch diesmal indirekt unmöglich gemacht werden. Denn weder Bevern noch Stutterheim und dessen Unterfeldherr Belling waren unthätig gewesen und der kleine Krieg der Preussen begann allmählich seine Wirkung zu thun. Zunächst gezwungen, sich wenigstens um Prenzlau zu konzentriren, wichen die Schweden auf das dunkele Gerücht von dem Anmarsche eines stärkeren preussischen Korps[1]) alsbald auch von hier zurück. Und als dann auch nur der General von Werner mit einigen Bataillonen von Kolberg aus bei Stettin eintraf, zog sich die ganze schwedische Armee ziemlich hastig um Pasewalk zusammen, um bald darauf schon Ende Oktober, ohne irgend etwas vollbracht zu haben, wieder ihre Winterquartiere hinter der Peene zu beziehen.

Dass auf diese Weise Bevern hier keine weiteren Truppen mehr nöthig hatte, und auch Werner sich losmachen konnte, war doppelt erwünscht, da der Feldzug in Hinterpommern gerade jetzt noch einmal zu beginnen schien. Wir müssen nachholend daran erinnern, dass hier Mitte August abermals eine starke russische Armee erschienen war, dass die Festung Kolberg, deren Besatzung jetzt noch durch zwei, allerdings sehr schwache Bataillone des Garnisonregimentes Puttkamer verstärkt worden, abermals hart belagert und erst im letzten Moment vom General Werner entsetzt worden war[2]).

---

[1]) Es war der Prinz von Württemberg, der Pommern allerdings Hilfe bringen sollte; er wurde noch auf dem Marsche zum Schutze des von Oesterreichern und Russen bedrohten Berlins abberufen und kehrte auch dann nicht wieder nach dem Norden zurück. Die Schweden erfuhren wieder von seiner Abberufung nichts und waren daher sehr besorgt.

[2]) Bei diesem Entsatzkorps hatten sich u. a. auch wieder die stettiner Grenadierbataillone Köller und Ingersleben befunden, sowie die Grenadierkompanie des dritten Bevernschen Bataillons; und zwar waren für diesmal, indem jedes der ersteren eine Kompanie abgab, drei Grenadier-

Seit Mitte Oktober zog sich aber auch die grosse russische Armee, deren Vortruppen soeben Berlin einen Besuch abgestattet hatten, von der mittleren Oder mehr nach Pommern herauf und die Kosaken streiften sogar bis in die nächste Umgegend von Stettin. Während Bevern sofort einige kleinere Gegenmassregeln traf, wurde es unter diesen Umständen doch auch dringend nöthig, ein stärkeres Korps diesem Feinde entgegenzustellen, und wiederum konnte ein sehr grosser Theil der Mannschaften dazu nur aus der stettiner Garnison entnommen werden. Demgemäss wurde nicht nur Werner, sondern auch alle stettinischen Truppen von dem westlichen Kriegsschauplatze abberufen, um hier noch einen äusserst anstrengenden und mühseligen Winterfeldzug durchzumachen, der, im allgemeinen von Erfolg gekrönt, erst im Februar 1761 mit einem Waffenstillstand sein Ende fand.

In dem nächsten Kriegsjahre stellte der König in Hinterpommern zur Deckung Kolbergs eine eigene Armee unter dem Prinzen von Württemberg auf. Dafür sollte nun auch Bevern, dem nur noch der Oberst Belling mit seinem Husarenregimente und dem Freiregimente Hordt zugewiesen worden war, diesmal die Schweden allein auf sich nehmen und zwar besonders auch die Uckermark von ihnen freizuhalten suchen, was in den früheren Feldzügen nur selten möglich gewesen war. Der Herzog beschränkte sich für seine Person fast ausschliesslich auf die Defensive: er besetzte seine üblichen Posten Pasewalk und Ueckermünde, liess, um die Landung einer schwedischen Flotte zu verhindern, Strandbatterien aufwerfen und verwandte zu diesen Zwecken von der stettiner Besatzung, was irgend entbehrlich war, — seine Freikompanien und Husaren dagegen, zeitweise auch seine Grenadierbataillone stellte er vollkommen Belling zur Verfügung, der seinerseits die Deckung Vorpommerns und der Uckermark übernommen hatte. Dieser verstand es auch, zeitweise allerdings noch von einem kleinen preussischen Detachement unter Stutterheim sekundirt, durch einen mit fast unglaublicher Rastlosigkeit, Umsicht und Verschlagenheit geführten Parteigängerkrieg, durch ein fortwährendes Ueberall und Nirgends die ganze schwedische Armee den vollen Sommer und Herbst 1761 festzuhalten und zu beschäftigen, so dass der Feind in diesem Jahre die Uckermark fast garnicht, Vorpommern auch weniger als je heimsuchen konnte und schliesslich wiederum ohne jeden nennenswerthen Erfolg hinter die Peene zurückgehen musste.

Wir können es uns nicht versagen, bei der Besprechung dieses letzten Feldzuges gegen die Schweden zweier besonderer

bataillone, das dritte unter dem Major von Paulsdorff, jedes zu drei Kompanien, formirt worden. Vergl. Bevern: Märkische Forschungen XIX, S. 132.

Ehrentage der Landmiliz Erwähnung zu thun: Einmal eroberten am 22. August 1761, als Belling vor der feindlichen Uebermacht weichend Neubrandenburg geräumt hatte, die Landhusaren in einem darauffolgenden offenen Gefecht eine Standarte des schwedischen Kavallerie-Regimentes Westgöta[1]). Sodann vertheidigten am 4. September die beiden Freikompanien das Schloss und die Tollensebrücke bei Klempenow gegen den immer wieder anstürmenden, weit überlegenen Feind, trotz des furchtbarsten Geschützfeuers der Schweden, und trotzdem schon mehr als die Hälfte der Offiziere und ein grosser Theil der Mannschaften todt oder schwer verwundet auf der Wahlstatt lag, mit solcher Tapferkeit und Ausdauer, dass die Schweden sich endlich gezwungen sahen, ganz von ihrem Vorhaben abzustehen[2]).

Der Herbst und der beginnende Winter sollten nun aber die Machtmittel des stettiner Gouverneurs wiederum noch auf der anderen Hälfte des pommerschen Kriegsschauplatzes in Anspruch nehmen. Schon seit Ende August war Kolberg durch eine starke russische Armee umschlossen und mit der Festung das Korps des Prinzen Eugen von Württemberg. Hatte man dies auch vorausgesehen, so hatte doch niemand auf preussischer Seite den Russen eine solche Zähigkeit und Hartnäckigkeit zugetraut, wie sie dieses Mal entwickelten. Was half es, wenn verschiedene Male noch Verstärkungen in die Festung hineingelangten: die russische Uebermacht wuchs ihrerseits auch beständig und die preussischen Vorräthe nahmen nur um so schneller ab. Kein Wunder, wenn seit Anfang Oktober das Schicksal Kolbergs davon abhing, ob es möglich sein würde, einen genügend grossen Transport an Lebensmitteln und Munition in die Festung gelangen zu lassen. Von aussen konnte dazu nur Bevern helfen. Der Herzog rief deshalb fast seine sämmtlichen bei Belling befindlichen Truppen ab, er besetzte Gollnow stark als die erste Etappe, er sicherte das Unternehmen durch die Besetzung von Gross-Stepenitz und Kammin gegen Versuche der Schweden. Am 8. Oktober befand sich der Transport wohlbehalten in Gollnow; weiter sollte er nicht kommen, denn auch die Russen wussten wohl, um was es sich hier handelte. Ein ganzes Heer, 20000 Mann stark, erschien, um den Transport zu verhindern und wenn irgend möglich aufzuheben, da das russische Heer selbst grossen Mangel litt. Unter solchen Umständen war das preussische Unternehmen unmöglich geworden, und es muss den 6000 Mann, soviel hatte Bevern unter Hinzunahme von Rekonvaleszirten und Ersatzmannschaften zusammenbringen können, schon sehr hoch angerechnet werden, dass es ihnen

[1]) Vergl. Sulicki S. 620.
[2]) Ebenda S. 629.

gelang, einen tausende von Wagen zählenden Transport trotz der Angriffe eines mehr als dreimal überlegenen Feindes ohne nennenswerthe Verluste wieder nach Stettin zurückzuführen. Das Schicksal Kolbergs ist bekannt. Dem Prinzen von Württemberg gelang es schliesslich noch mit seiner Armee zu entkommen, aber alle späteren Versuche, der Festung zu helfen, scheiterten: am 16. Dezember musste Heyde kapituliren, und die Landbataillone Schmeling und Kleist, die auch diesmal wieder nur Ruhm und Ehre erworben hatten, wurden mit den beiden Bataillonen Puttkamer kriegsgefangen nach Ostpreussen geführt.

An den späteren Gefechten Bellings und des Württembergers gegen die Schweden im Dezember 1761 und Januar 1762 hat die stettiner Garnison keinen Antheil mehr genommen, dagegen haben die kleinen Scharmützel mit den Russen erst mit dem durch den Thronwechsel in St. Petersburg vollzogenen Umschwunge ihr Ende gefunden.

Nach Abschluss des Waffenstillstandes wurde dann, wie ja schon erwähnt, die Elite der stettiner Garnison von Bevern nach Schlesien geführt, die 8 Landbataillone aber nach den Friedensschlüssen von St. Petersburg und Hamburg reduzirt.

Es sei gestattet, hier anzufügen, was von der späteren kriegerischen Thätigkeit der zur Armee nach Schlesien gezogenen pommerschen Milizen, der Freikompanien und der Landhusaren, der Erwähnung würdig zu sein scheint.

Die gesammten Provinzialhusaren, einschliesslich der neumärkischen und der kurmärkischen nunmehr vier Eskadrons, einstweilen noch unter Major v. Hohendorf, wurden zu den Besatzungstruppen nach Neisse dirigirt, um dort befindliche drei Eskadrons Möhringhusaren abzulösen. Wenn sie so auch einen eigentlichen Feldzug weiter nicht mitgemacht haben, so zeigt der Umstand, dass man ihnen den Sicherheitsdienst für die wichtige und ziemlich gefährdete Festung anvertraute, genügend, was man im entscheidenden Falle von ihnen fordern zu können glaubte. Einen deutlichen Beweis ihrer Tüchtigkeit zu geben, sollte ihnen unmittelbar nach ihrer Ankunft die Gelegenheit sich bieten. In der Nacht vom 19. zum 20. Juni wollte der österreichische General Drascovich die Husaren, die in dem Orte Heidersdorf, unmittelbar vor den Mauern von Neisse, Quartier erhalten hatten, überfallen. Obwohl nun der Plan der Feinde nicht ganz genau inne gehalten wurde, wäre es doch den Preussen zweifellos sehr schlecht ergangen, da jene nach Ueberrumpelung der Aussenposten schon mitten in das Dorf hineingesprengt waren, hätte nicht Hohendorf mit grosser Geistesgegenwart sich mit einer Hand voll Leute, die zu Pferde gekommen, sofort heftig auf dieselben gestürzt und so den anderen Husaren Zeit verschafft, sich zu sammeln. Nicht genug damit, warf sich der Major, als er aus der Stadt

150 Mann Infanterie und 2 Kanonen als Soutien erhielt, auf die trotz ihrer Ueberlegenheit sich ziemlich eilig zurückziehenden Oesterreicher, so dass diese den kommandirenden General, eine ganze Reihe Offiziere und 175 Mann gefangen in den Händen der Preussen lassen mussten [1]).

Von den anderen pommerschen Truppen kamen die Grenadierbataillone Ingersleben und Rothkirch — früher Köller — zum neugebildeten Bevernschen Korps und machten unter ihrem alten Führer die Operationen in Oberschlesien und sodann die Schlacht bei Reichenbach mit, zu deren Entscheidung sie das Ihre beigetragen haben.

Das Freigrenadierbataillon von Hüllessem, so hiessen die pommerschen Freikompanien seit der Kombinirung mit den Schonyschen, war der Armee des Königs zugetheilt worden. Abgesehen davon, dass es sich fast beständig in der Avantgarde befand, sollte auch seine Tapferkeit und sein innerer Werth noch einmal auf eine besonders harte Probe gestellt werden. In der Nacht vom 2. zum 3. Oktober, als das Bataillon wieder einen besonders exponirten Posten bei Charlottenbrunn inne hatte, wollte es der österreichische General Botta mit 800 Mann erlesener Infanterie und 100 Husaren aufheben. Anfangs überrascht, gewann Hüllessem doch sofort seine Geistesgegenwart wieder und vertheidigte sich mit seinen Leuten nunmehr so hartnäckig, dass der Feind sich zurückziehen musste. Der grössere Verlust: 2 Geschütze, 2 Offiziere und 52 Mann war allerdings auf Seiten der Preussen; aber in einer derart kritischen Lage wäre eine Truppe mit etwas weniger guter Mannschaft und von einem weniger entschlossenen Offizier geführt, sicher vollkommen aufgerieben worden [2]).

---

[1]) Vergl. besonders Tempelhoff, Geschichte des siebenjährigen Krieges Bd. VI, S. 74—76; einen etwas anderen, aber für Hohendorf und seine Leute nicht minder ehrenvollen Bericht über diesen Vorgang enthält die „Sammlung ungedruckter Nachrichten“ Theil II, 1782, S. 494 f. — Wenn aber Tempelhoff die Husaren „grösstentheils aus neuangeworbenen und jungen Leuten bestehend“ nennt, „von denen nur wenige den Feind gesehen hätten“ so ist das ein Irrthum. Einerseits würde schon niemand ganz jungen Truppen einen solchen gefahrvollen Posten angewiesen haben; sodann aber hatten sich die pommerschen Provinzialhusaren schon fünf Jahre lang mit Schweden und Russen ruhmvoll herumgeschlagen, auch die Neumärker hatten mit den Russen fortwährend Scharmützel gehabt, und selbst die kurmärkischen Husaren — wenn ich auch sonst einstweilen weitere Einzelheiten nicht bestimmt nachweisen kann — hatten am 19. Oktober 1759, als sie gerade nach Vorpommern detachirt gewesen waren, an einem Handstreiche auf Demmin theilgenommen und ihren Theil zu dessen Gelingen beigetragen. „Den Feind gesehen“ hatten also alle Provinzialhusaren, und die Oesterreicher waren auch nicht schlimmer als die Russen und Schweden. — Ueber den Ueberfall von Demmin vergl. Sulicki 256 f.; „uckermärkische“ Landhusaren ist dort aber ein Missverständnis, solche gab es niemals; es sind die Kurmärker unter ihrem auch sonst bekannten Rittmeister v. Wangenheim, sie kamen aus Berlin und gingen eben dahin zurück.

[2]) Vergl. über dies Gefecht Tempelhoff VI, 224, 225.

Wir sind auf diese letzterwähnten kriegerischen Ereignisse, obwohl sie schon ausserhalb des Rahmens unserer Darstellung liegen, etwas ausführlicher eingegangen, um zu zeigen, wie auch auf anderem Kriegsschauplatze, einem anderen Feinde gegenüber, pommersche Landmiliz den höchsten Anforderungen, die man überhaupt an eine Truppe stellen kann, in jeder Hinsicht gerecht geworden ist.

[Garnisondienst.] Hatte der Dienst im Felde stets einen gewissen Reiz und entschädigten die mannigfachen Abwechselungen desselben für Strapazen aller Art, so war der mühselige und aufreibende Dienst in der Garnison und im Rücken der eigenen Armee unendlich undankbarer, und gerade er lastete besonders schwer auf der Landmiliz. Freilich allein hätte sie alle diese Obliegenheiten nicht versehen können, ein grosser Theil derselben fiel auch dem Stettinischen Landregiment und dem Garnisonregiment Puttkamer zu. Die eine Seite dieser Thätigkeit bestand in der Wahrnehmung des Wachtdienstes innerhalb der sehr umfangreichen Befestigungen von Stettin-Damm einerseits und Kolberg andererseits, welcher besonders durch die Anwesenheit der zahlreichen Kriegsgefangenen ausserordentlich erschwert wurde[1]). Dann aber gehört hierher das gesammte Etappenwesen, — um modern zu sprechen, — die mühselige Eskortirung unzähliger Transporte aller Art, besonders zwischen Stettin und Berlin, und Kolberg und Stettin. Es war dies ein äusserst anstrengender und langwieriger Dienstzweig, von dessen Umfang und Art und Weise man sich bei den heutigen Verkehrsverhältnissen nur mit Mühe noch einen rechten Begriff machen kann. Fiel er auch zumeist den besonders kräftigen Offizieren wie Mannschaften zu, so kann man doch die Strapazen leicht ermessen, die auch für diese damit verbunden waren, oft eine Woche und mehr auf der Landstrasse zu liegen, beständig auf die an Zahl weit überlegenen feindlichen Gefangenen oder auf die besonders bei grossen Transporten meist nur gezwungen fahrenden Wagenknechte zu passen, — zugleich aber auch stets auf der Hut nach aussen hin zu sein, da man vor den Kosaken niemals ganz sicher sein konnte.

[Verwerthung als Ersatzkadres.] Was aber von der ganzen Garnisonthätigkeit der Landtruppen für die gesammte stehende Armee besonders und unmittelbar erspriesslich wurde, das war die Verwerthung derselben als Ersatzkadres. Nicht etwa, dass im heutigen Sinne ein regelrechtes Ersatzwesen der Feldarmee durch die Land- und Garnisontruppen stattgehabt hätte; im allgemeinen war sogar wohl

[1]) Zumal diesen gegenüber konnte es ja auch keine sicherere Truppe geben als die fast ausschliesslich aus Landeskindern bestehenden Milizen.

die direkte Rekrutirung der Regimenter aus dem Kanton oder auch durch Ausländer die überwiegende, — aber aus den Land- und Garnisontruppen konnten die Regimenter besonders im Frühjahr, doch auch sonst, wenn es noth that, jederzeit exerzirte Mannschaften, also statt roher Rekruten schon wirkliche Soldaten erhalten. Dies Verhältniss war daraus entstanden, dass die Landtruppen bei ihrer Formation, wie erwähnt wurde, sehr viel Enrollirte von Feldregimentern in sich aufgenommen hatten, dass diese aber dennoch diesen, ihren Regimentern obligat geblieben waren und auch wirklich an dieselben, sobald sie verlangt wurden, ausgeliefert werden mussten. Eine immediate Ordre hatte dazu von vorneherein befohlen, dass die Stellen der Abgegebenen jederzeit durch kleinere und schlechtere Kantonisten wieder besetzt werden sollten[1]). Da nun die Regimenter immer wieder neuen Ersatz brauchten, musste auch wieder auf jene Kantonisten zurückgegriffen werden, und so bildete sich in diesem Turnus doch ein gewisses regelmässiges Ersatzwesen aus. In einen ganz ähnlichen Zustand wie die Landbataillone waren alsbald auch das Stettinische Landregiment und in geringerem Umfange auch das Regiment Puttkamer gekommen, da diese, an sich auch schon in mässiger Anzahl junge Enrollirte enthaltend, bereits im Jahre 1757 in ziemlichem Umfange felddiensttüchtige, exerzirte Mannschaften an die Feldregimenter hatten abgeben müssen und dafür ebenfalls Enrollirte, d. h. den Kantonregimentern obligat bleibende Leute zugewiesen erhalten hatten[2]). Das sonst übliche direkte Ersatzwesen war dadurch ziemlich kostspielig, dass zur Ausbildung der Rekrutenmannschaften die Regimenter beständig Offiziere und Unteroffiziere kommandiren mussten[3]), diese also der Effektivstärke bei der Feldarmee entzogen wurden, während zugleich die ausserordentliche Unterhaltung der Rekruten der Generalkriegskasse besondere Kosten auferlegte. Suchte man aber die Rekrutenzeit aus diesen Gründen gar zu sehr abzukürzen, so konnte dadurch nur die Schlagfertigkeit des Heeres beeinflusst werden. Unter solchen Umständen kam die Gelegenheit, jederzeit in

---

[1]) Kabinettsordre vom 2. Januar 1758: alle 10—4zölligen Kantonisten abzugeben und sie durch kleinere zu ersetzen; analog Kabinettsordre vom 10. Januar 1759, u. s. w., jedesmal bei der Neuvollzähligmachung der Armee nach dem Feldzuge.

[2]) Dass man bei diesen Verhältnissen nicht daran denken konnte, einige bestimmte Kompanien oder ein Bataillon geradezu als Ersatztruppe eines bestimmten Feldregimentes zu bezeichnen, dürfte einleuchten.

[3]) Denn vollkommen rohe Rekruten vor den Feind zu bringen, daran hat auch damals kein Mensch denken dürfen, gerade erst die preussische Schule machte die Soldaten des grossen Friedrich. — Das Ersatzwesen der preussischen Armee im siebenjährigen Kriege, ein doch so ausserordentlich interessantes Thema, hat leider noch nirgends eine eingehendere Darstellung gefunden.

so bequemer und billiger Weise gut gedrillte Mannschaften aus den Landtruppen ziehen zu können, den Regimentern natürlich sehr zu statten, vorausgesetzt, dass die auszufüllenden Lücken nicht gar zu grosse waren. So wurden die Land- und Garnisontruppen, wie der König selbst gelegentlich sagt, „die Baumschule der Armee". Hatten allerdings die Regimenter gar zu enorme Verluste erlitten, wie z. B. Moritz von Anhalt und Alt-Bevern bei Kolin, dann verschwanden sie eine zeitlang vollkommen vom grossen Kriegsschauplatze, um sich, wenn es anging, an Ort und Stelle zu regeneriren; bei solchem Massenbedarf spielten dann natürlich die aus den Land- und Garnisontruppen entnommenen Mannschaften eine höchst nebensächliche Rolle.

Genauere Zahlenangaben über den Ersatz überhaupt und speziell über das Verhältniss zwischen dem Ersatz direkt aus den Kantons oder durch Ausländer und dem durch die Land- und Garnisontruppen vermögen wir hier leider nicht zu machen, es bedürfte dazu einer Zusammentragung und Vergleichung der schwerlich noch in zureichender Vollständigkeit vorhandenen Listen. Es genüge ausser dem bereits Gesagten hier noch der Hinweis, dass für die Landbataillone fast beständig in grösserer Anzahl halbwüchsige Jungen, d. h. Kanton-Enrollirte von 16, später sogar schon 15 Jahren und darüber gefordert werden, und dass die Kommandeure, wenn ihnen grössere Leistungen zugemuthet werden, häufig klagen, dass ihre Bataillone wieder zum grossen Theil aus rohen Rekruten und Neulingen beständen.

Dass gelegentlich auch Offiziere und Unteroffiziere aus den Land- und Garnisontruppen entnommen wurden, um die betreffenden Chargen bei grösstentheils oder vollkommen vernichteten Regimentern ersetzen zu helfen, dürfte nach obigen Ausführungen nicht weiter Wunder nehmen, doch würde das einzelne wohl noch des Beweises benöthigen [1]).

Auch über ein gewisses Volontärwesen und einen daraus hervorgehenden Ersatz an Offizieren für die Feldregimenter, wie wir beides in der Neumark kennen lernen werden, war inbetreff Pommerns Positives nicht zu ermitteln; doch könnte man auch hier wohl auf etwas Analoges schliessen. Denn es liegt nahe, dass wenigstens die jungen Adligen, die bei dem grossen Offiziersmangel im stehenden Heere mit fünfzehn, sechzehn Jahren dem Könige ihre Dienste anboten, vielleicht zuerst von ihren Vätern oder Verwandten, die in der Landmiliz standen, auf kurze Zeit bei dieser eingestellt wurden,

[1]) Allgemeine Angaben dieser Art finden sich bei späteren Autoren verschiedentlich, vergl. z. B. Tempelhoff, V, 397, auch Sulicki 424; doch ist dort nicht recht ersichtlich, wieweit dies eben mehr als allgemeine Redensarten sind, und wieweit die Truppen der verschiedenen Provinzen daran theilnehmen.

um die ersten Rudimente zu lernen. Denn wer nicht Kadett gewesen war, hatte keine Vorbildung genossen, und ohne eine solche — wenn sie auch noch so oberflächlich war — konnte niemand bei der Armee gebraucht werden.

Nachdem wir nunmehr gesehen, wie unendlich vielseitig die Verwendung der pommerschen Milizen gewesen, bleibt uns nur noch übrig, in dem folgenden Kapitel die finanzielle Seite der Sache zu behandeln, d. h. die Frage zu erörtern, von wem und in welcher Weise die für den Unterhalt derselben nöthigen Gelder beschafft worden sind.

IV. Unterhalt der pommerschen Landmiliz.

Wir haben oben schon gelegentlich der Verhandlungen über die ersten „drei Monate" gesehen, dass die pommerschen Stände, weit entfernt davon, dem Könige ein don gratuit anzubieten, sich vielmehr erst allmählich dazu verstanden hatten, die Unterhaltung der Landmiliz für ein Quartal zu übernehmen, und dass die Kammer, um das Werk überhaupt nur zustande zu bringen, die Quotisirung der Gelder befohlen hatte, ehe noch Erklärungen von seiten einzelner Magistrate oder der Kreisstände abgewartet worden wären.

Da der König garnichts darüber bestimmt hatte, nach welchem Prinzip die Vertheilung der Gelder vor sich gehen sollte[1]), da ferner grösste Eile geboten war, und da endlich man allgemein selbst von seiten der Kammer und des Generaldirektoriums annahm, dass nach Ablauf der drei Monate, wenn die Landmiliz dann überhaupt noch nöthig sein sollte, der König die Verpflegung derselben übernehmen würde, etwa vorkommende Unbilligkeiten also doch nur von geringer Dauer sein würden, — so legte man ohne allzu genaue Prüfung für die Repartition Prinzipien zugrunde, die zwar, weil sie früher in Gebrauch gewesen, als die einfachsten erschienen, die aber als die richtigsten und billigsten keineswegs angesehen werden konnten. Nachdem nämlich die Mannschaften nach der Bevölkerungsziffer und die Gelder wiederum genau nach der Mannschaftsquote auf die einzelnen Provinzen vertheilt worden waren[2]), griff man in beiden Pommern auf die

[1]) Die Kabinettsordre vom 13. Juli sagte über diesen Punkt garnichts und die vom 10. August, die zugleich die Landmilizen in der Kur- und Neumark anordnete, enthielt auch nur die allgemeinen Worte: es „können sich die in solchen (Provinzen) befindlichen Städte nicht entbrechen, dazu beizutragen, auf dass nicht alles deshalb dem platten Lande allein zur Last falle".

[2]) Ueber die Vertheilung auf die Provinzen vergl. Beilage V.

alten Landesrepartitionsrezesse, die vor Einführung der Akzise in Kraft gewesen waren, zurück. In der Uckermark glaubte man, nach dem bei der allgemeinen Vertheilung gültigen Prinzip, die Aufbringung der Gelder am einfachsten auch den einzelnen Städten und Kreisen genau nach der von ihnen zu stellenden Mannschaftsquote auferlegen zu können.

Ueberhaupt war die ganze weitere Entwickelung in der Uckermark eine von der in Pommern so grundverschiedene, dass für diese Verhältnisse auch in der Darstellung eine Sonderung angezeigt erscheint.

Vor- und Hinterpommern.

[Die ersten „drei Monate".] Der Versuch, an das alte Kontributionswesen anzuknüpfen, gebot sich hier in Pommern vor allem dadurch, dass die Vertheilung der Gelder nach der Kopfzahl bei der grossen Verschiedenheit der wirthschaftlichen Lage am wenigsten angebracht gewesen wäre. Es sollten also alle nöthigen Gelder von den Kreisen und den Städten nach der Hufenzahl, in ersteren nach Realhufen, in letzteren nach imaginären oder Schattenhufen aufgebracht werden durch eine direkte, auf dem Lande bei der Kontribution, in den Städten bei dem Servis einzuhebende Abgabe. Nach den alten Rezessen des 17. Jahrhunderts hätte dann aber das platte Land einschliesslich der Mediatstädte $^3/_5$, die Immediatstädte und die Aemter aber je $^1/_5$ der ganzen Last tragen müssen. Es liegt auf der Hand, dass diese Prinzipien, besonders die Einzelquotisationen, jetzt nach hundert Jahren nicht mehr passen konnten. Durch die Akzise, das Servis- und Einquartirungswesen und andere gemeinsame Lasten waren die Immediat- und Mediatstädte einander immer mehr genähert, die letzteren vom platten Lande, zu dem sie rechtlich noch gehörten, durch eine immer weitere Kluft getrennt worden. Dazu hatten sich die Nahrungszweige zum Theil wesentlich geändert, die eine Stadt war verarmt und zählte wüste Häuser, die andere hatte ihre Lage gegen früher bedeutend verbessert.

Um allen diesen Veränderungen, soweit es die Zeit erlaubte, nur einigermassen gerecht zu werden, zugleich aber in dem Glauben, dass nach dem Wortlaut der Kabinettsordre vom 10. August die Städte nicht in gleicher Weise wie das platte Land heranzuziehen seien, bestimmte die Kammer mit Genehmigung des Generaldirektoriums, dass von der ganzen nöthigen Summe das platte Land, ausschliesslich der Mediatstädte, doch einschliesslich aller kontribuirenden städtischen Hufen extra moenia $^3/_5$, die Mediat- und Immediatstädte aber nun zusammen $^1/_5$ tragen sollten, das noch übrige $^1/_5$ aber von den Aemtern aufgebracht werden sollte.

Trotz aller Widersprüche, die sich auch gegen diese Vertheilung der allgemeinen Last erhoben[1]), wurden die Gelder dennoch dementsprechend repartirt und mussten auch für die „drei Monate“ bezahlt werden, indem gerade, um die Klagenden zu besänftigen, betont wurde, dass es ja nur für dies eine Quartal sei und dass sich der Patriotismus schon über einzelne Ungerechtigkeiten hinwegsetzen werde.

Wir müssen aber hier schon, und auch gleich für die Beurtheilung der späteren Zeit nicht ausseracht lassen, dass die Repartition, um immer vollkommen gerecht zu sein und die Anforderungen genau dem Vermögen entsprechen zu lassen, eigentlich beständig hätte geändert werden müssen, je nachdem bald diese, bald jene Gegend, bald diese Stadt, bald jenes Dorf durch den Krieg Schaden litt.

Wenn nun auch oben schon genügend ausgeführt sein dürfte, dass von einem freiwilligen Angebot der Provinz Pommern, die Landmiliz zu unterhalten, nicht die Rede sein kann, so werden die letzten Bedenken über diesen Punkt angesichts der Thatsache schwinden, dass bereits für die ersten drei Monate die Aufbringung der Gelder mit grossen Schwierigkeiten zu kämpfen hatte. Manchen Kreisen, besonders aber den kleinen Landstädten, war es schon jetzt eine fast zu drückende Last, ihre Quote aufzubringen; vielfach wäre ohne Exekution garnichts eingekommen, und wirklich sind von einigen Orten überhaupt nicht einmal die Gelder für dies erste Quartal vollkommen abgetragen worden. Symptomatisch genug ist die Vorstellung des Stargarder Magistrates beim Generaldirektorium namens sämmtlicher hinterpommerscher Städte vom 26. September 1757: sie würden sich redlich bemühen, das ihnen durch königlichen Befehl auferlegte Quantum zu zahlen, aber Viehsterben, Misswachs und Hagelschlag hätten sie so heruntergebracht, dass die Beitreibung dieses Extraordinariums die fernere Aufbringung der ordentlichen Abgaben ernstlich in Frage stellen werde. Schon jetzt ver-

[1]) Die Städte betonten: bei Einführung der Akzise sei ihnen die Verschonung mit der bis dahin dafür geltenden Hufensteuer für ewige Zeiten zugesichert worden; seitdem hätte man die Akzisequanta mehrere Male erhöht, und was an Landmilizgeld jetzt auf sie träfe, müsste demnach auch aus den Akzisekassen genommen werden. Ein derartiges Verfahren würde allerdings den Städten den Charakter der Landmilizabgabe als eines reinen Extraordinariums garnicht fühlbar gemacht haben. — Manche Patrone von Mediatstädten weigerten sich, diese zu dem Fünftel der Städte beitragen zu lassen, da die Ritterschaft ja drei Fünftel zahle, d. h. also in alter Weise für die Mediatstädte mit aufkäme. Eine solche Kontroverse zwischen der Familie v. Massow, den Patronen des Städtchens Rummelsburg, und der Kammer ging bis in die höchsten Instanzen hinauf, um dann endlich zu Gunsten der Kammer entschieden zu werden.

liessen manche freiwillig Haus und Hof und gingen unter die Landmiliz, nur um von den drückenden bürgerlichen Lasten frei zu werden. — Und das war schon im September 1757.

[Die Frage der Weiterunterhaltung bis zur Entscheidung des Königs.] Bei der Errichtung der Miliz hatte man vor allem die augenblickliche Noth im Auge gehabt; wie lange die Landwehr überhaupt nöthig sein würde und auf wessen Kosten sie eventuell weiter bestehen sollte, diese Fragen waren zunächst noch garnicht zur Erörterung gekommen.

Der König, dem der Kammerpräsident von Aschersleben die Bewilligung der „drei Monate“ gemeldet, hatte auf dies Schreiben garnicht sich geäussert, vielleicht eben, weil er selbst noch in keiner Weise über die Zukunft bestimmen zu können glaubte. Das bewilligte Quartal umfasste nur die Monate August, September, Oktober, wenn die Anlage auch nominell für September bis November gemacht worden war; die Landmiliz war in der Folgezeit nöthiger als je, also musste doch bald die Frage der weiteren Unterhaltung ernstlich erwogen werden. Der Gouverneur verhielt sich dazu ganz passiv, ihn ging die Sache auch nichts an, und er hatte mit den militärischen Angelegenheiten genug zu thun. Da nun das Generaldirektorium auf die dringendsten Bitten der Kammer immer nur erwiderte, dass es keinerlei Fonds für die Landmiliz anweisen und dass eine Entscheidung überhaupt nur immediat erfolgen könne, sah sich Aschersleben schliesslich gezwungen, sich wieder direkt an den Monarchen zu wenden. Ein Bericht vom 30. Oktober stellte dem Könige den Zustand der Provinzen vor, dass Hinterpommern schon von Natur in der denkbar schlechtesten wirthschaftlichen Lage sei, Vorpommern aber sich fast ganz in den Händen des Feindes befände, und bat deshalb, die Landtruppen fernerhin aus königlichen Kassen verpflegen zu dürfen.

Hatte die pommersche Obersteuerkasse nun schon von dem ersten Tage an, da die Gelder keineswegs pünktlich mit den Mannschaften zugleich einkamen, Vorschüsse für die Landmiliz leisten müssen, so blieb ihr nach Ablauf der „drei Monate“ nichts anderes übrig, als überhaupt den ganzen Unterhalt der Miliz einstweilen vorschussweise zu bestreiten. Dem Gouverneur durfte ja die Kammer mit Geldverlegenheit nicht kommen, sondern musste stets alle nöthigen Zahlungen machen; waren keine Landmilizgelder da, dann eben vorschussweise aus irgend einer anderen Quelle.

Als die Kammer sich nun wenigstens für dies Verfahren einstweilen, und bis eine allerhöchste Antwort eingetroffen sei, die Zustimmung des Generaldirektoriums hatte erwirken wollen, lehnte dieses auch hier jede Einmischung auf das entschiedenste ab, da ja die Kammer von Anfang an immediat instruirt und autorisirt worden wäre, erklärte aber zugleich seine Ansicht dahin: „dass, da die Provinzen von Pommern sich freiwillig zu der extraordinären Unterhaltung offeriret, es wohl auch dabei werde verbleiben müssen, wenn nicht Se. Maj. es selbst anders bestimme“ [1]).

Dies sollte allerdings ein Wink für die Zukunft werden. Nachdem die Kammer nämlich monatelang vergeblich auf eine allerhöchste Antwort gewartet hatte, sah sie sich endlich gezwungen, auf dem ihr vom Generaldirektorium angedeuteten Wege die Lösung der Frage zu suchen [2]).

Sie machte also zunächst den Mitte Februar 1758 zur üblichen Quartalsrepartition in Stettin anwesenden Landräthen von Hinterpommern — auf diese Provinz, die grösste, kam es ja zumeist an — den Vorschlag, das Land möge die Unterhaltung der Miliz auch weiterhin übernehmen. Diese dagegen verwiesen auf ihre schon bei Bewilligung der ersten „drei Monate“ abgegebenen dringenden Erklärungen und auf die notorische Armuth des Landes. Sollte aber der König die Weiterunterhaltung ausdrücklich befehlen, so seien sie bereit ihr äusserstes zu thun, müssten aber vorher mit ihren Kreiseingesessenen und den einzelnen Magistraten, sowie dann mit den vorpommerschen und uckermärkischen Ständen Rücksprache nehmen, um zu sehen, was überhaupt zu erwarten sein würde. Sollte dann der Erfolg dieser Besprechungen nicht der gewünschte sein, so behielten sie sich vor, einige Vorschläge zu machen, wie vielleicht sonst die Gelder herbeigeschafft werden könnten.

Infolgedessen wurde nun zunächst ein Ständetag der drei Provinzen auf den 8. März anberaumt. Aber auch die Resultate dieser Verhandlung waren sehr wenig zufriedenstellend. Vonseiten der Uckermark war niemand erschienen, wie es ja diese Provinz überhaupt vorzog, sich vollkommen abseits zu stellen. Die vorpommerschen Stände gaben die Erklärung ab: auf ausdrücklichen Wunsch Seiner Majestät würden sie zwar bereit sein, als äusserstes noch Gelder für weitere drei Monate zu bewilligen, doch dürfte die Zahlung dieser erst nach dem Frieden gefordert werden, da sie durch die Lasten und Leiden des Krieges schon vollkommen ausgesogen seien. Noch weniger tröstlich lauteten die Aeusserungen der hinterpommerschen Stände, die jede weitere Leistung ablehnten im Hinweis auf ihre ja allgemein anerkannte grosse Armuth, die seit dem Durchmarsche der Lehwaldtschen Armee ihren Gipfelpunkt erreicht hätte. Um nicht vollkommen ruinirt zu wer-

---

[1]) Am 18. November 1757.

[2]) Ob der König etwa absichtlich nicht antwortete und die Sache dem Patriotismus der Provinzen und der Gewandtheit seiner Beamten überliess, ist nicht festzustellen.

den, müssten sie dringend um Indult bitten, dass ihnen, wenn sie nur die Zinsen bezahlten, während des Krieges keine Kapitalien gekündigt werden dürften. Beide Provinzen wiesen die Kammer darauf hin, dass sie ja selbst schon den Nothstand dadurch anerkannt hätte, dass sie die Kosten bereits vier Monate aus ihren Kassen bestritten habe; der König wünsche eine neue Anlage vielleicht garnicht einmal, da er ja selbst nichts direkt befohlen habe.

Die Kammer, welche die Richtigkeit aller dieser Vorstellungen wohl einsah, war rathlos. Wenn sie nun auch den Ständen gegenüber die Ansicht des Generaldirektoriums vertrat, dass das in der Kabinettsordre vom 13. Juli 1757 erwähnte Anerbieten die Provinzen keineswegs nur auf drei Monate, sondern dauernd binde, so konnte sie dennoch, als die Stände sich mit ihren Bitten um gänzliche Befreiung an das Generaldirektorium wandten, nicht umhin ebenfalls zu ihren Gunsten zu berichten und abermals dringendst um die Anweisung eines Fonds zu bitten. Aber auch diesmal wieder war alles vergebens, das Generaldirektorium verharrte bei seinen früher gegebenen Erklärungen. Die Kammer suchte nunmehr endlich die Stände zu zwingen. Als dieselben zur neuen Quartalsanlage Anfang Mai 1758 in Stettin versammelt waren, liess sie ihnen die Spezialrepartition der Landmilizgelder einfach zustellen mit dem Befehl, derselben Folge zu leisten: aber nur ein allgemeiner Protest gegen diesen „modus impositionis“ war die Folge, und von neuem gingen Beschwerden und dringende Bittschriften an das Generaldirektorium, sowie jetzt auch an den Monarchen selbst[1]).

Dies letztere endlich führte zur Klärung der Lage. Im Hinweis auf das eiserne Gebot der Nothwendigkeit befahl nämlich der König den Landständen in einer Kabinettsordre vom 15. Mai 1758 „zur ferneren Unterhaltung der errichteten Landmiliz eine proportionirliche Anlage zu formiren“, d. h. also, Friedrich II. appellirte einfach an die Kräfte des Landes, solange diese nur überhaupt ausreichen würden.

[Neue Quartalsveranlagungen.] Gegen den so ausgesprochenen allerhöchsten Willen gab es keinen Widerspruch; und so hat dann erst wirklich eingetretene absoluteste Unfähigkeit die Provinzen später von dieser äusserst drückenden Last befreien können. Bis zum 1. März 1761, d. h. bis zu dem Zeitpunkte, an welchem der König die Landmiliz übernahm, wurden Quartal für Quartal die nöthigen Gelder auf die Kreise und Städte veranlagt.

Mit den wirklich einkommenden Beiträgen sah es aber übel aus, die Anforderungen waren zu grosse, einem Kreise, einer Stadt nach der anderen versagten die Kräfte. Den un-

[1]) Am 4. Mai 1758.

zähligen Bittschriften um ganze oder theilweise Befreiung konnte bei der allgemeinen Nothlage des Staates nur äusserst selten Gehör gegeben werden; die Kammer musste, da das Geld doch unumgänglich nöthig war, wenn es nicht anders ging, exekutorisch eintreiben, soviel nur immer zu erhalten war[1]). Dennoch wuchsen, zumal die Uckermark es vorzog, garnicht zu zahlen, die Reste von Monat zu Monat und mit ihnen die Verlegenheit der pommerschen Kammer und ihrer Obersteuerkasse. Da die Landmiliz pünktlich Traktement und Montirung erhalten musste, so wurden nach und nach alle irgend verfügbaren Gelder vorschussweisse zu diesen Zwecken verwendet, und bald musste auch die pommersche Landrentei mit ihren nicht unbedeutenden Beständen herhalten. Jemehr bei der pommerschen Kammer auf der einen Seite das Mitgefühl mit den furchtbaren Leiden der ihr anvertrauten Provinz beständig zunahm, um so düsterer wurde aber auch auf der anderen Seite mit der steigenden Verlegenheit der Blick in die Zukunft.

Hilfe vom Generaldirektorium oder gar vom Könige war vorderhand nicht zu erwarten; die Stände waren auf die Kammer und die Kammer auf die Stände angewiesen, man musste wenigstens versuchen, sich gegenseitig zu helfen, so gut es ging[2]). Vor allen Dingen sollte wenigstens die Last auf alle Schultern gleichmässig vertheilt werden, und ein jeder, wes Standes er auch sei, nach seinem Vermögen beitragen.

[Der Nebenmodus zum Landmilizgelde.] Hatten nun die hinterpommerschen Landstände schon bei den Verhandlungen im Februar 1758 dahingehende Andeutungen gemacht, so traten sie nunmehr im Juli mit positiven Vorschlägen hervor. Zur Erleichterung der ordentlichen Kontribuenten sollten nämlich einmal die sogenannten Freileute — als Pächter, Freischulzen, Müller, Schäfer, Krüger und kleine Handwerker, — ferner die Kolonisten, Kathenleute und Dienstboten nach dem Verhältniss ihrer Einkünfte zum Landmiliz-

---

[1]) Wie ernster Natur die Reklamationen z. Th. waren, das zeigt die Vorstellung des Landrathes des schlawischen Kreises aus dem August 1758, dass die Aufbringung der repartirten Quoten von seiten seiner Kreiseingesessenen sich nur mit deren vollkommenem Ruin werde verwirklichen lassen, „er wüsste keinen anderen Rath, das Geld zusammen zu bringen, als dass die Scheuern bei den Herrschaften und Bauern in Beschlag genommen würden, das Getreide durch Lohndrescher ausgedroschen und zu Gelde gemacht würde“. Soweit wollte es dann aber weder das Generaldirektorium noch die Kammer kommen lassen.

[2]) So gesucht auch die nunmehr eingeführten Hilfssteuern erscheinen möchten, so sind sie doch noch einfach zu nennen im Vergleich mit den Manipulationen, auf die man in Oesterreich verfiel: die Kapitalsteuer, Erbschaftssteuer, Einkommenssteuer, Kopfsteuer, Wohnungssteuer, Dienstboten- und Pferdesteuer, über die das Nähere bei Arneth, Maria Theresia VI, 254 ff. zu lesen ist.

geld herangezogen werden,[1]) sodann sollten auch Prediger und Küster von ihrem Messkorn und Pfarracker einen entsprechenden Beitrag geben, und endlich noch sämmtliche Kapitalisten mit einem Prozent ihres Vermögens einer allgemeinen Schatzung unterliegen. Alles, was durch diese Massregeln zusammenkäme, würden also fernerhin die ordentlichen Kontribuenten des betreffenden Kreises weniger aufzubringen haben.

Die Kammer befürwortete beim Generaldirektorium die Besteuerung der Freileute und Kolonisten aufs wärmste (d. d. 19. Juli 1758), konnte dagegen nicht umhin, inbetreff der Heranziehung der Kapitalisten, der Prediger und Küster und der Dienstboten einige Bedenken laut werden zu lassen. Das Generaldirektorium, das dem Antrage durchaus sympathisch gegenüberstand, ersuchte alsbald die zuständigen Fachdepartements um ein Gutachten inbetreff der von der Kammer in Zweifel gestellten Klassen, forderte dagegen von dieser sofortige Berathung mit sämmtlichen Kreiseingesessenen, um alle etwaigen späteren Reklamationen von vornherein abzuschneiden.

Der Antrag wegen der Kapitalisten sollte gänzlich scheitern. Der Grosskanzler Jariges erklärte nämlich alsbald (d. d. 9. August 1758): die Heranziehung derselben sei an sich schon fast unausführbar, da das Vermögen der Einzelnen garnicht auszumitteln sei, besonders weil vieles in fremden Landen stehe; sie sei ferner unbillig, weil durch sie den Kapitalisten etwa ein Viertel bis ein Fünftel ihrer gesammten Einkünfte entzogen würde, was z. B. bei ausschliesslich auf ihre Zinsen angewiesenen Wittwen und Waisen besonders schwer ins Gewicht fallen würde. Endlich aber sei die Massregel auch höchst bedenklich, weil die Kapitalisten durch Kriegskalamitäten und Remission der Zinsen schon soviel verlören; sie seien gerade hervorragend an den Kriegsanleihen betheiligt und ohne sie würde überhaupt kein Geld mehr zu erhalten sein. Man müsse sich hüten, sie anderweitig so bis zum äussersten in Anspruch zu nehmen. — Da das Generaldirektorium alle diese Argumente rückhaltslos anerkannte, war von diesem Punkte nicht mehr die Rede.

Das Gutachten des geistlichen Departements (d. d. 1. September 1758) dagegen hatte gegen die Heranziehung der Pfarrer und Küster prinzipiell nichts einzuwenden, nur wurde die Herabsetzung des Beitrages auf zwei Drittel des ursprünglich beabsichtigten Satzes empfohlen.

Wegen der Dienstboten endlich war man ebenfalls zu der

---

[1]) Alle diese nach Art der in Hinterpommern üblichen „Zuschubsteuer zur Kontribution", die alle nicht kontribuirenden, aber auch nicht exemten Leute zahlen mussten.

Ansicht gekommen, dass man diese wie zur Kontributionszuschubsteuer, so auch nun zum Nebenmodus des Landmilizgeldes heranziehen könne.

Nach Annahme dieser Unteranträge wurde nunmehr endlich am 16. September 1758 der ganze Entwurf durch das Generaldirektorium gutgeheissen und die Kammer angewiesen, die speziellen Veranlagungen zu machen. Damit schien die Sache endlich im Reinen zu sein. Aber noch war die Frage zu entscheiden, von welchem Termin an diese Steuer berechnet werden sollte, und an diesem Punkte wäre beinahe noch alles gescheitert.

In dem Glauben, dass die neue Hilfssteuer überall von den Kreisen in allen Punkten durchberathen und gebilligt worden sei, hatte das Generaldirektorium sich dann auch mit dem Antrage anstandslos einverstanden erklärt[1]), als terminus a quo den 1. Dezember 1757 anzunehmen, weil mit diesem jene ersten „drei Monate" zu Ende gegangen wären. Dies hiess aber doch, die Steuer fast für ein ganzes Jahr nachfordern, auf einmal eine für die Verhältnisse der Zahlenden ziemlich bedeutende Summe verlangen, und dies allein hätte doch schon Bedenken erregen sollen.

Kaum dass nun zur Ausführung der neuen Massregel geschritten wurde, so lief auch schon eine wahre Fluth von Bittschriften gegen dieselbe ein. Der grösste Theil dieser kam aus den Kreisen der Geistlichen[2]). Synodenweise, z. Th. in noch grösseren Kollektivpetitionen, stellten sie vor: diese Forderung sei eine Verletzung ihres Exemtionsprivilegiums, das doch selbst im dreissigjährigen Kriege und auch späterhin immer respektirt worden sei, die Ritterschaft als solche zahle doch auch nichts, und in keiner anderen Provinz sei man auf ähnliche Massregeln verfallen. Eine solche Betonung des Prinzips findet sich besonders in den Bittschriften der Synoden, die noch frei vom Feinde waren; die hinterpommerschen aber, bei denen bereits die Russen gehaust hatten, begnügten sich zumeist, ihr absolutes Unvermögen darzustellen: da sie kaum noch ihr Leben zu fristen imstande seien, könnte an sie auch eine derartige Forderung garnicht gestellt werden.

Das Generaldirektorium erklärte sich aber nicht in der Lage, den Reklamationen Gehör geben zu können, da die Neuerung die Billigung der den Bittstellern vorgesetzten Behörde gefunden habe. Und selbst als der Chef des geistlichen Departements, der Minister von Danckelman, sich jetzt zu-

[1]) Am 9. Oktober 1758.

[2]) Aber auch selbst Bauern und kleine Handwerker wandten sich direkt an das Generaldirektorium mit der Bitte, sie von der Abgabe zu befreien, wenn sie nicht gezwungen werden sollten, ihr Brod in anderen Ländern zu suchen.

gunsten der Prediger verwandte und ersuchte, doch wenigstens den Termin für den Beginn der Steuer auf den 16. September 1758 — den Tag der Bewilligung des ständischen Antrages — festzusetzen, sowie auch sonst mit wirklichem Unvermögen Nachsicht zu haben, war das Einzige, wozu sich das Generaldirektorium verstehen wollte, dass es der Kammer die Berücksichtigung besonders eklatanter Nothstände anbefahl.

Das Werk sollte damit seinen Fortgang nehmen, aber es kam beim besten Willen doch nicht vorwärts; die Anforderungen waren zu gross, das Vermögen zu gering. Monate vergingen darüber. Endlich am 16. Mai 1759 beantragten die hinterpommerschen Stände aus eigenem Antriebe: da die Prediger sich so weigerten überhaupt etwas zu bezahlen, der nachträgliche Beitrag aber auch von den Freileuten und Kolonisten niemals ganz zu erlangen sein werde, möchte doch als terminus a quo statt des 1. Dezembers 1757 wenigstens der 1. März 1758 angenommen werden; von dem Beitrage der Dienstboten möchte man aber lieber gänzlich absehen, da diese durch denselben nur veranlasst würden nach Polen und der Neumark auszutreten, wo man von ihnen keine derartige Abgabe verlange. Und erst als auf Fürwort der Kammer das Generaldirektorium auch diese Aenderungen noch gutgeheissen hatte, war die Frage im Juni 1759 endgiltig entschieden.

Für die Zeit vom 1. März 1758 bis zum 1. März 1761 ist also dieser „Nebenmodus zum Landmilizgeld“, wie er offiziell genannt wurde, von Kirchen- und Schulbedienten, von Freileuten und Kolonisten erhoben oder doch wenigstens gefordert worden.[1]) Reklamationen, Bittschriften und Beschwerden haben hier wie bei der Erhebung des eigentlichen Landmilizgeldes niemals aufgehört[2]). Nur in den allerseltensten Fällen aber konnte die Kammer eine wirkliche Dispensation eintreten lassen, meist hat sie jene Vorstellungen stillschweigend hingenommen und es mitangesehen, wenn besonders aus den von den Russen heimgesuchten hinterpommerschen Kreisen weder das Landmilizgeld noch diese Hilfssteuer einkam.

Bei den ganzen Verhandlungen über diesen Nebenmodus ist in den Akten immer nur von Hinterpommern und den dortigen Ständen die Rede, auf Vorpommern ist, soweit ersichtlich, die ganze Massregel nicht ausgedehnt worden.

| Heranziehung der Kirchen-, Schloss- und Häuserfreiheiten in den Städten und der Pia Cor-

[1]) Ueber die einzelnen Sätze dieser Steuer vergl. Beilage VI.

[2]) Selbst aus den Kreisen der Ritterschaft, die doch die ganze Hilfssteuer veranlasst hatte, kamen zuletzt Beschwerden gegen dieselbe: wenn die Freileute u. s. w. durch diesen Nebenmodus ruinirt würden, hätte doch schliesslich der Gutsherr für sie zu sorgen und trüge dann so die doppelte Last.

pora.] Nach dem Prinzip, dass jeder nach seinem Vermögen zu dem Landmilizextraordinarium beitragen solle, hat die Kammer auch zur Erleichterung der Städte noch gewisse, bislang steuerfreie Vermögensmassen zur Theilnahme an der allgemeinen Landeslast heranzuziehen gewusst. Die eine derartige Massregel betraf die sogen. Häuserfreiheiten, die andere die Pia Corpora, d. h. die frommen Stiftungen aller Art.

Die sonst exemten Kirchen-, Schloss- und anderen Freiheitshäuser wurden nämlich mit Zustimmung des Generaldirektoriums gleich von Anfang an zu dem (als reines Extraordinarium anzusehenden) städtischen Landmilizgelde von den Hufen intra moenia mitherangezogen, obgleich auch sie, wie z. B. die Besitzer der Häuser auf der St. Marien-Kirchenfreiheit in Stettin, sich oft erst nach langem, heissen Kampfe darein fügen wollten. Was sie nach ihrem Hufenstande ganz wie die gewöhnlichen servispflichtigen Häuser an Landmilizgeld aufbrachten, wurde dem Quantum der betreffenden Stadt zugute gerechnet.

Während wir nun oben gesehen haben, dass eine allgemeine weitgehende Besteuerung aller Kapitalisten die Billigung der massgebenden Instanzen nicht hatte finden können, so kam das dort zugrundeliegende Prinzip doch wenigstens zum Theil zur Ausführung in der Besteuerung gewisser juristischer Personen, nämlich der frommen Stiftungen, als Kirchen, Schulen, Hospitäler und eigentlicher Stifte, die alle doch sonst zu keinerlei ordentlichen Lasten veranlagt werden sollten. Die Kammer wollte, höchstwahrscheinlich noch im Jahre 1758, die Einkünfte dieser mit einer Abgabe von vier Prozent belegen; indem sie zugleich erklärte, dass diese Steuer zwar unter Umständen drückend werden könnte, dass sie aber garnicht in Betracht käme gegen den zwanzigsten Pfennig, den die Pia Corpora in katholischen Ländern in Kriegszeiten mit Zustimmung des Papstes geben müssten.

Die Betroffenen weigerten sich ebenso wie die Pfarrer zunächst auf das bestimmteste und fanden auch einen gewissen Rückhalt beim Minister von Danckelman, wenngleich dieser zugab, dass völlige Exemtion bei der allgemeinen Landesnoth unbillig erscheinen würde. Während die Pia Corpora ausser ihren Privilegien immerhin noch geltend machen konnten, dass sie doch schon zu mancherlei Leistungen, zu denen sie nicht verpflichtet wären, herangezogen würden, dass ja ihre Einnahmen auch durch den Krieg Störungen erlitten, und dass man durch ihre starke Belastung auch die Kirchen- und Schulbedienten, die von ihnen Gehälter bezögen, hart treffen würde, — so überwogen dennoch schliesslich die entgegenstehenden Gründe.

Die Kammer nämlich betonte vor allem den Charakter des Landmilizgeldes als eines reinen Extraordinariums, zu dem beizutragen sich bei der grossen Noth des Landes niemand weigern dürfe; in solchen Fällen könne von einer rechtlichen Befreiung der Pia Corpora garkeine Rede sein. Auch die Städte, die von dem Beitrage der frommen Stiftungen zumeist Erleichterung zu erhoffen hatten, führten ganz mit Recht an, dass die Pia Corpora bei diesem Ausnahmezustand sich garnicht auf ihre Privilegien berufen könnten, wo doch ihnen selbst trotz aller, bei Einführung der Akzise gegebenen Versprechungen jetzt wieder der Hufenschoss, wenn auch als Extraordinarium und unter anderem Namen auferlegt worden sei, und wo selbst ihre Kämmereien, die doch auch zu nichts derartigem verpflichtet seien, jetzt vielfach ebenfalls ihren Theil an dem Landmilizgelde trügen, um die Bürgerschaft in der grossen Noth zu unterstützen [1]).

Was aber vielleicht beim Generaldirektorium den Ausschlag gab, war die Erwägung, dass trotz aller ausserordentlichen Leistungen, die ihnen schon so zugemuthet wurden [2]), die Pia Corpora dennoch bei der grossen allgemeinen Noth die einzigen waren, die etwas Bemerkenswerthes leisten konnten, die immerhin Gelder und ziemlich regelmässige Einkünfte hatten, — und dass ihnen am leichtesten nach dem Frieden in gerechter Weise alles wieder vergütet werden konnte.

Demgemäss wurden also die Vorschläge der Kammer genehmigt und als Anfangstermin für die Giltigkeit der Steuer der 1. Dezember 1757 angesetzt, während jene allerdings schon vom 1. September an hatte rechnen wollen [3]). Die letzten Einwände Danckelmans wurden durch eine Berufung auf sein patriotisches Gefühl niedergeschlagen und ihm nur die Berücksichtigung einiger ganz besonderer Nothstände zugesagt. In Kraft blieb auch diese Steuer — soweit sie nicht am 1. Januar 1760 mit Einführung des Impostes [4]) in allen Städten ausser Stettin ihr Ende fand — bis zum 1. März 1761 und ihr Er-

[1]) Ein derartiger Beitrag der Kämmereien in Pommern war übrigens nur ganz subsidiär und beruhte in den einzelnen Fällen auf besonderer Abmachung, ganz im Gegensatz zu den Verhältnissen, wie sie uns weiter unten in der Kurmark entgegentreten werden. Spielte doch das Kämmereiwesen überhaupt in Pommern eine mehr untergeordnete Rolle.

[2]) Die Pia Corpora wie auch die Freiheitshäuser mussten allerdings schon Einquartirung übernehmen, mussten mit Servis zahlen und verloren genug durch Requisition ihrer Baulichkeiten, so das Stettinische St. Marienstift durch Benutzung seines Gymnasiums, des Waisen- und Besserungshauses, ja selbst der Kirche zu Lazaretten und zu anderen militärischen Zwecken, alles gegen ihre Privilegien.

[3]) Die Genehmigung erfolgte unter verschiedenen Daten, meist im Laufe des Jahres 1759; die Massregel wurde nicht auf einmal, sondern erst nach und nach in den verschiedenen Städten zur Ausführung gebracht, in einigen Städten unterblieb sie ganz auf Antrag des betr. Magistrats, der sich verpflichtete, auch ohne sie den Beitrag der Stadt regelmässig aufzubringen.

[4]) Vergl. unten S. 73.

folg ist bis zuletzt der unter diesen Verhältnissen denkbar günstigste gewesen[1]).

Wir müssen hier gleich noch bemerken — und es gilt das in derselben Weise auch von einem später zu besprechenden analogen Verhältnisse bei der Einführung des Landmilizimpostes, — dass der Widerstand aller der Privilegirten, der Prediger, der Besitzer der Freiheitshäuser und der Pia Corpora nicht missverstanden werden darf. Es war dies nicht Mangel an Opferfreudigkeit, an Vaterlandsliebe, denn zu einem don gratuit, d. h. einer einmaligen freiwilligen Leistung, wollten sich alle, soweit sie überhaupt etwas hatten, gern verstehen. Aber die von der Kammer vorgenommene gleichmässige Veranlagung mit den Anderen, den Nichtexemten, erschien ihnen als eine Durchlöcherung ihrer Privilegien, als ein gefährlicher Präzedenzfall; damit ihnen nicht etwa späterhin eine derartige Steuer dauernd auferlegt werden könnte, glaubten sie es sich selbst schuldig zu sein, dagegen Protest zu erheben und diesen Protest bis zu den obersten Instanzen gelangen zu lassen. Auf die wiederholten Versicherungen der Kammer und des Generaldirektoriums, dass die Abgabe eine ganz ausserordentliche und ohne jegliches Präjudiz für ihre Privilegien sei, und dass sie unter allen Umständen nur solange dauern werde, als der Krieg die Landmiliz erfordere, gaben sich dann die Privilegirten zufrieden und zahlten, soweit es in ihren Kräften stand.

Die Erfolge aller besprochenen Steuern waren aber bei weitem nicht die, dass etwa die ganzen, für die Landmiliz nöthigen Gelder zusammengebracht worden wären. Die Belastung war eine gleichmässigere geworden, aber die Leistungsfähigkeit des ganzen Landes nahm beständig ab, dafür sorgten schon die Schweden und besonders die Russen. Die Reste wurden immer grösser, die Bitten um Befreiung immer zahlreicher, und das Generaldirektorium musste der Kammer immer dringender befehlen, nur gegen Renitente Exekution zu gebrauchen, wirklich Unvermögende aber damit gänzlich zu verschonen. Die Noth der Kammer war in beständigem Wachsen, die Verwirrung in den Kassen wurde immer grösser, denn von allen Seiten liefen nur Abschlagszahlungen ein, ohne dass man immer klar sagen konnte, was davon ordentliche Abgabe und was Landmilizgeld sei.

Auf eine immediate Vorstellung Aschersleben's über die grosse, allgemeine Noth der Provinz wurden dieser zwar einige bedeutende Erleichterungen gewährt: der König befahl, „dass

[1]) Einige fromme Stiftungen wurden übrigens von dieser Massregel nicht betroffen, da sie schon auf anderem Wege genügend beitrugen: so das Domkapitel in Kammin, welches zur Ritterschaft gehörte, Landstandschaft hatte, den Lehnskanon zahlte, zu den Landesanleihen beträchtlich beigetragen hatte und so auch schon von seinen kontributionspflichtigen Gütern Landmilizgeld entrichtete.

denjenigen Provinzen, die durch feindliche Invasionen stark gelitten hätten, alle Reste, die bei der Generalkriegskasse notiret worden, in Gnaden erlassen und niedergeschlagen werden sollten" [1]), er bewilligte ferner für Pommern 100 000 Thlr. aus Dispositionsgeldern zur Anschaffung von Getreide und Vieh [2]), — aber die Noth war doch zu gross, als dass die Wirkung eine durchschlagende hätte sein können; und ausserdem waren in dem erwähnten allgemeinen Erlass die Reste an Landmilizgeldern nicht miteinbegriffen, da diese mit der Generalkriegskasse nichts zu thun hatten, die Landtruppen aber nothwendig Unterhalt brauchten.

Die Kammer bat das Generaldirektorium wieder dringendst um Anweisung eines Fonds [3]), da sie selbst sich nicht mehr direkt an den König wenden dürfe, das Land aber ausser Stande sei, die Last weiter zu tragen. Die Zentralbehörde aber verharrte nach wie vor bei ihrer ablehnenden Haltung, da die Entscheidung nur immediat erfolgen könne, die Kammer also, wenn es absolut nicht mehr gehen wolle, sich selbst an den König wenden müsse [4]). Es sollte und musste eben das Aeusserste versucht werden. Damit blieb einstweilen alles beim alten.

[Der Landmilizimpost als indirekte Steuer der Städte.] Ein letzter Versuch, den schweren Geldkalamitäten abzuhelfen, sollte endlich doch noch vom Generaldirektorium ausgehen; es war der, wenigstens den Beitrag der Städte durch eine indirekte Steuer nach Art der Akzise aufzubringen. Die kurmärkische Kammer hatte nämlich schon im Dezember 1758, sobald es ihr ernstliche Schwierigkeiten zu verursachen drohte, für ihre Landmiliz die nöthigen Gelder flüssig zu machen, dem Generaldirektorium dahingehende Vorschläge unterbreitet, dieselben hatten trotz anfänglicher Abneigung der Zentralbehörde nach eingehendster Prüfung und nach einigen kleinen Abänderungen die Genehmigung aller zuständigen Instanzen gefunden [5]), und versprachen mit Recht einen sehr günstigen Erfolg. Die Uckermark wurde von dieser Massregel als inkorporirter Kreis der Kurmark mitbetroffen. Das Generaldirektorium wollte nun eine dementsprechende Einrichtung auch gleich in den anderen Provinzen, welche Landmilizen zu unterhalten hatten, durchgeführt wissen; und so forderte es alsbald — am 11. August 1759 — auch von

[1]) Kabinettsordre vom 4. Dezember 1758.
[2]) Kabinettsordre vom 5. Dezember 1758.
[3]) Vergl. die Berichte der Kammer vom 15. März, 7. Oktober, 19. November, 29. Dezember 1759, vom 27. Februar 1760 u. s. w.
[4]) Vergl. die Erlasse des Generaldirektoriums vom 6. April, 25. Oktober, 29. November 1759, vom 17. Januar, 7. Februar 1760 u. s. w.
[5]) Wir werden unten bei Besprechung des Unterhaltes der kurmärkischen Miliz auf diese Verhandlungen und Berathungen noch etwas näher einzugehen haben.

der pommerschen Kammer einen Bericht, in welcher Weise der kurmärkische Entwurf den dortigen Verhältnissen entsprechend zu modifiziren sein würde.

Schon der blosse Gedanke an eine solche Neuerung rief aber hier den lebhaftesten Widerspruch hervor. Die pommersche Kammer erklärte den Plan in ihrer Provinz einfach für unausführbar[1]): die Annahme der geringen kurmärkischen Sätze würde garkeinen Erfolg haben und selbst eine viel grössere und allgemeinere Erhöhung der Akzisesätze würde niemals das nach dem Repartitionsmodus[2]) auf die Städte entfallende Quantum auch nur annähernd decken können, zumal ein Theil des Landes sich doch fast beständig in der Hand des Feindes befände. Ausserdem entstände die grösste Ungerechtigkeit dadurch, dass die eine Stadt ihre Quote leicht, die andere garnicht werde aufbringen können. Der Impost würde ferner eine allgemeine Vertheuerung aller Dinge zur Folge haben, da Kaufleute und Handwerker das, was sie an erhöhter Akzise geben müssten, auf die Waaren oder die Löhne schlagen würden, und auf diese Weise werde auch der Landmann zu dem eigentlich städtischen Beitrage mitherangezogen werden. Endlich würde man aber mit einer Erhöhung der Akzise den gesammten stettiner Handel ruiniren, wenn alle dort einkommenden und ausgehenden Waaren derselben unterliegen sollten. In der Bitte um Anweisung eines Fonds gipfelte auch diesmal wieder die Vorstellung der Kammer.

Da es sich hier um die Ausfechtung eines Prinzipienkampfes handelte, liess sich das Generaldirektorium zu einer eingehenderen Widerlegung herbei. Es erklärte[3]): damit das Geld einigermassen zusammenkäme, sollten dann in Pommern eben mehr Waaren als in der Kurmark, und zwar zugleich mit höheren Ansätzen, herangezogen werden; wegen einzelner Posten und besonders wegen Mitbesteuerung des auswärtigen Holz- und Engroshandels solle die Kammer noch Bericht erstatten. Jedenfalls sei es besser, es käme auf diesem Wege etwas sicher ein, als auf anderem Wege garnichts, die Neuerung liege also auch im Interesse der Kammer. Von einer Vertheuerung aller Dinge könne keine Rede sein, da die bisher servisartig erhobene Landmilizabgabe doch von Kaufleuten und Handwerkern auch auf die Waaren und Löhne geschlagen sein müsse; eine Veränderung in diesem Punkte sei also garnicht zu erwarten. Um Ungerechtigkeiten zu vermeiden, sollte nicht von der einzelnen Stadt ihr Quantum gefordert werden, sondern die Gesammtheit der Städte sollte gehalten sein, das Städtequantum kollektiv aufzubringen; so

---

[1]) Vergl. Berichte vom 22. September und 15. November, vor allem aber den vom 22. November 1759.

[2]) Vergl. oben S. 61 f.

[3]) Erlass vom 7. Oktober 1759; vergl. auch den vom 29. November desselben Jahres.

werde sich alles natürlich ausgleichen. Stettin endlich brauche keineswegs eine Ausnahmestellung zu beanspruchen, der Impost solle nur die Konsumtion, den wirklichen Verbrauch, nicht aber den Handel als solchen treffen. Jedenfalls würde der neue Modus eine gerechtere allgemeine Belastung herbeiführen und sich in allen Theilen viel praktischer erweisen als die Beibehaltung der direkten Abgabe beim Servis. Die Kammer habe daher unweigerlich den Impost mit den angegebenen Modifikationen am 26. Oktober einzuführen. Die Anweisung eines Fonds lehnte das Generaldirektorium, wie früher immer, so auch jetzt a limine ab, weder selbst hatte es Geld übrig, noch wie sattsam bekannt der König; es mussten erst alle Mittel versucht werden.

Die Kammer nahm indess die ihr zutheilgewordene Belehrung nicht ohne weiteres hin, und es verging noch eine geraume Zeit mit Hinundherverhandeln.

Eine Hauptfrage war die Stellung, welche die Handelsstadt Stettin in der Neuerung einnehmen sollte. Der Fall war komplizirt und forderte die eingehendste Prüfung; waren doch die Wünsche selbst der massgebenden Faktoren in der Stadt vollkommen entgegengesetzte. Während nämlich der Magistrat und mit ihm die Gewerke, das niedere Volk, die Unmöglichkeit völliger Befreiung vorausgesetzt, auf das entschiedenste baten, das direkte Landmilizgeld aufzuheben und dagegen für die Dauer des Krieges den Akzisetarif in der Stadt einfach um ein Fünftel zu erhöhen[1], protestirte das stettinische Kommerzkollegium und das dortige Seglerhaus, d. h. die Kaufmannschaft, überhaupt gegen jede weitere indirekte Abgabe, weil eine solche auf den Handel der Stadt nur schädlich einwirken könne. Es würde ganz unmöglich sein, so machte man hier geltend, Konsumtions- und Handelsakzise zu trennen; Stettin hätte doch ausdrücklich im Jahre 1752 einen ermässigten Akzisetarif erhalten, mit grösster Mühe sei es gelungen, den Handel aus der Elbe nach der Oder zu ziehen[2], eine bedeutende Erhöhung der Akzisesätze — und eine solche müsste schon, wolle man Erfolge erzielen, eingeführt werden — würde in kurzer Zeit die Arbeit langer Jahre, ja Jahrzehnte vernichten. Ausserdem käme doch der Beitrag der Stadt zum Landmilizgeld auch ohnedies regelmässig ein, man hätte den alten Servissatz einfach verdoppelt und käme gut aus; und selbst wenn die Landmilizakzise eingeführt würde, müsste immerhin noch der Friedensservissatz um die Hälfte erhöht bleiben, weil die Einquartirung so ausserordentlich stark sei[3].

---

[1]) Statt jährlich 45 000 Thlr., nunmehr 54 000 Thlr.

[2]) Vergl. Schmoller im Jahrbuch für Gesetzgebung u. s. w. 1884. S. 389 ff.

[3]) Der einfache Satz betrug jährlich 28 568 Thlr. 12 g. Gr.; an Quartiergeldern für die Besatzung, das Gouvernement u. s. w. waren nöthig 42 776 Thlr., eingefordert wurden nun 57 137 Thlr., davon wurde das

Es sei demnach in keiner Hinsicht eine Besserung von dem Impost zu erwarten. Die Kammer schloss sich vollkommen der Ansicht der Kaufmannschaft an und plädirte demgemäss nochmals für diese beim Generaldirektorium[1]). Und dieses, das zuerst nicht mit Unrecht gerade aus Stettin Ueberschüsse von dem Impost zugunsten der anderen Städte erhofft hatte, gab dann auch schliesslich aus Fürsorge für den Handel seine Einwilligung, dass es in diesem Ort bei der alten Art der Landmilizsteuer bleiben dürfe, vorausgesetzt, dass die Kaufmannschaft das ihrige thun werde, um den doppelten Servis prompt aufzubringen. Und in Wirklichkeit ist nun auch in Stettin bis zum letzten Augenblick, d. h. bis zum 1. März 1761, das Landmilizgeld pünktlich bis auf Heller und Pfennig bezahlt worden.

Aber auch nach dieser Entscheidung, und obwohl inzwischen der Dezember 1759 herangekommen war, machte die Kammer immer noch Vorstellungen: auch bei der Erhöhung aller Akzisesätze würde selbst die Hälfte des nöthigen Quantums kaum aufgebracht werden können, der Impost werde dem Feinde schwer zu verheimlichen sein, und er werde ihn, wohin er käme, zugleich mit der Akzise für sich einheben lassen, während die direkte Abgabe in solchem Falle einfach unterbleiben und nachher leicht nachgefordert werden könne. Man würde endlich eigene Beamten anstellen müssen, da die Akzisebeamten unmöglich auch noch die ganze durch den Impost verursachte Arbeit auf sich nehmen könnten.

Das Generaldirektorium antwortete auf diese Bedenken in nicht misszuverstehender Weise. Es befahl unweigerlich am 26. Dezember mit dem Impost zu beginnen: wieviel einkommen würde, müsse die Zeit lehren[2]). Die Akzisebeamten hätten gegen jedermann zu betonen, dass der Impost keine ständige Abgabe, keine Erhöhung der Akzise sei, sondern nur ein besserer und bequemerer Modus das Landmilizgeld städtischen Antheils aufzubringen, und dass sofort mit dem Frieden die Landmiliz entlassen werde, und der Impost authören werde. Die Abgabe sei daher auch nicht mit der Akzise zu vermengen, sondern besonders zu registriren, zu berechnen und zu quittiren. Alle damit verbundene Arbeit hätten die Akzisebeamten unentgeltlich zu besorgen, sie seien eben festbesoldete Beamte und nicht Arbeiter, die für ihre Thätigkeit stückweise bezahlt würden[3]). Um alle Gelder möglichst bald

---

Landmilizgeld: 7274 Thlr. 18 g. Gr. 8 Pf. bezahlt und der Rest zur Deckung einzelner Ausfälle verwendet.

[1]) Bericht vom 15. November 1759. Vergl. auch die Bittschrift des stettiner Magistrats an das Generaldirektorium vom 20. Oktober.

[2]) Rescripte vom 29. November 1759 und 3. Januar 1760.

[3]) Die Bedenken der Kammer über diesen Punkt waren wahrlich nicht ungerechtfertigt gewesen; nur fast übermenschlich zu nennende An-

in Sicherheit zu bringen, seien sowohl die Einkünfte aus dem Impost wie die eigentlichen Akzisegefälle alle acht Tage an die Hauptkassen abzuführen. Sollte der Feind hier und da die Beamten zwingen, die Akzise zu seinem Nutzen zu erheben, so seien die Landmilizimpostgelder entweder nicht einzuheben, sondern nur zu notiren und später nachzufordern, — wie dies schon oft genug in gleicher Zwangslage von vernünftigen Inspektoren mit der eigentlichen Akzise gehandhabt worden sei, — oder sie könnten erhoben werden, dürften dann aber nicht dem Feinde angegeben werden, wie sie überhaupt keineswegs als Sr. Majestät Kassengelder anzusehen seien.

Nun durfte die Kammer nicht mehr zögern und mit dem 1. Januar 1760 bezw. mit dem 26. Dezember 1759 trat der Landmilizimpost in allen vor- und hinterpommerschen Städten bis auf Stettin in Kraft und blieb bis zum 1. April 1761 bestehen [1]).

Die Kammer hatte vorausgesagt, dass das platte Land sich durch den Impost mitbetroffen fühlen würde. Auch liess eine entsprechende Beschwerde der Landstände nicht lange auf sich warten; aber das Generaldirektorium konnte oder wollte es nicht anerkennen, dass der Impost an sich die Waaren bei den städtischen Kaufleuten noch mehr vertheuern könne als bisher die servisartige Abgabe.

Während nun die neue Einrichtung eigentlich sämmtliche städtische Einwohner ohne Unterschied, genau nach dem grösseren oder geringeren Aufwande ihrer Lebensweise, zum Beitrage für die Landmiliz heranziehen sollte, waren doch diejenigen Personen, die sonst ganz oder für gewisse Waaren Akzisefreiheit genossen, also vor allem die städtischen Prediger und Schulbedienten, zunächst auch vom Landmilizimpost freigeblieben. Doch schon im Februar 1760 beantragte die Kammer der Gerechtigkeit wegen nunmehr auch diese mit der neuen ausserordentlichen Steuer belegen zu dürfen. Die Betroffenen machten dagegen ziemlich dasselbe geltend, wie ihrerzeit ihre Amtsbrüder auf dem Lande gegen den Nebenmodus; sie beriefen sich auf ihre Immunität, die selbst in der schwersten Zeit immer und von allen Seiten beobachtet worden sei, sie fürchteten vor allem auch wieder das Präjudiz einer solchen Massregel. Sie stellten vor, dass durch den Krieg einerseits ihre schon so kargen Einkünfte allenthalben ge-

strengungen konnten den Anforderungen, die an das preussische Beamtenthum damals gestellt wurden, gerecht werden.

[1]) Das Verzeichniss der mit dem Impost belegten Waaren und die einzelnen Sätze vergl. Beilage VII, sie sind viel zahlreicher und viel höher als in der Kurmark (Beilage XII). Da der Impost auf das engste mit der Akzise zusammenhing, wurde er nunmehr auch in einer ganzen Reihe von Flecken eingeführt, die, trotzdem in ihnen Akzise bestand, bei den bisherigen Anlagen zum platten Lande gerechnet worden waren und somit das kontributionsähnliche Landmilizgeld gezahlt hatten.

schmälert, andererseits aber ihnen auch so ganz ausserordentliche Lasten, wie Einquartirung u. s. w. aufgebürdet würden, und dass sie ja indirekt schon sehr viel zum Landmilizgeld beitrügen, da sie alles, was sie kauften, theurer bezahlen müssten. Aber trotz der Fürsprache des Konsistoriums und des geistlichen Departements mussten die Reklamanten sich fügen, da das Generaldirektorium es nur für billig erklärte, wenn sie, die bares Gehalt bezögen, ihren Amtsgenossen, die schon lange von Pfarracker und Messkorn zu diesem Extraordinarium steuerten, einigermassen gleichgestellt würden[1]).

War nun der Erfolg des Impostes ebenso wie der der oben besprochenen Finanzoperationen keineswegs ein solcher, dass damit die nöthigen Gelder auch nur annähernd sichergestellt worden wären, so erwies sich doch die Einführung desselben zweifellos als ein grosser Segen für die Städte; denn wenn schon die Belastung des platten Landes durch die Einführung des Nebenmodus eine einigermassen gleichmässigere geworden war, so war dies in den Städten noch in viel höherem Masse der Fall seit der Annahme des Impostes. Der beste Beweis, wie opportun die Neuerung war, ist der, dass nun mit einem Schlage die bisher endlosen Beschwerden aufgehört haben; was an Bittschriften aus den Städten überhaupt noch einkommt, bezieht sich auf Erlass von Rückständen, von Schulden aus der früheren Zeit; über die gegenwärtige Landmilizabgabe aber klagt niemand mehr.

Dass aber die Einkünfte aus dem Impost nicht derartig waren, um das städtische Quantum wirklich damit zu decken, das lag nicht an der Einrichtung an sich, sondern vielmehr daran, dass ein grosser Theil von Hinterpommern sich fast beständig in den Händen der Russen und ein Theil von Vorpommern in denen der Schweden befand, und zwar gerade in

[1]) In diesem Sinne im Juli 1760 entschieden. Nicht uninteressant ist es für die damaligen Verhältnisse, dass man bei der Besteuerung der Pfarräcker und des Messkornes unter Uebereinstimmung aller entsprechenden Behörden davon Abstand genommen hatte, den katholischen Propst in Tempelburg, Namens Lenz, zu dieser Leistung mitheranzuziehen, weil er durch besonderen Pakt mit der Krone Polen (vergl. Lehmann, Preussen und die katholische Kirche I, 110) eximirt sei, und dass, als die Kammer ihn nun doch zum Impost hatte heranziehen wollen, auf eine etwas heftige Beschwerdeschrift seinerseits — nachdem die Sache an die höchsten Instanzen des Generaldirektoriums und des auswärtigen Departements gegangen war — endlich auch auf diese Absicht verzichtet wurde. War man auch eigentlich allgemein der Ansicht, dass der Propst zweifellos zur Zahlung verpflichtet sei, weil die Geistlichkeit in vollkommen katholischen Ländern auch bedeutend zu den Kriegssteuern beitrüge, so sah man doch davon ab, um Beschwerden des Propstes bei den polnischen Bischöfen und alle damit verbundenen Weiterungen zu vermeiden; zumal einerseits das Objekt ein so geringfügiges war, andererseits aber dem betr. Geistlichen auch die Russen schon übel mitgespielt hatten, so dass er, wie er etwas übertreibend selbst behauptete, sich nicht einmal ein Paar neue Stiefel kaufen konnte.

den Monaten, wo der Verkehr und damit die Einkünfte die grössten hätten sein müssen. Wo der Feind beständig weilte, kam meist garkein Impost ein, und wo er nur vorübergehend sich aufhielt, war eine etwaige spätere Nachforderung doch nur äusserst selten von Erfolg. Aber auch hier hatte sich das Generaldirektorium nicht verrechnet: es gab eine ganze Reihe geschickter und findiger Akzisebeamten, die es zustande brachten, entweder im geheimen oder auch unter den Augen der Feinde — deren Argwohn sie durch alle möglichen Vorspiegelungen einzuschläfern wussten, besonders indem sie die Gelder für rein kommunale, zum nothdürftigen Unterhalt der Stadt und ihrer Beamten bestimmte erklärten, — nicht nur die reguläre Akzise, sondern auch den Landmilizimpost regelmässig einzuheben. Geradezu Staunenswerthes leistete hierin der Akzisebeamte in Pyritz, der trotz monatelanger Anwesenheit der Russen in den Jahren 1758, 1759 und 1760 niemals aufgehört hat, die Akzise, und seitdem der Impost galt, auch diesen zu erheben und der nur, wenn ihm die Russen einmal gar zu sehr auf die Finger sahen, die Erhebung wohl einige Tage aussetzte, aber alles notirte, um das Rückständige sofort nachher nachfordern zu können.

Ein ähnlich geschickter und treuer Beamter war in Rügenwalde. Trotzdem dieses Städtchen beständig von den Russen umschwärmt wurde, konnte er doch im Frühjahr 1761 nachträglich die ganzen Imposteinkünfte für September bis November 1760 und Januar bis März 1761 abführen; nur im Dezember hatte er wegen Anwesenheit der ganzen russischen Armee nichts erheben können. Ja selbst in einem Orte wie das Städtchen Ratzebuhr im Kreise Neustettin, das von 1758 bis 1762 kaum jemals von den Russen ganz frei gewesen, und das in jener Zeit nicht weniger als dreiundzwanzigmal ausgeplündert worden ist, wurde der Landmilizimpost nicht nur auf dem Papier eingeführt, sondern auch die meiste Zeit über wirklich erhoben und die Erträge glücklich an die pommersche Kammer abgeliefert. Die Namen dieser braven Beamten, welche die grosse persönliche Gefahr, in der sie täglich schwebten, nichtachtend, in solcher Weise den Pflichten gegen ihren König nachkamen, sind uns leider nirgends überliefert worden; auch sie waren Helden im schönsten Sinne des Wortes [1]).

---

[1]) Die Geschichte des siebenjährigen Krieges, den der preussische Beamtenstand vom niedrigsten bis zum höchsten in stets sich gleichbleibender Aufopferung und Pflichttreue durchgekämpft hat, soll auch erst noch geschrieben werden. Obwohl die Arbeitslast sich ins unglaublichste steigerte und andererseits die Ausführung der königlichen Befehle in den dem Feinde ausgesetzten Gegenden mit den grössten Widerwärtigkeiten, ja häufig mit Lebensgefahr verbunden war, so war nicht nur nicht an einen entsprechenden ausserordentlichen Entgelt zu denken, sondern sogar selbst die regelmässigen Gehälter wurden bekanntlich, um den königlichen Kassen Geld zu schaffen, einbehalten. Dass die preussischen

Allerdings darf nun bei der Beurtheilung der ganzen Impostmassregel nicht ausseracht gelassen werden, dass, während an sich schon der Krieg Handel und Wandel aufs äusserste störte, auch die blosse Annäherung des Feindes, oder selbst nur die Furcht vor einer solchen genügte, um einen gewissen Druck auszuüben, die Kauf- und Konsumtionskraft noch mehr erschlaffen zu lassen und somit die Einkünfte aus Akzise und Impost auf ein Minimum zu reduziren. Im Gegensatz dazu waren die Imposteinnahmen in den Städten, die von preussischen Truppen geschützt wurden, durchaus zufriedenstellende; kam aber gar von dieser Seite Einquartirung hinzu, wurde also der Verbrauch gesteigert, dann waren die Erträge geradezu überraschende. Kleinere Ueberschüsse gegen den Anschlag des anfänglichen direkten Landmilizgeldes sind daher in günstig gelegenen Städten nicht besonders selten. Von grösseren Mehrerträgen wollen wir nur erwähnen, dass Gartz im Juni und Oktober 1760 die doppelte Höhe des nach dem anfänglichen Modus aufzubringenden Quantums erreichte. Ebenso Demmin im Mai und Oktober 1760, während im März, Juni und November hier sogar das dreifache jenes direkten Ansatzes einkam. Endlich ist Damm, das im November 1760 auch das doppelte seiner ursprünglichen direkten Veranlagung einbrachte, im Oktober auf ein Triplum, im Juni aber sogar auf ein Quadruplum gekommen. Besonders interessant für die richtige Schätzung der ganzen Massregel ist aber das Ergebnis in Gollnow. Dieses Städtchen, dem in anbetracht seines jämmerlichen Zustandes schon bei der Aufbringung der Gelder für die ersten „drei Monate“ die allergrösste Nachsicht hatte gewährt werden müssen, erreichte jetzt, obwohl es fast niemals längere Zeit seine Konsumtion durch Garnison gesteigert sah, nicht nur sein altes Quantum ohne grosse Beschwerden, sondern erzielte gelegentlich nicht unbeträchtliche Ueberschüsse [1]).

Im ganzen überwog aber, da Pommern beständig Kriegsschauplatz blieb, das Defizit; und auch nach Einführung des Impostes kamen immerhin nicht mehr als etwa zwei Fünftel

---

Beamten jene ganze schwere Zeit geduldig und freudig ausharrten, sich selbst bei der grossen Nothlage des Staates aufs äusserste einschränkten, ihre Arbeitskraft und Arbeitslust aber verdoppelten, das zeigte die Schule des grossen „inneren Königs“ Friedrich Wilhelm im herrlichsten Lichte. Die Kriege des Sohnes wurden auch hier die Probe auf das Wirken, die Schöpfungen des Vaters.

[1]) Aus diesen Städten, bei denen der Impost so guten Erfolg hatte, lief nun alsbald bei der Kammer und beim Generaldirektorium der Vorschlag ein, mit diesen Ueberschüssen ihre alten, aus der Zeit vor Einführung des Impostes anstehenden Reste an Landmilizgeldern tilgen zu dürfen. Da aber die Städte alle zusammen bei dem Impost das ganze städtische Quantum aufbringen sollten, so waren diese Ueberschüsse garnicht Privateigenthum und dem betreffenden Antrage konnte nicht stattgegeben werden.

des ganzen Städtequantums ein. Auf dies Geld aber konnte die Kammer mit ziemlicher Sicherheit rechnen; sie bekam regelmässig wenigstens etwas, während nach dem früheren Modus zuletzt viel weniger eingekommen war, die Unterthanen aber viel mehr durch Exekution hatten gedrückt werden müssen. Diese kam in den Städten jetzt ganz in Fortfall.

[Erfolg der Finanzmassregeln im Ganzen.] Ein kleiner Vortheil war also gewonnen; aber an die wirkliche Erzielung der gesammten für die Landmiliz nöthigen Gelder war auch jetzt nicht im entferntesten zu denken, geschweige denn, dass man von einer Abtragung der schon aus der Zeit vor der Einführung des Impostes stammenden ungeheuren Reste hätte sprechen können. Die Kammer, deren sich inbetreff des platten Landes schon eine völlige Resignation bemächtigt hatte, versuchte es dennoch wenigstens, auf die Tilgung des Theiles dieser Reste, der auf die Städte entfiel, bedacht zu sein[1]. Sie fragte beim Generaldirektorium noch einmal an (d. d. 17. Januar 1760), ob sie es noch weiter mit Exekution versuchen solle, ob etwa der Landmilizimpost nach dem Frieden bleiben solle, um die Schulden der Städte allmählich zu tilgen, oder ob dieselben endlich niedergeschlagen werden sollten. Das Generaldirektorium aber wollte von alledem nichts wissen; es befahl (d. d. 7. Februar 1760), den Städten Termine zu setzen, innerhalb deren sie ihre Schulden in Raten abtragen könnten, gerade jetzt sei das Geld nöthig, und der Impost dürfe unter keinen Umständen nach dem Frieden weiterbestehen. Die Kammer versuchte diese Aufgabe zu lösen, aber der Erfolg war geringer als je, es war den Städten eben nicht mehr möglich, auch nur 100 bis 200 Thaler auf einmal zu zahlen.

Während so noch diese Reste aus der früheren Periode der Spezialrepartitionen an den einzelnen Kommunen hafteten, machte seit Einführung des Impostes auch die Gesammtheit der Städte als solche neue Schulden, da durch diesen, wie wir sahen, nur etwa zwei Fünftel des ganzen städtischen Quantums einkamen. Wie und von wem sollten die noch übrigbleibenden drei Fünftel aufgebracht werden? Man wagte zunächst noch garnicht daran zu denken.

Alle Mittel versagten schliesslich, die Vorschüsse der Kammer wuchsen immer mehr, von der Anweisung eines

---

[1]) Die pommerschen Städte, ausschliesslich Stettins, schuldeten so im Januar 1760, d. h. also nach Einführung des Impostes, zusammen noch 51 945 Thlr, also mehr als den Beitrag eines ganzen Jahres, der etwa 35 000 Thlr. betrug. Dies kam daher, dass die ärmsten Orte kaum mehr als die ersten drei Monate bezahlt hatten, dass nur die wohlhabendsten wirklich alles, was von ihnen gefordert worden war, hatten abtragen können.

Fonds, um welche zu bitten die Kammer eigentlich nie aufhörte, wollte das Generaldirektorium nach wie vor nichts wissen; wenn die Kammer sich absolut nicht mehr zu helfen wisse, solle sie sich endlich an den König wenden, lautete die stereotype Antwort. Da diese Behörde nun aber schon zweimal auf einen an die Person des Monarchen eingesandten Bericht ohne Antwort geblieben war, fürchtete sie die allerhöchste Ungnade und zauderte immer noch.

Endlich im Januar 1761, als die Noth und die Verlegenheit den höchsten Gipfel erreicht hatte, wandten sich die hinterpommerschen Landstände noch einmal mit der dringendsten und flehentlichsten Bitte an den König, er möge seinen getreuen Unterthanen die Unterhaltung der Miliz abnehmen, wenn sie nicht vollkommen unter derselben zusammenbrechen sollten, das Land sei vollständig ausgesogen und zu jeder weiteren Leistung unfähig geworden.

[Uebernahme der Landmiliz auf die Generalkriegskasse.] Jetzt endlich sollte den braven Pommern die Erlösungsstunde schlagen; der König erbarmte sich ihrer, obwohl seine eigene pekuniäre Lage wahrlich alles andere eher als günstig zu nennen war.[1]) Nach einem entsprechenden Gutachten des Generaldirektoriums und der Kammer befahl der Monarch in einer Kabinettsordre vom 9. Februar 1761, dass mit dem 1. März die gesammte pommersche und uckermärkische Landmiliz, einschliesslich der Bataillone Tettau und Stosch, auf die Generalkriegskasse übernommen werden sollte.[2]) Der Alp war damit von der Provinz genommen.

[Die Frage der Reste.] Ganz erledigt war die Angelegenheit aber doch noch nicht. Konnten nunmehr auch neue Rückstände bei den Landmilizgeldern nicht entstehen, so waren doch die Forderungen, welche die Obersteuerkasse in dieser Hinsicht an das Land hatte, so riesenhaft, dass selbst eine allmähliche Abtragung derselben zunächst ganz unmöglich erscheinen musste. Denn nicht viel mehr als die Hälfte der Gelder, welche die pommersch-uckermärkische Landmiliz gebraucht hatte, waren von den Provinzen aufgebracht worden, alles andere hatten die königlichen Kassen in Stettin vorschiessen müssen. Die Kammer beantragte beim Generaldirektorium, die ganzen Reste in anbetracht der furchtbaren

---

1) Seit dem Tode Georgs II. blieben bekanntlich die englischen Subsidien aus, und Sachsen befand sich damals auch nur noch zur Hälfte in Friedrichs Händen und mit ihm dessen Hilfsquellen.

2) Ueber den Charakter der Bataillone Tettau und Stosch vergl. Anhang I. Der König spricht kurzweg von 10 Bataillons pommerscher Landmiliz und 2 Eskadrons Husaren. Es hatten bei dieser Gelegenheit ganz genaue Etats der einzelnen Truppenkörper eingesandt werden müssen, wie diese durch die Aenderungen Manteuffels und Beverns gestaltet worden waren. Die Etats wurden erst jetzt offiziell vom Könige sanktionirt.

Nothlage des Landes niederzuschlagen und sie den Provinzialkassen wiederzuerstatten. Da der König aber über diesen Punkt absolut nichts bestimmt hatte, erklärte sich die Zentralbehörde dazu nicht für befugt; sie befahl, die Kammer solle die Gelder allmählich einzutreiben suchen, deshalb solle auch der Impost noch bestehen bleiben, und was aus diesem in jeder Stadt einkäme, solle den alten Resten des betr. Ortes abgeschrieben werden. Die Versuche der Kammer, diese Weisung zu erfüllen, waren von geringem Erfolg gekrönt, weil wirklich nichts mehr zu erreichen war; das sah auch das Generaldirektorium bald ein.

Hatten schon einzelnen, besonders schwer heimgesuchten Städten die Reste erlassen werden müssen, so wurde nun mit dem 1. April 1761, um die Nothlage des Landes wenigstens nach Möglichkeit zu erleichtern, auch der Impost abgeschafft, und schliesslich im Mai befahl das Generaldirektorium sogar allgemein, dass zur endgiltigen Regelung dieser ganzen Sache ruhigere Zeiten abgewartet werden sollten, damit dann Seine Majestät direkt die Entscheidung treffen könne. Damit war die Angelegenheit endlich zum Stillstand gelangt, und bis zum Frieden sollte nicht weiter daran gerührt werden.

Dass aber späterhin dann noch Abtragungen von den früheren Schulden stattgehabt hätten, davon enthalten die Akten keine Spur, und man dürfte wohl nicht fehlgehen in der Annahme, dass die gesammten Reste bei der allgemeinen Abrechnung nach dem Frieden niedergeschlagen worden seien.

Nach einem ungefähren Ueberschlage haben Vor- und Hinterpommern gemeinsam etwa 400000 Thaler bar für die Unterhaltung der Landmiliz aufgebracht, d. h. eine Summe, die den Kosten des Unterhaltes der gesammten pommersch-uckermärkischen Landmiliz für zwei volle Jahre (das Jahr auf rund 195000 Thaler gerechnet)[1]) gleichkam. Der richtige Gesichtspunkt aber für die Würdigung der Grösse dieser Leistung wird sich uns nicht aus den nackten Zahlen und baren Geldsummen, sondern erst dann ergeben, wenn wir einerseits den Zustand des Landes zu Anfang des Krieges, andererseits aber auch alle die Lasten und Leiden berücksichtigen, die eben der Krieg für die armen Provinzen im Gefolge hatte.

Die materielle Lage beider Pommern war bei Beginn des Krieges nichts weniger als günstig, und Hinterpommern gehörte ja schon seiner Natur nach zu den ärmsten Ländern der preussischen Monarchie. Die Ernten der Jahre 1754 und 1755 waren sehr mittelmässig, im Winter auf 1756 mussten die königlichen Magazine dem Nothstand Abhilfe schaffen, die

[1]) Vergl. Beilage V.

Ernte von 1756 aber war dann geradezu eine sehr schlechte gewesen. Ein grosses Viehsterben hatte besonders den hinterpommerschen Landwirthen vielen Schaden zugefügt, und, da die Deckung dieser Ausfälle, vor allem die Beschaffung von genügendem Brot- und Saatkorn sehr grosse Summen erfordert hatte, so waren die Güter allgemein schon bedeutend mit Schulden belastet worden. Doppelt schlimm, dass dann auch die Ernte im Jahre 1757 wieder äusserst unvortheilhaft ausfiel. Alles dies möchte allein fast eine schwere Krisis herbeigeführt haben, und nun kam der Krieg und stellte Anforderungen, die selbst für ein blühendes Land zu gross gewesen wären.

Da mussten die finanziellen Kräfte des Landes zu den Kriegsanleihen herhalten, und trotzdem der Kredit schon vorher sehr in Anpruch genommen war, blieb auch jetzt der Ritterschaft und den meisten Städten nichts übrig, als wieder Kapitalien, zum Theil recht beträchtliche, aufzunehmen.[1])

Entriss sodann die Mobilmachung an sich schon durch Einziehung der Tausende von Urlaubern, sowie noch eines sehr starken Kontingentes von Artillerie- und Trainknechten — im ganzen etwa 20000 im Bereich der Monarchie — eine grosse Zahl fleissiger Hände der gewohnten Thätigkeit, so musste alsbald infolge der sich immer mehr häufenden Rekrutenaushebungen jede wirthschaftliche Thätigkeit, Ackerbau, Handel und Gewerbe ins Stocken, wenn nicht gar schliesslich aus Mangel an Arbeitskräften ganz zum Stillstand kommen.

Zugleich begannen dann auch die endlosen Korn- und Fouragelieferungen zum Unterhalt der Armee und zur Füllung der Magazine, für die alle die Bezahlung nur äusserst knapp bemessen, bei denen der Verdienst ein ganz verschwindender war. Alles, was Pferde besass, musste Fuhren zu der Armee und zu den Magazinen thun, Vorspann und Botenlaufen übernehmen; Bürger und Bauern mussten Transporte verrichten, ja nicht selten, wenn kein Militär zur Stelle war, Rekruten und Gefangene bewachen und eskortiren. Bei allen derartigen Leistungen wurden sie nicht nur in ihrer Nahrung gestört, sondern sie verzehrten auch das wenige bare Geld, das sie hatten, oder sie fielen im Unvermögensfalle dann ihren heimathlichen Ortschaften zur Last, die ihnen für die Zeit der Abwesenheit Geld zum Unterhalt gewähren mussten.

Hätte es nun an sich den Städten, die sonst Garnisonorte waren, auch eine gewisse pekuniäre Erleichterung gewähren können, dass sie bei Abwesenheit der Garnison von der Zahlung des oft recht bedeutenden Servises entbunden

---

[1]) In Vorpommern musste z. B. die Ritterschaft 70000, die Städte 60000 Thlr., eine Stadt wie Anklam allein 14000 Thlr. aufbringen.

waren,[1]) so war diese Erleichterung doch nur eine scheinbare. Einerseits fiel nämlich damit auch der ganze Verdienst, der stets mit der Anwesenheit von Truppentheilen verbunden ist, fort, andererseits mussten die betreffenden Städte jetzt an die zurückgebliebenen Soldatenfamilien oft recht beträchtliche Unterstützungsgelder zahlen, welche sonst in Friedenszeiten aus der Akzise gegeben zu werden pflegten,[2]) endlich musste aber auch die Bürgerschaft die Wachen an den Thoren u. s. w. selbst übernehmen, eine theils pekuniäre, theils persönliche Last, die unter Umständen recht drückend werden konnte.[3])

Alle die eben besprochenen Leistungen hätte schon jeder Krieg auferlegen müssen, in geringerem Umfange hatten sie auch die ersten schlesischen Kriege gefordert. Aber die Länge und die Heftigkeit dieses Krieges überbot alles bisher dagewesene, der Ruin des Landes schien unausbleiblich zu sein.

---

[1]) Die kleineren Orte, die im Frieden keine Garnison hatten und für grössere Städte Hilfsquartiergelder zahlen mussten, wurden davon jetzt keineswegs befreit.

[2]) Die Leistung wäre für sich gerechnet keine grosse gewesen, Neustettin zahlte 160, Treptow a/R. 300, Pyritz 960, später nur 740 Thlr. jährlich; aber neben anderen bedeutenden Abgaben wurde sie doch für mässige Landstädte recht drückend. Das Prinzip dieser eigenthümlichen Versorgung der Soldatenfamilien war etwa folgendes: unterstützt wurden nur diejenigen Frauen, die stets bei Anwesenheit der Garnison in der Stadt gewesen waren, — also z. B. nicht die erst seit dem Kriege in die Stadt geflüchteten Familien von Urlaubern, — die sich und ihre Kinder sonst nicht ernähren konnten. Für Kinder unter 2 und über 12 Jahren, sowie für die Weiber und Kinder der Invaliden und der Desertirten wurde nichts, für die Familien Verstorbener aber nur noch ein halbes Jahr nach dem Tode der Männer die Unterstützung gegeben; es fehlte also eine Wittwen- und Waisenversorgung. Die Geldsätze scheinen durchschnittlich etwa gewesen zu sein: monatlich für die Frau 17 g. Groschen für Quartier und Brot und ebenso 2 g. Groschen für jedes Kind zu Brot.

[3]) Dieser Dienst musste in manchen Städten unentgeltlich von den Bürgern geleistet werden, dieselben versäumten also ihre Nahrung und mussten dennoch auf eigene Kosten leben; ein sehr drückender Modus gerade für die unbemittelten Bürger, da die Reichen oder Wohlhabenden für Geld leicht einen Ersatzmann haben konnten. In anderen Städten dagegen, so in Kolberg, wurden die Bürgerwachten den Offizieren, Unteroffizieren und Mannschaften von der Kommune bezahlt, sie mögen daher hier ein ganz angenehmer gelegentlicher Nebenverdienst des Kleinbürgerstandes gewesen sein. Wegen der Stärke der betreffenden Mannschaften können wir nur einige Angaben über Kolberg machen. In dieser Stadt mussten nämlich in der Zeit vom Abmarsche der Garnison im Dezember 1756 bis zum Brauchbarwerden der zwei Kolberger Landbataillone im September 1757 täglich 2 bis 3 Oberoffiziere, 7 bis 8 Unteroffiziere und 75 bis 80 Gemeine von der Bürgerschaft auf Wache ziehen; sie erhielten dafür auf den Tag entsprechend 12, 6 und 4 g. Groschen. Als sodann regelrechte Besatzung da war, wurden die Bürger nur noch im Nothfalle, besonders bei den Belagerungen, auch wieder in der Stärke des obigen Kommandos, zu den Wachen an den Thoren, auf der Hauptwache und theils auch auf den Schanzen herangezogen. Der freiwillige Dienst speziell auch der wohlhabenden Bürgerschaft in jenen schweren Zeiten ist davon wieder zu trennen, diese bewaffnete sich selbst und empfing keinen Entgelt.

Bald konnten die Forderungen, welche die Unterthanen für Fuhren und Lieferungen aller Art, für Truppendurchmärsche und Einquartirung an die königlichen Kassen hatten, garnicht mehr oder doch nur in geringem Masse befriedigt werden, weil die Vorräthe der Kassen dazu nicht ausreichten[1]).

Den Gipfelpunkt erreichte die Noth aber erst dadurch, dass die Provinz unmittelbar in den Krieg hineingezogen und der Schauplatz des Kampfes, der Tummelplatz des Feindes wurde. Dass preussische Heere dadurch auch nach Pommern kamen, und die Provinz manches ausserordentliche zu deren Unterhalt beitragen musste, kam nicht so sehr in betracht. Aber die Feinde wollten geradezu vom Lande leben: die Einquartirung drückte die armen Bewohner bald in der furchtbarsten Weise, die Naturallieferungen aller Art, die Fuhren u. s. w. wurden ins ungeheuerliche gesteigert. Die Lieferungen an den Feind waren entweder Zwangslieferungen bestimmter Quanta, oder jener nahm alles, was er an Getreide, Vieh u. s. w. vorfand, mit sich fort. Die Fuhren für Freund und Feind zählten nach Tausenden und Abertausenden[2]). Ein Wunder war es dabei noch, wenn die Knechte mit den Wagen bald und einigermassen vollzählig zurückkehrten; aber häufig wurden die Gespanne viele, viele Meilen mitfortgenommen, Pferde gingen in Menge verloren[3]), Knechte liessen sich anwerben oder wurden zum Dienst gezwungen und so manches Mal kam nur der kleinste Theil in die Heimath zurück. Oft mag dies die Noth des Krieges unvermeidlich gemacht haben; aber die Russen pflegten mit Vorliebe überhaupt die requirirten Gespanne einfach zu behalten, d. h. sie als gute Beute zu betrachten, und kümmerten sich garnicht darum, ob etwa und wie die Knechte nach Hause kamen.

Noch nicht einmal zu den unerlaubten Mitteln wollen wir

---

[1]) Das schlimmste für die armen Kontribuenten war, dass diese Forderungen nicht einmal bei den Landmilizgelderresten in Anrechnung gebracht werden durften, weil die Abgabe für die Miliz nicht als königliche, sondern als provinzielle Steuer angesehen wurde. So ward dann gegen Bauern des Dorfes Schmellentin, Kreis Randow, wegen restirenden Landmilizgeldes im Betrage von 15 Thlr. 8 g. Gr. Exekution veranlasst, während sie doch von königlichen Kassen über 100 Thlr. für Korn, Fourage u. s. w. zu fordern hatten (1759).

[2]) Ein Beispiel für viele: Die Stadt Anklam hat 1758 im Frühjahr zur Ueberführung des preussischen Magazins von Treptow a/T. nach Pasewalk allein 1096 Fuhren stellen müssen, d. h. lauter zweispännige Wagen; dieselbe Stadt hat in den Jahren von 1757 bis 1759, wo ihre gesammten Pferde und Wagen bei den grössten Anstrengungen doch noch nicht ausreichten, sogar 3600 Thlr. bar für Fuhren und Vorspann ausgeben müssen.

[3]) Allein durch die Fuhren zur Lehwaldtschen, später Dohnaschen Armee und zum Platenschen Korps waren im Fürstenthum Kammin bis zum Mai 1758 nicht weniger als 3000 Pferde auf diese Weise gefallen oder verloren gegangen.

die Brandschatzungen zählen, in denen namentlich die Russen ohne jede äussere Veranlassung die unglaublichsten Summen verlangten und auch schliesslich alles aus dem Lande herauspressten, was herauszupressen war [1]). Wenn der Feind schliesslich vom Lande nahm, was er zu seinem Unterhalt brauchte, ging es noch an; dass gelegentlich eine Ortschaft bombardirt und in Brand geschossen wurde, war auch nicht zu vermeiden, — dass aber systematisch alles zerstört und verwüstet, die Felder vernichtet, Gebäude demolirt, bewegliche Sachen zerschlagen oder verbrannt, den Einwohnern alle Habseligkeiten genommen, sie selbst auf das barbarischste gemisshandelt, das Land vollkommen zur Wüste gemacht wurde, das war schmachvoll und allem Völkerrecht zuwider.

Bei den Kosaken war das systematische Vernichtungswerk Spezialfach. Unvermuthet tauchten sie bald hier bald dort auf, räumten alles rein aus; was sie nicht fortbringen konnten, wurde demolirt, zerschlagen, verbrannt, und im Fluge waren sie wieder verschwunden. Raub, Plünderung, körperliche Misshandlung, ja Mord und Totschlag waren bei diesen Horden an der Tagesordnung, so dass selbst die Kaiserin Elisabeth, entsetzt über diese Greuel, denselben zu steuern befahl, freilich ohne den geringsten Erfolg. Kein Wunder, dass Hinterpommern zuletzt vollkommen einer Wüste glich.

Die Schweden freilich trieben es ja lange nicht so schlimm, sie waren menschlicher. Vielleicht aber liegt dies, mindestens zum Theil, weniger an ihrem Edelmuthe, als vielmehr einerseits daran, dass ihnen das findige Kosakengesindel fehlte, dass die preussischen leichten Truppen den schwedischen an Rührigkeit und Gewandtheit auf das entschiedenste überlegen waren, — andererseits aber auch vielleicht daran, dass sie sich absichtlich etwas bezähmten, da sie doch fast jeden Winter Repressalien gewärtigen mussten. So begnügten sie sich, vor allem dem preussischen Könige jede Einnahmequelle abzuschneiden, jede Erhebung von Geldern preussischerseits durch eine von ihrer Seite zu paralysiren: sie drohten den pommerschen Predigern, dass sie alles, was dieselben etwa an Landmilizkriegssteuern entrichten würden, ihnen ihrerseits auch abfordern wollten, sie verboten auf Usedom

---

[1]) Dem blutarmen Städtlein Bärwalde in Hinterpommern wurden von den Russen in den Jahren 1758, 1759 und 1761 über 3500 Thlr. Kontribution abgepresst; eine ganz ungeheuere Summe für einen Ort mit nur 60, schon zu Anfang des Krieges vollkommen verarmten Bürgern, wo der Magistrat jährlich nicht mehr wie 18 Thlr. Gehalt bekam, und wo selbst die Aufbringung dieses Gehaltes 1758 schon Schwierigkeiten verursacht hatte. Bis aber die Forderungen der Russen hatten bezahlt werden können, freilich zuletzt nur noch in Danziger Wechseln, mussten jedesmal Bürgermeister und Kämmerer einige Wochen als Geiseln in der Gefangenschaft schmachten.

und Wollin bei 200 Thaler Strafe, irgendwelche Steuern an den eigentlichen Landesherrn zu zahlen, sie ruinirten das Land nicht so unmenschlich wie die Russen, aber durchschlagend genug war der Erfolg auch bei ihnen [1]).

Um das Elend voll zu machen, wütheten endlich auch noch unter dem Reste der Bewohner verschiedene ansteckende Krankheiten, die die Russen eingeschleppt hatten, und die wenigen Ueberbleibsel an Vieh, die noch hatten in die Wälder geflüchtet werden können, drohten durch Seuchen dahingerafft zu werden.

Bedenkt man alle diese Lasten und Leiden, die der Krieg für die arme Provinz mit sich im Gefolge hatte, rechnet man dazu die Landmiliz mit ihren grossen Kosten, mit dem bedeutenden Rekrutenbedarf, mit den Opfern, die sie von ihren Offizieren und Mannschaften forderte, und erwägt man endlich, dass doch den ganzen Krieg über auch alle regelmässigen Abgaben, die Akzise, die Kontribution, die Lehnpferdegelder u. s. w. ganz wie in Friedenszeiten eingefordert wurden, — dann wird man erst den grossen Opfermuth, den Patriotismus der Provinz voll ermessen, die über alle die schweren Lasten nicht murrte, die wohl um Befreiung bat, wenn die Unmöglichkeit mehr zu leisten vorlag, die aber trug und leistete, so lange sie irgend konnte.

Mag der Höhepunkt des allgemeinen Elendes in Pommern und in der Uckermark auch erst mit dem Ende des Krieges erreicht worden sein, so waren die Provinzen, mindestens aber Hinterpommern, doch schon zu Anfang 1760 vollkommen erschöpft. Solange haben die beiden Pommern wenigstens alles geleistet, was in ihren Kräften stand, und die Landmiliz auch etwa solange wirklich unterhalten. Es ist eigentlich kaum begreiflich, dass die Russen noch immer und immer wieder etwas zu erpressen und fortzunehmen fanden, besonders noch in den Jahren 1760 und 1761, wenn der Zustand des Landes ein derartiger war, dass z. B. schon im Juni 1759 der Polizeiausreiter in Neustettin trotz aller Anstrengungen in drei Tagen, anstatt 123 Thaler restirende Landmilizgelder einzutreiben, absolut nicht mehr als 1 Sgr. 6 Pf. hatte zusammenbringen können und dass er, wie er selbst meldete, wenn er noch weiter hätte pfänden wollen, den Bürgern das

---

[1]) Der gesammte durch die Schweden verursachte Schaden einschliesslich Lieferungen, Kontributionen und Fuhren betrug z. B. in der Stadt Anklam 1757 etwa 38 000, 1758 70 000, 1759 77 000 Thlr. u. s. w., darunter allein an ruinirten Maulbeerplantagen 1757 für 9000 Thlr., 1759 für 6000 Thlr. Man konnte Preussen freilich kaum empfindlicher treffen als in seiner Industrie. In Treptow a T., wo grosse Strumpffabriken waren, nahmen die Schweden im August 1758 alles, was sie an Strumpfvorräthen vorfanden, einfach mit sich und liessen sich auch weiterhin die grössten Lieferungen machen, ohne dafür zu bezahlen. So war es überall.

Bettstroh hätte fortnehmen müssen; — und dass ähnlich in Gollnow die Bürger trotz langer Exekution im September 1759 in heller Verzweiflung erklärten, „und wenn man ihnen mit Henken drohe, sie seien nicht imstande, auch nur einen Pfennig aufzubringen“.

Es war jedenfalls vom Lande schon lange vor dem Ende des Krieges nichts mehr zu erwarten. Die Städte hatten alle ihre Kämmereipertinenzien verpfändet, den äussersten Kredit in Anspruch genommen; es borgte ihnen niemand mehr [1]). Die Landgüter waren bis zum äussersten mit Hypotheken belastet; nicht genug, dass die Ritterschaft nicht mehr imstande war, ihren im Felde stehenden Söhnen und Anverwandten wie bisher Zuschüsse zukommen zu lassen, sondern jeder musste schon froh sein, wenn es ihm gelang, sein Gut noch vor dem drohenden Konkurs zu retten.

Alle obenberührten Versuche der Behörden, die Lasten nach Möglichkeit zu vertheilen, die verhältnissmässig besser gestellten Landestheile mehr als die besonders vom Feinde heimgesuchten heranzuziehen, waren an sich sehr gerechtfertigt, trugen aber nur dazu bei, dass schliesslich auch die vom Kriege fast garnicht direkt berührten Theile der Provinz sich in vollkommener Erschöpfung befanden. Die Gnadenbeweise des Königs im Winter 1758/59, in denen, wie wir oben gesehen haben, direkte Geldunterstützung mit dem Erlasse von rückständigen Steuern Hand in Hand ging, hatten auch nur geringen und vorübergehenden Erfolg.

Die arme, schwer heimgesuchte Provinz musste sich schliesslich mit dem wiederholten Versprechen des Generaldirektoriums und des Monarchen selbst trösten, dass ihr nach dem Frieden auch ganz besondere königliche Gnade zu theil werden würde. Und sie hat wahrlich nicht umsonst geharrt: der König hat den Opfermuth seiner braven Pommern, seiner treuesten Unterthanen, wie er sie selbst nannte, nie vergessen. Die verschiedenen materiellen Gnadenbeweise, welche die Provinz unmittelbar nach dem Frieden erhalten hat, sollten für sie nur der erste Anfang des königlichen Dankes sein.

In der Provinz Pommern und in ihren Leiden verkörpert sich dann auch am schönsten der hohe, grossartige Patriotismus des preussischen Volkes in jenem Heldenkampfe, den es unter seinem grossen Friedrich gegen halb Europa zu bestehen hatte. Pommern war in diesem Kriege im wahrsten Sinne des Wortes treu seinem Könige bis zum Bettelstabe, und wir dürfen es wohl sagen, unter allen patriotischen Opfern, die es gebracht hat, muss die Landmiliz als das grösste und schönste angesehen werden.

[1]) Anklam z. B. hatte schon 1759 56 000 Thlr. Schulden; es hatte jährlich allein über 2500 Thlr. Zinsen zu bezahlen, war aber auch dazu seit dem Frühjahr 1759 nicht mehr imstande.

Die Uckermark.

[Verhältniss zu der pommerschen Kammer.] In der Kabinettsordre vom 13. Juli 1757 hatte der König befohlen, dass die Uckermark und zwar einschliesslich des Stolpirischen Kreises (Angermünde) für diesmal und ohne Konsequenz in allen die Landmiliz angehenden Sachen zu Pommern gerechnet werden solle, und die uckermärkischen Landräthe waren zugleich in dieser Beziehung an die pommersche Kammer gewiesen worden. Da aber das rechtliche Verhältniss dabei nicht genauer bestimmt worden war, so konnte es nicht fehlen, dass alsbald Unzuträglichkeiten sich herausstellten. Die pommersche Kammer besass der Uckermark gegenüber keinerlei Zwangsmittel, und das Kreisdirektorium respektirte jene auch keineswegs als die vorgesetzte Behörde. Der ordentliche Instanzenzug über das Generaldirektorium und die kurmärkische Kammer, die eigentliche direkte Oberbehörde des Kreisdirektoriums, war ausserordentlich umständlich und erzielte selten den gewünschten Erfolg, weil inzwischen meist der richtige Zeitpunkt verpasst worden war. Hatte doch ausserdem in den ersten Monaten die kurmärkische Kammer es überhaupt abgelehnt, sich in die durch allerhöchsten Immediatbefehl angeordnete Sache zu mischen. Hier radikale Aenderung zu schaffen, d. h. also das Kreisdirektorium in allen Landmilizangelegenheiten unter die pommersche Kammer als wirkliche Oberbehörde zu stellen, wäre nur äusserst schwer durchführbar gewesen und hätte den gesammten Verwaltungsorganismus durchbrochen. Durch diese Unvollkommenheit aber sollte nun der ganze Lauf der Dinge auf das störendste beeinflusst werden.

[Die ersten „drei Monate".] Die Mannschaften und die Gelder für die ersten „drei Monate" hatte die Uckermark, wie wir sahen[1]), bereitwilligst zugesagt. Die Aufbringung der nöthigen Summen[2]) wurde auf die Kreise, Städte und Aemter genau nach der Mannschaftsquote vertheilt, und am 7. August konnten zugleich mit den Rekruten die Montirungskosten und der Verpflegungsbeitrag für einen Monat abgeführt werden; die Geldquoten der Städte wurden, soweit es ging, durch Kämmereivorschüsse gedeckt[3]) und die der Aemter aus der Aemterkontributionskasse bezahlt. Alles schien auch weiter nach Wunsch zu gehen, Beiträge für den zweiten und dritten Monat liefen reichlich ein: da plötzlich kam die

---

[1]) Vergl. oben S.32.

[2]) Vergl. die Beilage V.

[3]) Hier also dasselbe Verfahren, welches, wie wir später sehen werden, bei den Leistungen für die Landmiliz in der Kurmark im weitesten Umfange zur Anwendung kam.

Sache ins Stocken, als gegen Ende September die Schweden ins Land brachen. Die schon zusammengebrachten Gelder konnten noch nach Stettin geflüchtet werden; damit war einstweilen alles beendet, jeden weiteren Beitrag schienen die Feinde durch ihre Kontributionen und Requisitionen unmöglich machen zu wollen. Und wirklich, als nach ihrem Abmarsche im November die Beitreibung der noch fehlenden Gelder fortgesetzt werden sollte, entstanden die grössten Schwierigkeiten: die Reste gingen sehr langsam und spärlich ein und ein kleiner Theil derselben — 360 Thlr. — ist überhaupt niemals abgetragen worden.

[Die Frage der Weiterunterhaltung bis zu dem Staatszuschuss von 26 000 Thalern.] Die weitere Entwickelung bietet hier sehr wenig erquickliche Seiten. Freilich ist ja die Uckermark jährlich ganz oder zum Theil von den Schweden heimgesucht worden, aber die beiden Pommern hatten es wahrlich auch nicht besser; während hier doch stets repartirt und soviel nur irgend möglich war, aufgebracht wurde, hat die Uckermark leider nicht einmal diesen guten Willen gezeigt, gerade sie, die doch bei der Bewilligung der „drei Monate“ freudig vorangegangen war. Halb war es allzu festes Vertrauen auf ganz besondere königliche Gnade, die ihr zu theil werden müsse, halb war es Renitenz, die allerdings wohl durch die Noth der Verzweiflung hervorgerufen wurde, was die Haltung des Kreisdirektoriums, der Ritterschaft und der ganzen Provinz bestimmte; und die häufige Anwesenheit des Feindes und die nur lose Angliederung an das Ressort der pommerschen Kammer begünstigten diese Haltung ausserordentlich.

Zunächst protestirte die Uckermark sogleich, auch nur einen Pfennig über die „drei Monate“ hinaus zu zahlen, nur zu diesen hätte sie sich verpflichtet, und alles weitere überstiege ihre Kräfte. Alle Mahnungen der Kammer blieben ohne Erfolg, ein Monat verging nach dem andern, ohne dass man sich zur Zahlung bereit finden wollte. Für das eine Mal fand allerdings die Sache noch dadurch ein Ende, dass der König auf eine flehentliche Bitte der uckermärkischen Ritterschaft die so besonders hart mitgenommene Provinz von weiteren Lasten zu befreien, 26 000 Thlr. aus der Generalkriegskasse bewilligte [1]), wodurch dann die ganzen bis dahin rückständigen drei Quartale von Landmilizgeldern bis auf wenige hundert Thaler getilgt werden konnten.

[Konflikt zwischen dem Kreisdirektorium und der pommerschen Kammer.] Das Kreisdirektorium legte aber diesen königlichen Gnadenbeweis sofort so aus, als ob die Provinz nun auch in Zukunft nichts zur Landmiliz zu

[1]) Kabinettsordre vom 17. Februar 1759.

zahlen hätte, und alle Befehle der pommerschen, der kurmärkischen Kammer und des Generaldirektoriums blieben ohne Erfolg. Gegen die Einführung des Landmilizimpostes, der für alle kurmärkischen Städte einschliesslich der uckermärkischen mit dem 1. September 1759 in Kraft treten sollte[1]), konnte die Uckermark allein freilich nicht gut remonstriren, denn die Erhebung dieser indirekten Zuschlagsteuer wurde durch die königliche Akziseverwaltung ohne Zuthun des Kreisdirektoriums besorgt[2]), aber gegen jedes direkte Landmilizgeld sträubte man sich nach wie vor aufs heftigste. Alle Repartitionen der pommerschen Kammer wurden unberücksichtigt ad acta gelegt, und man liess die Reste immer höher anschwellen.

Endlich, im Frühjahr 1760, ward gegen das Kreisdirektorium militärische Exekution verhängt, es sollte mit der Eintreibung nun doch noch Ernst gemacht werden. Sofort wurde ein Kreistag nach Prenzlau berufen und man fing nun an — sich über das Prinzip zu streiten, welches der Repartition zugrunde zu legen sei[3]); es waren etwa 30 000 Thlr. aufzubringen, da seit dem Februar 1759, also seit einem Jahre, absolut nichts bezahlt worden war[4]). Die Immediatstädte verweigerten überhaupt jede Zahlung, da sie jetzt den Impost trügen; das Kreisdirektorium und mit ihm die Ritterschaft aber wollte den alten kurmärkischen Landesrezess vom Jahre 1643 zugrunde legen, nach dem gerade die Immediatstädte allein 59 Prozent hätten aufbringen müssen. Man konnte sich nicht einigen und machte wiederum eine gemeinsame Immediateingabe, aber diesmal, ohne auch nur eine Antwort zu erlangen.

Die pommersche Kammer sah sich also gezwungen, abermals Exekution auszuwirken.

[Vermittelungsversuch der kurmärkischen Kammer.] Da die Sache nun durchaus keinen Fortgang nehmen wollte, legte sich endlich die kurmärkische Kammer ins Mittel. Ohne die Forderungen der uckermärkischen Ritterschaft, die jede ohne direkten königlichen Befehl geschehende Repartition schroff ablehnte, unterstützen zu wollen, glaubte sie doch, dass man den berechtigten Wünschen der Provinz

---

[1]) Vergl. oben S. 73, sowie auch weiter unten in dem Abschnitte über die Kurmark. Für die Uckermark wurde der Anfangstermin des Impostes durch den abermaligen Einfall der Schweden bis zum 1. Oktober verzögert.

[2]) Nur wurden die Erträge des Landmilizimpostes durch die uckermärkische Kreiskasse an die pommersche Kammer abgeführt.

[3]) Bei den ersten „drei Monaten" waren, wie man sich erinnern wird, die Gelder nach der Mannschaftsquote vertheilt worden, weil dies am schnellsten zum Ziele führte; vor dieser Rücksicht hatten damals alle anderen schweigen müssen.

[4]) Vergl. Beilage V.

immerhin Rechnung tragen müsse. Die Kammer machte daher dem Generaldirektorium den Vorschlag[1]), einmal der Uckermark einen neuen, gerechteren Repartitionsmodus anzubefehlen, sodann aber auch die viel besser gestellte Kurmark zur Tilgung der grossen uckermärkischen Reste mitheranzuziehen. Das Prinzip des Rezesses von 1643 benachtheilige für jetzige Verhältnisse die Städte, das nach der Kopfzahl dagegen das platte Land zu sehr; der richtige Quotisationsfuss werde der auch in der Kurmark angenommene der Justizsalariengelder sein[2]), dabei müssten aber nicht die Aemter als solche aus ihrer Kontributionskasse, sondern vielmehr die Amtsunterthanen herangezogen werden[3]). Da nun ferner die Kurmark sich in viel besserer Lage befinde, nach den hier vorgenommenen Reduktionen im Verhältniss viel weniger Landmiliz als die Uckermark zu unterhalten habe[4]), endlich aber auch aus ihrem Impost recht bedeutende Ueberschüsse erziele, so sei es vielleicht nicht mehr als billig, wenn die so hoch aufgeschwollenen Reste der Uckermark durch gleichmässige Vertheilung auf alle kurmärkischen Kreise und Stadtkämmereien, einschliesslich der uckermärkischen, getilgt würden.

---

1) Bericht vom 13. August 1760.

2) Ueber den näheren Charakter dieser vergl. weiter unten in dem Kapitel über den Unterhalt der kurmärkischen Miliz. Für die Uckermark bot dieser Quotisationsfuss den Städten in der That eine Erleichterung gegen den Rezess von 1643, während für die eigentliche Kurmark das Verhältniss zwischen den Städten und dem platten Lande bei beiden Modis das gleiche war und der Unterschied derselben sich erst bei der Einzelrepartition geltend machte.

3) Den Unterschied der drei Modi zeigt folgende Tabelle:

Mannschaften.	Von 30065 Thlr 8 Gr tragen:	Nach der Kopfzahl je 36 Thlr 12 Gr $9^{33}/_{823}$ ₰ Thlr	Gr	₰	Nach dem Rezess von 1643	Thlr	Gr	₰	Nach den Justizsalarigeldern. Thlr	Gr	₰
418	Der Kreis, d.h. das platte Land.	15 270	2	11	41 % { 58 % =	7150	3	10	8662	9	11
194	Die Unterthanen der königlichen Aemter.	7087	2	2	41 % { 42 % =	5177	18	—	4962	18	10
211	Die acht Städte.	7708	2	11	59 % =	17 738	8	—	16 440	3	3
823	Summe	30 065	8	—		30 066	5	10	30 065	8	—

4) Die Kurmark unterhielt nur das Regiment Borck, damals nach dem Etat 1530 Gemeine stark, sowie die Husareneskadron zu rund 100 Gemeinen, die Uckermark aber sollte für 823 Mann den Unterhalt schaffen.

Noch im August fand dieser Entwurf die Zustimmung des Generaldirektoriums, und es wurde befohlen, alles, was nur immer einkäme, sofort an die pommersche Kammer abzuführen. Jetzt endlich schien alles geordnet, und der Erfolg wäre wohl auch der beste gewesen, wenn nicht im September die Schweden wiederum die Uckermark und, was noch viel schlimmer war, die Oesterreicher und Russen im Oktober die Kurmark heimgesucht hätten.

Hatte sich die pommersche Kammer inzwischen schon wieder genöthigt gesehen, drei weitere Quartale an Landmilizgeldern der Uckermark aufzuerlegen, so waren nunmehr fürs erste alle Hoffnungen vernichtet. Trotz alles Drängens ihrer pommerschen Kollegin erklärte nun die kurmärkische Kammer selbst dem Generaldirektorium im Dezember 1760, dass die Erpressungen der Feinde die Ausführung des ganzen Planes unmöglich gemacht hätten. Wirklich Zahlungen geleistet hatten auch nur der altmärkische und der ruppinische Kreis sowie einige Städte, auch Beeskow-Storkow hatte sein möglichstes gethan; die anderen Städte und Kreise aber bedurften nunmehr selbst der dringendsten Schonung, wenn sie nur einigermassen zur Aufbringung ihrer laufenden ordentlichen Abgaben, — fast die einzigen, auf die der König noch mit einiger Sicherheit rechnen konnte, — fähig bleiben sollten.

Aber selbst, wenn diese Verhältnisse nicht eingetreten wären, hätte fast schon das weitere Benehmen der uckermärkischen Deputirten an sich die kurmärkische Kammer veranlassen können, nicht weiter für ihren Hilfsplan einzutreten. Obwohl alle anderen Provinzen jahrelang die Landmilizabgabe nach bestem Vermögen getragen hatten, erklärten nämlich jene, uneingedenk des königlichen Gnadenbeweises, auch jetzt noch, sie würden auch den nun so sehr ermässigten Beitrag nicht zahlen, „denn sie könnten nicht absehen, aus welchem Grunde ein von dortiger Provinz bei den dringendsten Umständen aus Eifer für Seine Majestät geschehener freiwilliger Beitrag ohne Allerhöchst Dero immediaten Befehl in ein fortwährendes onus verwandelt werden solle“ [1]). Kein Wunder, wenn die kurmärkische Ritterschaft nach dieser schroffen Erklärung der Vertreter der Uckermark nun jede weitere Beihilfe weigerte, ja zurückfordern wollte, was sie bereits geleistet hatte.

[Die Frage der Reste.] Währenddessen hatte sich die Lage dadurch merklich geändert, dass mit jenem 1. März 1761 die Unterhaltung der pommersch-uckermärkischen Land-

[1]) Der König hatte in der Kabinettsordre vom 15. Mai 1758 (vergl. oben S. 65) nur den Ständen beider Pommern die weitere Unterhaltung der Miliz befohlen, der Uckermark, des einzelnen Kreises, aber nicht noch einmal besonders gedacht; daraus schmiedete man nun hier eine Waffe.

miliz auf die Generalkriegskasse übergegangen war. Neue Schulden konnten also in dieser Hinsicht nicht mehr gemacht werden, aber über 50000 Thaler Reste blieben noch als drohendes Gespenst im Hintergrunde; was damit werden sollte, war nicht abzusehen.

Obwohl die kurmärkische Kammer dafür plaidirte, dass die Uckermark ganz allein, wenn auch erst allmählich, die Reste tilgen solle, befahl das Generaldirektorium, wenigstens eine günstigere Zeit für die endgiltige Entscheidung dieser Angelegenheit abzuwarten. Damit war die Sache zunächst aufgeschoben, und die Frage der Reste blieb, wenn auch inzwischen noch einige wenige Zahlungen einliefen, bis zum Frieden eine offene [1]). Nach diesem aber scheint dann auch hier wie in Pommern königliche Gnade von der weiteren Abtragung derselben befreit zu haben, obgleich dies mit Sicherheit nicht angenommen werden kann.

Bringt man die 26000 Thaler, die der König der Uckermark bar zuwies, in Abrechnung, so hat dieselbe demnach wahrscheinlich nicht viel mehr als die ersten Ausrüstungskosten und die dreimonatliche Verpflegung ihres Kontingentes, d. h. also gut gerechnet etwa 11000 Thaler, bar aufgebracht.

---

[1]) Wielange der Impost noch in der Uckermark bestanden hat, haben wir leider aus den Akten nicht ermitteln können; ist er aber, wie in der Kurmark, noch bis zum 1. März 1763 in Kraft geblieben, so müssen durch ihn immerhin sehr beträchtliche Theile der grossen Rückstände getilgt worden sein.

Zweiter Theil.

Die Neumark[1]).

I. Veranlassung und erster Plan bis zur Kabinettsordre vom 10. August 1757.

Der Ursprung der Milizen war in der Neumark ein etwas anderer als in Pommern, und davon wurde dann auch die ganze spätere Entwickelung beeinflusst.

Während man nämlich in letzterer Provinz von Anfang an sich darüber klar war, dass man es mit einem wirklichen, regulären Feindesheere zu thun haben werde, waren hier in der Neumark alle Massregeln zunächst nur — wie schon 1741[2]) — gegen die Uebergriffe polnischer Banden gerichtet.

Schon im Juni und Juli 1757 liefen höchst bedenkliche Nachrichten von der polnischen Grenze ein: manche der dortigen Magnaten machten garkeinen Hehl aus ihrer Abneigung gegen die Preussen, mancherlei Drohungen waren laut geworden, ja es hatten sich schon an einigen Grenzorten grössere Trupps Berittener gezeigt; man dachte, seit Kolin sei es aus mit dem Preussenkönig, und ein jeder könne nun sein Müthchen an ihm kühlen.

Aber die preussischen Beamten waren auf ihrer Hut. Nach einigen provisorischen Massregeln begab sich der neumärkische Kammerpräsident von Rothenburg persönlich nach Berlin, um mit den Ministern über die weiteren Anstalten zu berathen. Am 29. Juli übergab er ein Promemoria,[3]) wie die ihm unterstellte Provinz gegen alle Einfälle und Streifereien der Polen geschützt werden könne, dessen Grundprinzipien am meisten noch denen entsprachen, die wir bereits oben an dem Plane aus dem Jahre 1741 kennen gelernt haben. Schon

---

[1]) Vergl. Geh. St. Arch., General-Direkt., Pommern, Neumärk. Landmiliz, Vol. I—VIII; und: Landmiliz, Pommern, Militaria, 5 a. b. Vol. VI und VII.

[2]) Vergl. oben S. 12 ff.

[3]) Wiederholt ausführlicher am 1. August in einer Ministerkonferenz.

dieser Umstand würde genügend erklären, dass wir auf dies Promemoria ausführlicher eingehen; ausserdem aber lässt sich nur dadurch das Verständniss für die spätere eigenthümliche Entwickelung der neumärkischen Miliz erschliessen.

Die Vorschläge des Kammerpräsidenten waren also etwa folgende: zur Vertheidigung des Landes solle eine Eskadron Husaren, ein Jägerkorps und eine Bauernmiliz auf dem platten Lande errichtet werden, während gleichzeitig in den Städten die Bürgerkompanien zu reorganisiren seien. Die Husareneskadron, in der Stärke von hundert Gemeinen, bleibe zunächst allein ständig beisammen, werde entsprechend montirt und beritten gemacht, übernehme den Patrouillen- und Sicherheitsdienst an der ganzen polnischen Grenze und habe für rechtzeitige Alarmirung der anderen Theile der bewaffneten Macht zu sorgen. Gegen einfallende Rotten würde sie dann auch als Gefechtstruppe zu verwenden sein, um jene abzuschneiden, einzuholen u. s. w., und man müsse dabei auf die Unterstützung berittener Forstbeamten, sowie Freiwilliger, besonders aus den Kreisen der Pächter, Müller, wohlhabenden Bürger u. s. w. rechnen, die sich selbst bewaffnen und beritten machen würden. Die Errichtung der Husaren sollte besonders den Polen einen heilsamen Schrecken einjagen. Um sie recht bald benutzen zu können, wollte man suchen, möglichst viel alte Husaren dafür zu gewinnen bezw. anzuwerben. Anlangend die Kosten für die Eskadron, die jedenfalls aus königlichen Kassen genommen werden müssten, wurde zugleich auf einen bei der Kammer lagernden Fonds von 11 000 Thalern sogen. Baufreiheitsgelder aufmerksam gemacht, die dazu verwendet werden könnten. Die Ausgaben würden nicht unbedeutend sein, da ja die Eskadron nicht wie die anderen Theile der bewaffneten Macht nur in der Noth aufgeboten werden, sondern beständig beisammen sein sollte. — Zur Formirung eines Jägerkorps sollten sich sämmtliche königliche, adlige und städtische Förster und Jäger jederzeit bereithalten, sich im Falle der Noth gut bewaffnet an einem bestimmten Sammelplatze einzufinden. In derartigem militärischen Dienste würde ihnen ein Sold zu reichen sein.[1]) — In den Städten sollten aus den gesundesten und besten jungen Leuten, je nach der Grösse des Ortes, Kompanien zusammengestellt und diese ab und zu exerzirt werden; und zwar sei den Unbemittelten Gewehr aus dem Zeughause zu reichen. Sie müssten stets gewärtig sein, sich auf Ordre zu versammeln und an den bedrohten Ort zu marschiren; nur wenn sie ausserhalb ihrer Stadt verwendet würden, hätten sie Löhnung zu beanspruchen.[2]) — Auf dem platten Lande

[1]) Der Oberförster sollte 6, der Unterförster 4, der Jägerbursche 3 g. Gr. täglich, der berittene natürlich ausserdem eine Ration erhalten.

[2]) Der Offizier 12, der Unteroffizier 5, der Gemeine 3 g. Gr. täglich;

endlich würde eine Art Bauernmiliz zu errichten sein und zwar in fest organisirten Körpern, drei Bataillone zu je vier Kompanien, je eines in den Vorderkreisen (Soldin, Königsberg, Landsberg), in den Hinterkreisen (Friedeberg, Arenswalde, Dramburg, Schivelbein) und in den inkorporirten Kreisen (Sternberg, Krossen, Züllichau, Kottbus). Jedes Dorf hätte dazu zwei bis fünf Mann zu stellen, das Gewehr würde aus dem küstriner Zeughause zu entnehmen und, solange die Mannschaften nicht im Dienste wären, zusammen mit einer gewissen, noch anzufertigenden Uniform beim Schulzen zu hinterlegen sein. Als Offiziere müssten Gediente vom Adel, als Unteroffiziere dimittirte Soldaten genommen werden. Die Mannschaften seien nach einer kurzen Rekrutenzeit alle acht bis vierzehn Tage einmal in kleineren Abtheilungen — 15 bis 20 Mann — zusammenzuziehen und in den Waffen zu üben. Wenn die Miliz beisammen sei, müssten Offiziere, Unteroffiziere und Mannschaften stets ein angemessenes Traktement erhalten; die ersteren beiden aber würden das halbe Traktement auch dann zu fordern haben, wenn die Mannschaften in die heimathlichen Dörfer beurlaubt seien.[1]) Wenn nun auch zu dieser ganzen Armirung die Neumark allein die Mannschaften stelle, so genösse doch die Kurmark auch durch dieselbe Schutz, und daher müsse dann, falls man nicht auch für alle diese Massregeln einen Fonds anweisen wolle, letztere Provinz auch zu den Kosten beitragen. Das beste wäre daher, wenn sämmtliche für das Jägerkorps und die Bürgerkompanien nöthigen Gelder aus den vermögendsten neu- und kurmärkischen Kämmereien genommen, die Kosten für die Bauernmiliz aber vom platten Lande in beiden Marken nach der Hufenzahl aufgebracht würden.

Soweit die Vorschläge des neumärkischen Kammerpräsidenten; die neumärkischen Stände des Geldpunktes wegen etwa vorher zu befragen, hatte er nicht für nöthig gehalten, unter diesen Umständen allerdings mit vollem Recht.

Sämmtliche in Berlin anwesende Minister erklärten sich in einer gemeinsamen Berathung am 1. August mit allen ein-

---

vergl. dazu die Sätze für die Kolberger Bürgermannschaften S. 85 Anm. 3, dort sind es 12, 6, 4 g. Gr.

[1]) Der Offizier täglich 12 g. Gr., der Unteroffizier ebenso 4 g. Gr. im Dienst, ausser Dienst beide die Hälfte, die Gemeinen nur im Dienst alle 5 Tage 8 g. Gr., ausserdem Unteroffiziere und Gemeine im Dienst täglich ein Pfund Brot. Die Sätze sind durchaus angemessen, da Offiziere und Unteroffiziere, auch wenn die Miliz nicht beisammen war, mancherlei zu thun hatten. Die ganze Einrichtung erinnert an die uns schon bekannte der 4 Landregimenter (vergl. oben S. 8). — Wie auch diese Miliz von Anfang an als wirklich militärische Truppe angesehen werden sollte, das zeigt der Umstand, dass man ihr auch eine Uniform zu geben, noch mehr aber, dass man die Mannschaften den gewöhnlichen Fahneneid schwören zu lassen beabsichtigte.

zelnen Massregeln der beabsichtigten Landesvertheidigung an sich durchaus einverstanden, nur wurde eine jede Theilnahme der Kurmark an der Aufbringung der nöthigen Gelder von vornherein abgelehnt: die Husaren seien sofort, doch nur auf drei Monate, zu errichten und die Kosten dazu vorschussweise aus dem von der Kammer vorgeschlagenen Fonds der Baufreiheitsgelder zu entnehmen; das Jägerkorps, die Bürgerkompanien und die Landmiliz seien alsdann ebenfalls baldigst ins Werk zu setzen, für die letztere seien die Rollen der Mannschaften und der Gedienten vom Adel gemeinsam mit dem küstriner Kommandanten aufzustellen und alsbald einzusenden, ebenso werde eine gleichmässige Vertheilung der Gelder auf die neumärkischen Landhufen beziehungsweise Kämmereien erwartet.

Während die Minister einen dahingehenden Bericht an den König abfassten, eilte der Kammerpräsident mit seinem Bescheide nach Küstrin zurück, und alsbald begannen die eifrigsten Vorbereitungen, den approbirten Plan zur Ausführung zu bringen. Als die Sachen schon alle im besten Gange waren, und Rothenburg bereits vorauszusehen glaubte, wann seine Massregeln vollendet sein würden, ward die Situation plötzlich durch einen Eingriff von oben wesentlich geändert. Eine Kabinettsordre vom 10. August — dieselbe, derer wir auch schon in Pommern Erwähnung gethan haben, — befahl nämlich, ohne von den bisherigen Vorbereitungen weiter Notiz zu nehmen, auch in der Neumark die Errichtung einer Landmiliz nach dem vom Könige bereits für Pommern befohlenen Fuss, und zwar sollten auch die Städte hier wie dort an der Stellung der Mannschaften und der Aufbringung der Gelder theilnehmen.

Dieser striktesten königlichen Ordre musste nun allerdings Folge geleistet, d. h. die in der Entwickelung begriffene neumärkische Landmiliz nach obigen Gesichtspunkten der pommerschen wenigstens ähnlich gemacht werden. In welcher Weise dies geschehen und welchen weiteren Verlauf die Organisirung der neumärkischen Miliz genommen hat, werden wir sogleich im einzelnen sehen.[1])

---

[1]) Gleich hier indess noch einige Worte über die neumärkischen Jäger und die dortigen Husaren. Diese beiden Truppentheile dürfen nämlich nicht eigentlich zu dem Milizwerke der Neumark gerechnet werden, sie wurden durch die Kabinettsordre vom 10. August in keiner Weise mitbetroffen. Sie gehören nicht zu der von der Provinz unterhaltenen Landmiliz; eine eigentliche Stellung von Mannschaften dazu seitens des Landes fand nicht statt: das Jägerkorps basirte auf der persönlichen Verpflichtung sämmtlicher Forstbeamten, die die Landesherren von jeher in Anspruch genommen hatten, die Leute für die Husareneskadron wurden angeworben, — und endlich wurden die sämmtlichen Kosten für die beiden

II. Organisation der neumärkischen Landmiliz.

Während in Pommern das ganze Milizwerk einheitlich in der Hand eines einsichtigen Mannes und obenein eines Militärs lag, war die Oberleitung in der Neumark leider überhaupt nicht so konzentrirt, sie wechselte zwischen verschiedenen Personen, deren Kompetenzen nicht näher abgegrenzt waren; zweifellos ein Umstand, der nur üble Wirkungen ausüben konnte.

Die ersten Veranstaltungen und dann die ganze eigentliche Einrichtung der Landbataillone traf der Kammerpräsident von Rothenburg auf Ordre des Generaldirektoriums, nur theilweise unterstützt von dem Kommandanten von Küstrin, dem Obersten von Seeger. Dann fand eine Theilung der Gewalten statt. Die ganze Wirthschaft, die Oekonomie der Landbataillone blieb auch fernerhin und eigentlich bis zuletzt unter Leitung und Aufsicht der Kammer. Dies aber war entschieden ein schwerer Fehler: die Kammer war leider oft in der Lage flüchten zu müssen, so 1758 und 1761 nach Frankfurt; 1759 war sie gar den ganzen Sommer über in Stettin, so dass sie ihren Verpflichtungen durchaus nicht immer nachkommen konnte. Was aber noch schlimmer war, die Räthe der Kammer suchten die in der schweren Zeit für die Zivilverwaltung sehr gebotene äusserste Sparsamkeit und Knappheit auch auf die Landmiliz zu übertragen, wo sie keineswegs angebracht war; die Lieferung der grossen Montirungen, die Zahlung der Offiziersmontirungsgelder und der für die kleinen Montirungstücke der Mannschaften, also dringend nothwendige Sachen, wurden immer bis zum äussersten hingezogen, alle Bitten der Bataillonskommandeure, alle Beschwerden derselben beim Generaldirektorium, diese Praxis zu ändern, blieben vergeblich. Die Kammer, bei der die eigentliche Entscheidung lag, glaubte im Interesse des Landes und der königlichen Kassen so handeln zu müssen, die Landmiliz hat aber darunter schwer zu leiden gehabt. Eine, wenn auch nicht radikale Besserung trat hier erst ein, als im Jahre 1761 der Generalleutnant von Wedell, der bekannte „Diktator“ von Kay, der die Zustände in der Neumark aus eigener Anschau-

---

Truppenkörper nicht dem Lande, sondern königlichen Kassen zur Last gelegt. Aus diesen Gründen wird man es verstehen, wenn wir das neumärkische Jägerkorps und die Husareneskadron hier einstweilen vollkommen beiseitelassen; andererseits dürfte es aber ihr grosser äusserer Zusammenhang mit der eigentlichen Landmiliz, der gerade dem weniger genau Orientirten am leichtesten in die Augen fällt, genügend rechtfertigen, dass wir ihnen weiter unten (Anhang II) einige weitere Worte widmen.

ung kennen gelernt hatte, als Kriegsminister das sechste Departement des Generaldirektoriums und somit auch die Oberaufsicht über die Oekonomie der neumärkischen Landmiliz übernahm.

Was nun aber die rein militärische Leitung anbetraf, so hatte sich die Kammer alsbald an das Generaldirektorium gewandt und gebeten, für die gesammten in der Neumark soeben errichteten Truppen[1]) einen Gouverneur wie in Pommern zu ernennen. Die Zentralbehörde erklärte, ein aktiver Offizier würde dazu nicht disponibel sein, die Kammer solle anderweitig jemand ausfindig machen, und da diese sich nun wieder dazu ausser Stande erklärte, so unterblieb die Sache, obwohl schon damals eine einheitliche, planmässige Verwendung der neumärkischen Streitkräfte um so wünschenswerther gewesen wäre, als — es war im Oktober 1757 — die Krossensche Gegend, noch mehr aber Kottbus durch Schwärme österreichischer leichter Truppen zu leiden hatte. Formell übernahm um diese Zeit die Leitung und die Verantwortlichkeit für die neumärkische Landmiliz auf allerhöchsten Spezialbefehl der berliner Kommandant, Generalleutnant von Rochow; einerseits war nun aber die Entfernung von der Hauptstadt aus etwas zu gross, andererseits besass der greisenhafte Rochow[2]) zu wenig von der Rührigkeit eines Manteuffel, eines Bevern, als dass ein erspriessliches Verhältniss denkbar gewesen wäre. Seit dem Sommer 1759 aber wird Rochows garnicht mehr Erwähnung gethan, die gesammte Verwendung der Miliz steht seitdem zeitweise beim küstriner Kommandanten, meist aber bei den Oberbefehlshabern der an der mittleren Oder thätigen preussischen Heere, so 1760 beim Prinzen Heinrich. Kurz es waren alles nur Anordnungen auf Zeit, für den Augenblick, nirgends eine durchdachte, zusammenhängende Leitung. Wenn es überhaupt noch so anging, wenn ein ständiger, gemeinsamer Oberbefehlshaber wenigstens einigermassen entbehrt werden konnte, so erklärt sich dies nur dadurch, dass einen guten Theil der Geschäfte eines solchen, z. B. auch die Bestätigung der Offiziere, die Zivilbehörde, d. h. die Kammer und als höhere Instanz das Generaldirektorium, übernahm, sowie dadurch, dass in der Neumark den Bataillonskommandeuren eine bedeutend grössere eigene Macht zustand als ihren pommerschen Kameraden, und dass jedes Bataillon für sich eine Stadt — Küstrin, Krossen, Frankfurt — besetzt und zur Vertheidigung überwiesen erhalten hatte.

---

[1]) Es waren drei Bataillone Landmiliz, eine Eskadron Husaren, das Jägerkorps und die in Bildung begriffenen Freibataillone Angelelli und Le Noble.

[2]) Vergl. über ihn A. Naudé in den Märkischen Forschungen, XX, S. 153.

Im März 1761 übernahm dann endlich der Herzog von Bevern auch noch den Oberbefehl über die neumärkische Landmiliz, einschliesslich der Husaren und der in Frankfurt und in Küstrin stehenden beiden Garnisonbataillone Lange, so dass alle diese von nun an zum stettiner Gouvernement gerechnet wurden. Trotz der grossen Entfernung und trotzdem die Verbindung mancherlei Störungen durch die Russen erlitt, hat Bevern das ganze nächste Jahr für diese seine neuen Schutzbefohlenen vorzüglich gesorgt: er reorganisirte die Husareneskadron und das ehemalige Bataillon Arnim, er schaffte geeigneten Ersatz an Offizieren und, was nicht minder nothwendig war, auch an Mannschaften. Auch als dann im Frühjahr 1762 der Herzog nach Schlesien abging, wurden diese Funktionen noch eine Zeitlang von seinem Vertreter im stettiner Gouvernement, dem Generalmajor von Puttkamer, wahrgenommen.

Dieser beständige Wechsel in der militärischen Leitung der Landmiliz einerseits, sowie andererseits der Umstand, dass die Machtvollkommenheit der Kammer nicht genügend bestimmt war und auch nicht zur rechten Zeit geeignet beschränkt wurde, war sowohl allgemein, speziell aber für das materielle Wohlergehen der Landmiliz von sehr unvortheilhaftem Einflusse.

Wir haben oben gesehen, dass der Entwurf Rothenburgs eine völlige Trennung der städtischen und der ländlichen, zum Aufgebot bestimmten Mannschaften beabsichtigte, dass dagegen die Kabinettsordre eine gleichmässig vom Lande und den Städten zu stellende Landmiliz anbefohlen hatte. Trotzdem hatte es nun aber die Kammer unter Hinweis darauf, dass eine Störung der städtischen Industrien und der grossen Handwerke dem gesammten Lande gar zu empfindlich sein würde, und dass auch so der Ackerbau immer noch genügend würde bestellt werden können, beim Generaldirektorium durchgesetzt, dass dennoch die zur Formation der geforderten drei Bataillone nöthigen Mannschaften allein vom platten Lande genommen werden durften. Bei ihrer Zusammenstellung bestanden also die neumärkischen Milizbataillone ausschliesslich aus jungen Bauernknechten, meist zwischen 18 und 26 Jahren; es waren kräftige und sehr brauchbare Mannschaften, wenn sie auch zum Theil so klein waren, dass die Gewehre für sie verkürzt werden mussten. Die in der Kabinettsordre vom 10. August befohlene allgemeine und radikale Zusammenziehung der jungen Mannschaft wurde dagegen zunächst nur als ultima ratio angesehen und, da die Neumark noch nicht so unmittelbar von feindlichen Massen ernstlich bedroht schien, einstweilen noch ausgesetzt. Als aber im Januar 1758 sehr starke Abgaben an die Feldregimenter stattgefunden hatten, und die drei neumärkischen Milizbataillone allein fast 700 Rekruten bedurften, um wieder vollzählig zu werden, sah sich die Kammer, unbeschadet ihrer grossen Fürsorge für die Industrien, durch das Drängen der Landstände und den Befehl des Generaldirektoriums gezwungen, nunmehr den Städten wenn auch nicht das ganze Rekrutenquantum so doch den grössten Theil desselben aufzuerlegen. So wurde die Last wenigstens einigermassen besser vertheilt. Aber während man sich in den späteren Jahren genöthigt sah, auf dem Lande einzige Söhne wohlhabender Väter und wirkliche, schon seit Jahren angesessene Wirthe zu Soldaten zu nehmen, wurden in den Städten Professionirte, besonders Tuchmacher und andere Fabrikgesellen, aber auch z. B. Schiffer auf das äusserte geschont, weil die Kammer immer an dem Grundsatze festhielt, dass die Ruinirung der Fabriken am schwersten wieder gut zu machen sein und dass diese indirekt auch das platte Land nur noch mehr zugrunderichten würde, wenn es für seine Produkte wie Wolle u. s. w. keinen Absatz mehr fände[1]).

Die späteren Rekrutirungen gingen, trotz aller Störungen durch die Anwesenheit der Russen, immer noch so ziemlich vonstatten, wenn die Ersatzbehörden auch beständig den schwersten Konflikt der Pflichten zu kämpfen hatten und sich nur zu oft momentan in vollkommener Rathlosigkeit befanden. Die eigentliche Aushebung von Rekruten zur Landmiliz geschah nämlich wie in Pommern durch die Zivilbehörden, die Magistrate und die Landräthe; erst ganz zuletzt, als dieses Verfahren keinen rechten Erfolg mehr hatte, wurde es den Bataillonskommandeuren gestattet, dieselbe wie bei den Feld-

[1]) Die Tuchmacher hatten aber auch beständig mit grossen Lieferungen an Militärtuch u. s. w. für die Armee zu thun. Auf jeden der kleinen Meister war ein seinen Arbeitskräften entsprechendes Quantum repartirt; nahm man daher diesen ihre Gesellen, so konnten die nöthigen Mengen nicht geliefert werden, und die Armee erhielt kein Tuch. Der Schiffer bedurfte man auch dringend in ihrem Beruf, da die Wasserstrassen nach Schlesien, nach Stettin und Berlin in denkbar grösstem Umfange zu militärischen Transporten benutzt wurden; abgesehen davon, dass es auch hier galt einen blühenden Erwerbszweig durch diese schwere Zeit hindurch zu erhalten. Hatte doch der König befohlen, dass kein Kahn ohne dringendste Noth aus der Schifffahrt kommen sollte. — Die ruinirte Landwirthschaft konnte nach dem Frieden durch systematische Fürsorge bald wieder instandkommen, mit Industrie und Handel lag die Sache ganz anders. Ueber die Schonung der verschiedenen Gewerbe und Industrien in Rücksicht auf die Aushebungen vor. in und nach dem siebenjährigen Kriege, vergl. die betr. Angaben in Ribbentrop: Verfassung des preussischen Kantonwesens, Minden 1798, und in der Gelegenheitsschrift des uckermärkischen Landrathes von Arnim: Ueber die Kantonverfassung in den preussischen Staaten u. s. w., Frankfurt und Leipzig 1788.

regimentern durch in den Kanton kommandirte Offiziere und Mannschaften vornehmen zu lassen.[1])

Die gesetzliche Grundlage für alle Aushebungen bildeten die schon in dem Theile über Pommern erwähnten Kabinettsordres wegen Zusammenziehung der jungen Mannschaft. Furcht vor den Grausamkeiten der Russen und andererseits die bittere materielle Noth der ärmeren Klassen führte auch in der Neumark der Landmiliz vielen Ersatz zu. Freilich die Anforderungen an Alter, Grösse und körperliche Kräfte der Einzustellenden wurden hier ebenso immer bescheidenere, und der grösste Theil der Mannschaften bestand zuletzt nur aus alten Männern und aus Jungen von 16 bis 17 Jahren. Eine Anwerbung und Einstellung von wirklichen Ausländern[2]) hat auch in der Neumark hier und da stattgehabt, doch waren die Fälle immerhin nicht so häufig und galten auch nur als geduldet; 1762 aber wurde sogar Allerhöchst strengstens befohlen, dass wirkliche Ausländer oder gar Kriegsgefangene durchaus nicht angenommen werden dürften, da gerade der Garnisondienst der Milizen den vielen feindlichen Gefangenen gegenüber besonders sichere Leute erfordere.

Bei der Zusammenstellung des Unteroffizierkorps der neumärkischen Bataillone wurden besonders auch brauchbare Mannschaften der beiden in Küstrin stehenden Invalidenkompanien verwendet, neben den abgedankten Soldaten, die jetzt wieder Dienste nahmen; später wurden dann natürlich etwaige Abgänge durch Beförderung tauglicher Landsoldaten, theils auch durch Annahme halbinvalider Soldaten von der Armee ersetzt.

Als gewissermassen geborene Offiziere der Landmiliz galten auch hier wie in Pommern und wie überall früher bei ähnlichen Fällen die Adligen aus den Kreisen, soweit sie in Kriegsdiensten gestanden hatten. Sobald nun das Generaldirektorium den ersten Entwurf Rothenburgs genehmigt, hatte dieser im Namen des Königs einen Aufruf an den gesammten

---

[1]) Einen Versuch, der auf direkten Befehl des Königs in allen Provinzen gemacht wurde, die Rekrutirung der Landbataillone dahin zu ordnen, dass die Feldregimenter nur dann ausgebildete Mannschaften erhalten sollten, wenn sie zugleich ebensoviel schlechtere Kantonisten aus ihrem Kanton dagegen ablieferten, dass also weder die Bataillonskommandeure der Landmiliz noch die Zivilbehörden für den Ersatz zu sorgen gehabt hätten, hatte man als praktisch unausführbar sehr bald fallen lassen müssen.

[2]) Man darf nie vergessen, dass auch jedes Landeskind, das nicht durch die Kantonpflicht zu den Waffen kam und daher Anspruch auf Handgeld hatte, gleichfalls als sogenannter Ausländer gerechnet wurde. Ein guter Theil aller „Ausländer" in der preussischen Armee wie hier in der Miliz waren Preussen, die ihrem Landesvater dienten. Vergl. oben S. 22 Anm. 1.

neumärkischen Adel ergehen lassen. Die Erklärungen der einzelnen Edelleute darüber waren zunächst daraufhin erfolgt, dass ihnen ein annehmbarer Sold zugebilligt worden war, und vor allem, dass ihnen die Aussicht blieb, bei dem Beurlaubungsprinzip der Miliz auch immer noch ihren Pflichten als Gutsherren und Landwirthe nachzukommen. Der Befehl des Königs aber, dass alles auf pommerschen Fuss, d. h. also ohne Beurlaubung und mit viel knapperem Solde eingerichtet werden solle, täuschte diese Erwartungen vollkommen. Die Folge war, dass einige ihre Meldungen zurückzogen, die einen, weil ihnen das Traktement nicht mehr hoch genug war, die anderen, weil ihnen die Rücksicht auf ihr Alter und ihre Schwächlichkeit eine dauernde Dienstleistung nicht mehr gestattete. Um so höher ist es aber den übrigen, und dies waren bei weitem die meisten, anzurechnen, dass sie auf Zureden der Kammer und der Landräthe sich auch unter den ganz veränderten Bedingungen bereit erklärten, das patriotische Opfer zu bringen und Dienste zu nehmen. Unter diesen Umständen wurden von den drei Bataillonen zwei fast vollständig, das dritte noch zum guten Theil mit Offizieren versehen. Als Bataillonskommandeure konnten einige ausgezeichnete und noch rüstige Stabsoffiziere ausfindig gemacht werden, die erst unlängst den Dienst verlassen hatten. Die Subalternen aber waren durchweg ältere Leute, manche schon Sechziger, die vor Jahren, oft vor einem Menschenalter als Leutnants, Fähnrichs, Kornets, Fahnenjunker, Unteroffiziere oder gefreite Korporale im Heere gedient hatten, auch wohl gar nur in fremden Kriegsdiensten gewesen waren. Die alten Herren, die zum guten Theil einst bei der Kavallerie gestanden, mussten fast selbst noch einmal lernen, um lehren zu können, und es wurde ihnen zumeist recht herzlich sauer.[1]) Aber wer jung und brauchbar war, war eben in jener schweren Zeit schon längst zu den Fahnen geeilt, jetzt konnte der Adel nur solche Veteranen stellen.[2])

---

[1]) Ein schwacher Trost war es, wenn man ihres Alters wegen keine von ihnen zu Fähnrichs machen wollte — damals bekanntlich die unterste Offizierscharge — sondern auch die relativ jüngsten zu Leutnants, zu „Tertian-Leutnants“ ernannte. Ein Patent erhielt übrigens keiner von ihnen, statt eines solchen galten die betreffenden Konfirmationsschreiben des Generaldirektoriums.

[2]) Gerade für die Neumark gestattet der Zustand der Akten einen ganz besonders interessanten Einblick in diese Verhältnisse und lässt so recht das Opfer erkennen, welches von diesen patriotischen Männern gebracht worden ist. Ein Beispiel, allerdings auch der schönsten eines: Kaspar Heinrich von Schönefeld, begütert bei Schivelbein, geboren 1680, seiner Zeit Unteroffizier in der Armee und schon seit einem halben Jahrhundert ausser Dienst, trat im September 1757 als Leutnant bei dem neumärkischen Landmilizbataillon von Arnim ein, obschon sein

Es liegt auf der Hand, dass bei einem grossen Theil dieser oft sehr alten und sehr kränklichen Offiziere im Laufe der Zeit, zumal bei so schwerem Dienst, vollkommene Invalidität eintreten musste. Und da dann der grösste Theil des Ersatzes für sie nothwendigerweise anderen gesellschaftlichen Kreisen entnommen werden musste, haben die späteren Offizierslisten Veranlassung zu der irrigen Ansicht gegeben, wie wenn sich die Edelleute überhaupt nicht besonders stark an der Landmiliz betheiligt hätten. Die früheren Listen ergeben zum weit überwiegenden Theil bejahrte Adlige aus den Kreisen. Allzuviele von diesem Stande waren überhaupt nicht im Lande geblieben, und auch von ihnen war ein Theil wiederum als Landräthe, Kreisdeputirte oder aus anderen Gründen absolut unabkömmlich. Dass es hier und da unpatriotische oder auch nur zu egoistische Leute gab, die wohl hätten dienen können, aber nicht dienen wollten, soll damit keineswegs in Abrede gestellt werden. Im grossen und ganzen ist aber jedenfalls der siebenjährige Krieg auch hier ein Ehrendenkmal für den preussischen Adel, auf das dieser mit Recht stolz sein kann.

Da aber, wie schon oben erwähnt, doch nicht der ganze Bedarf an Offizieren auf dem Wege eines Aufrufes an die adligen Vasallen gedeckt worden war, und namentlich dem einen Bataillon noch eine ziemliche Anzahl Subalterner mangelte, suchte man auf anderem Wege geeignete Personen zu bekommen. Ein neuer allgemeiner Aufruf forderte alle, die jemals in irgendeiner Charge in Kriegsdiensten gewesen waren, gleichviel ob adlig oder unadlig, auf, bei der Landmiliz als Offiziere einzutreten. Auch hier blieb ein Erfolg nicht aus; eine Reihe alter Unteroffiziere, theils auch allenfalls abkömmliche Subalternbeamte vertauschten ihre friedliche Hantirung mit dem Schwerte. Als endlich auch dieses Mittel nicht mehr oder nicht schnell genug ausreichen wollte, kam noch eine ganz eigene Ersatzquelle hinzu. Besonders bei dem Bataillone Heiderstädt, das in Frankfurt a. O. lag, spielten die Candidaten und Studiosen, namentlich die der dortigen Juristenfakultät, eine Rolle. Junge Leute, die Lust zum Soldatenstande spürten, lernten als Freiwillige den Dienst in der Landmiliz, um dann bei dem betreffenden Bataillon als Offiziere in Vorschlag gebracht zu werden. Das Generaldirektorium sträubte sich zwar zuerst sehr gegen diesen Modus, es wollte nur ältere Gediente angenommen wissen; aber es musste schliesslich doch darein willigen, und das Heiderstädtische

---

Gesicht und sein Gehör schwach geworden war. Nach fast zweijährigem treuen Dienste ward er am 30. Juli 1759 in der Affaire bei Boossen (vergl. unten S. 112) schwer verwundet und starb nach wenigen Tagen in russischer Gefangenschaft in Frankfurt, ein 79jähriger Greis!

Bataillon hat auf diese Weise allein nacheinander sechs Subalterne erhalten.

Nur als Nothbehelf betrachtet, trat dann aber diese Art des Ersatzes bald wieder in den Hintergrund[1]). In der späteren Zeit, zum Theil schon seit 1758, wurden nämlich vakante Offiziersstellen bei der Landmiliz benutzt, um verwundeten, halbinvaliden und in der Genesung begriffenen Offizieren und Unteroffizieren von der Armee, und zwar zumeist von der Infanterie und den Husaren, eine einstweilige Versorgung zu gewähren; freilich musste die Auswahl eine sehr sorgfältige sein, wenn anders der Dienst nicht darunter leiden sollte. Von 1761—1762 hat besonders Bevern für gute Offiziere bei der Landmiliz gesorgt und, damit die Anforderungen des Dienstes stets erfüllt werden könnten, sogar bei den Bataillonen einige überkomplette Subalterne mit besonderem Traktement gehalten.

Der Bedarf an Offizieren seitens der Miliz war ein im Verhältniss ganz ausserordentlich starker; die schwächeren wurden in dem schweren Dienst meist ziemlich schnell verbraucht, von den kräftigeren aber traten so manche, wenn die Verhältnisse günstig waren, zur Armee über. Bei diesem fortwährenden Abgang und Zugang lag, da auch der beständige Wechsel der Mannschaften die Verhältnisse nur um so schwieriger machte, das Hauptgewicht in den Stellen der Bataillonskommandeure. Diese waren glücklicherweise mit in jeder Hinsicht vorzüglichen Offizieren besetzt, die ein alle Widerwärtigkeiten überwindender Patriotismus erfüllte. Bei all' den misslichen Verhältnissen, die in der militärischen und ökonomischen Oberleitung bei der neumärkischen Miliz obwalteten, waren auch ihre Aufgaben viel grössere, ihre Verantwortung eine viel schwerere, als die ihrer Kameraden in den anderen Provinzen.[2]) Und wahrlich der Oberstleutnant von Heiderstädt, die Majore de Rège, von Arnim und von Bornstädt verdienen es, dass ihre Namen der Vergessenheit entrissen werden; sie haben in den schwierigen Stellungen, zu denen sie ihr König berufen, alles geleistet, was man von einem tapferen Krieger, von einem braven Patrioten, von einem wackeren Manne verlangen kann.

Was endlich noch die pekuniäre Lage der Offiziere der neumärkischen Miliz betrifft, so war die der Stabsoffiziere und der Kapitäne immerhin noch einigermassen erträglich, obwohl deren Kompetenzen auch nur in einem höchst

---

[1]) Vergl. übrigens über das hiermit zusammenhängende Volontäroffizierswesen unten S. 116.

[2]) Vergl. dazu oben S. 100 ff.

ungünstigen Verhältnisse zu den an sie gestellten Anforderungen standen. Die Stellung der Subalternen war aber in dieser Hinsicht noch viel gedrückter als in Pommern, sie war beinahe zum Verzweifeln.[1]) Wenn den Offizieren für grössere Märsche und Transporte als eine Erleichterung unentgeltlich ein Chargenpferd gestellt oder ihnen Vorspann bewilligt wurde, so war dies zwar sehr fürsorglich und wünschenswerth; wenn aber z. B., was garnicht selten vorkam, ein Offizier vor dem Feinde oder sonst irgendwie im Dienst seine ganze Bagage, seine ganze Equipirung eingebüsst hatte, musste er den Verlust verschmerzen, weil weder die Landmilizkasse, noch sonst eine königliche Kasse Geld hatte, ihm diesen zu ersetzen. In Schulden gerathen konnte ein jeder bei der Miliz, Reichthümer sammeln aber wahrlich niemand. Und was endlich blieb diesen braven Männern, wenn sie nicht vorher schon den Strapazen erlegen waren, nach dem Frieden, als die Landmiliz reduzirt wurde? Den meisten schlechterdings nichts: wer etwas besessen, hatte es zumeist im Kriege eingebüsst, und nicht jeder Tellheim hat schliesslich seine Minna gefunden.

Wenn wir uns nun über die Formation der einzelnen neumärkischen Landbataillone orientiren wollen, müssen wir uns vorerst noch einmal daran erinnern, dass die Ausführung des schon am 1. August 1757 von den Ministern gutgeheissenen Vorschlages inbetreff einer Bauernmiliz mit Beurlaubung schon stark im Gange war, als erst dem Generaldirektorium die für das weitere bestimmende Kabinettsordre vom 10. August zuging. Die Listen der Offiziere und Mannschaften waren

---

[1]) Der ursprüngliche neumärkische Fuss der Miliz mit Beurlaubung versprach, abgesehen natürlich immer von dem von den Städten eventuell zu leistenden Servis, dem Leutnant im Dienst monatlich 10 Thlr., also jährlich 120 Thlr.; dafür sollte er sich die Uniform selbst beschaffen. Der in Pommern eingeführte Fuss gab monatlich dem Subalternen 6 Thlr., dazu aber jährlich 25 Thlr. Montirungsgeld, zusammen also im Jahre 97 Thlr. Die neumärkische Kammer hatte nun, sei es aus zu grosser Sparsamkeit, sei es wirklich durch ein Missverständniss die 25 Thlr. Montirungsgelder für 1½ Jahr anzusetzen gewusst, so dass der Subalterne in der Neumark wirklich nur 88 Thlr. 16 g. Gr. jährlich bar erhielt. Die gesammten Bekleidungskosten beliefen sich für den einzelnen, auch bei der grössten Sparsamkeit auf mindestens 30 Thlr., da die Montur auf Märschen und Transporten sehr abgenutzt wurde. Demnach hatte also der Offizier am Tage 4 g. Gr. zu verzehren und das noch bei der grossen in Küstrin und Frankfurt herrschenden Theuerung. Auf Zuschüsse von zuhause hatte kaum noch jemand zu rechnen, also hiess es haushalten bis aufs Aeusserste. Die Hilfe kam zu spät, als endlich 1762 die Kammer sich überzeugen musste, dass 25 Thlr. in Pommern von jeher jährlich gezahlt worden seien, und nun endlich bestimmte, dass vom Dezember 1762 an dasselbe auch in der Neumark stattfinden sollte. In Pommern gab es seit 1761 dagegen schon 36 Thlr. jährlich Montirungsgeld, obwohl die Preise dort noch lange nicht so hohe waren, als in der Neumark.

schon aufgestellt, die Uniformen, die auch nur für zeitweiliges Beisammensein der Miliz eingerichtet waren,[1]) wurden angefertigt, der Termin, an welchem die Kompanien das erste Mal zusammenkommen sollten, war schon festgesetzt: da befahl das Generaldirektorium am 13. August, bei den drei Bataillonen den pommerschen Fuss zugrundezulegen und die Städte auch zu der Landmiliz heranzuziehen.[2])

Die Kammer plaidirte auf das energischeste dafür, dass man trotzdem ihren Entwurf gelten lasse: man möge die Beurlaubung beibehalten, denn die Miliz würde auch in dieser Weise genügen, sie würde viel billiger sein als eine ständige und nicht so Handel und Wandel im Lande stören. Man möge ferner gestatten, die Mannschaften für die Miliz nur vom platten Lande zu fordern, denn die Bürgerschaften in den Städten hätten doch schon ihre Elitekompanien zusammengestellt; aus ihnen dauernd eine grössere Anzahl von Arbeitskräften zu entnehmen, werde die Industrie und das Handwerk unnütz schädigen, während auch nach Stellung der gesammten Rekruten vom Lande der Ackerbau immer noch werde fortgesetzt werden können. Endlich werde man auch die nöthige Anzahl Offiziere vom Adel nur bei Beibehaltung des Prinzips der Beurlaubung, sowie der bereits versprochenen verhältnissmässig höheren Soldsätze zusammenbringen.

Alles dies zu bewilligen, daran konnte das Generaldirektorium bei dem ausgesprochenen Befehle des Königs nicht denken, aber um auch wieder berechtigten Eigenthümlichkeiten Rechnung zu tragen, wurde endlich ein Kompromiss geschlossen. Die Beurlaubung fiel ganz fort; das platte Land stellte zwar, wie erst beabsichtigt, allein die Mannschaften, übernahm aber von den Kosten nur drei Viertel, während ein Viertel auf die Städte entfallen sollte. Dazu behielten diese einstweilen noch ihre reformirten Bürgerkompanien bei [3]). Für die Formation der drei Bataillone wurde der Mannschaftsetat, den die Kammer vorgeschlagen, d. h. das Bataillon zu 4 Kompanien, jede zu 122 Gemeinen, beibehalten, weil nach diesem einmal alle Vorbereitungen getroffen waren (das pommersche Ba-

---

[1]) Es waren weissleinene Kittel mit blauen Aufschlägen und Kragen, die die Bauernburschen über ihre gewöhnliche Kleidung ziehen sollten; dazu ein Hut, ein Gewehr mit Bajonett, eine Patrontasche und ein leinener Schnappsack, und die Ausrüstung war fertig.

[2]) Wenn das Land und die Städte nunmehr zusammen nur drei Bataillone aufstellen sollten, nahm damit die im Nothfall zu bewaffnende Macht an Zahl bedeutend ab; es handelte sich jetzt aber auch nicht mehr um ein landsturmähnliches Aufgebot, sondern um festorganisirte Bataillone.

[3]) Diese Elitekompanien sanken aber, besonders als seit dem Winter 1757/58 die Städte auch Mannschaften stellen mussten, bald wieder auf das Niveau der gewöhnlichen, allgemein üblichen Bürgerwachten zurück; von ihnen ist als militärischer Truppe garnicht mehr die Rede.

taillon hatte bekanntlich 5 Kompanien zu je 100 Gemeinen); als Geldetat inbetreff der einzelnen Soldsätze dagegen ward doch der pommersche, und zwar der erste, sehr knappe provisorische, von Podewils und Aschersleben aufgestellte Etat angenommen, so dass sich die Gesammtkosten eines neumärkischen Bataillons, obwohl wiederum der Ober- und Unterstab seiner 4 Kompanien etwas stärker war, doch im ganzen denen eines pommerschen Bataillons gleichstellten[1]). Endlich wurde aber auch die Uniformirung der neumärkischen Miliz den nunmehrigen Verhältnissen entsprechend verbessert, wenn es sich die Kammer auch hier wieder nicht nehmen liess, noch grössere Sparsamkeit, als bei dem pommerschen Fuss statt hatte, anzuwenden.[2]) Inbetreff der nöthigen Gelder verhandelte die Kammer, wie wir weiter unten des näheren sehen werden, auch jetzt bei den viel grösseren Anforderungen nicht erst mit den Ständen, sondern wandte vielmehr einfach den modus impositionis an, mit den Bemerken, dass Seine Majestät alles so befohlen habe.

Die Zusammenstellung der drei neumärkischen Landmilizbataillone geschah Mitte September 1757 in folgender Weise: Die vier Hinterkreise, Schivelbein, Dramburg, Arenswalde und Friedeberg, formirten ein Bataillon in Arenswalde, das Kommando erhielt der Major von Arnim.[3]) Die drei sogen. Vorderkreise, Soldin, Königsberg, Landsberg, formirten ihr Bataillon in Bärwalde i. N., und es bekam der Oberstleutnant von Heiderstädt[3]). Die vier inkorporirten Kreise, Sternberg, Krossen, Züllichau, Kottbus, endlich brachten ihr Bataillon in Drossen zusammen, und es wurde dem Major de Rège gegeben[3]). Am 24. September 1757 waren alle drei Bataillone, mit Ausnahme einiger Offiziere, vollzählig, und wenige Tage darauf verliessen sie die Orte ihrer Formirung, um in die ihnen von Berlin aus angewiesenen Garnisonen zu rücken. Das Bataillon Arnim kam nach Küstrin, Heiderstädt nach Frankfurt, de Rège nach Krossen, von wo aus aber sofort eine Kompanie nach der Festung Peitz im Kottbusischen detachirt werden musste.

Es sei nun verstattet, die weiteren Schicksale der einzelnen Bataillone hier gleich kurz zusammenzu-

---

[1]) Alles nähere vergl. Beilage VIII; dass auch die Offiziersmontirungsgelder viel knapper bemessen wurden, haben wir bereits oben gesehen. (Vergl. S. 108 Anm).

[2]) Die Mannschaften erhielten tuchene Kamisöler unter die Leinwandkittel zu ziehen, sowie volle Untermontirung. Erst im Sommer 1758 gab es dann die traditionell preussischen, blautuchenen Röcke.

[3]) Arnim war Kapitän bei Altbevern-Infanterie (Nr. 7), Heiderstädt Major bei Markgraf-Karl-Infanterie (Nr. 19), de Rège endlich Kapitän bei Truchsess-Dragoner (N. 3) und sodann noch kurze Zeit bei Hauss-Infanterie (dem ehemalig sächsischen Regiment von Lubomirski) gewesen.

fassen[1]). Das Bataillon Heiderstädt blieb zunächst in Frankfurt und ergänzte hier, wie wir schon oben gesehen haben, die noch vorhandenen Lücken in seinem Offizierkorps. Es wies im September 1758 einen Versuch der Russen, die Stadt zu brandschatzen, energisch ab, tauschte 1759 im Frühjahr die Garnison mit dem Bataillon Arnim, kam so nach Küstrin und überdauerte auf diese Weise auch glücklich dies für die neumärkische Miliz doppelt unheilvolle Jahr. Bis zum Frieden blieb es dann in Küstrin, wo es mit dem sechsten Bataillon des Garnisonregimentes Lange (später Itzenplitz, Nr. 7) die ganze Besatzung ausmachte[2]).

Das Bataillon de Rège hielt seit Oktober 1757 Krossen und Peitz, zeitweise sogar auch Friedeberg i. N. besetzt. Es schlug im September 1758 einen Angriff der Russen auf sein Stabsquartier Krossen glücklich ab. Im Juli 1759 räumte es aber beim abermaligen Anmarsch der ganzen feindlichen Armee seinen Posten und zog sich zu dem Korps des Diktators von Wedell. Nach der Schlacht bei Kay mit der Eskortirung eines grossen Transportes Verwundeter nach Glogau betraut, ward es ein Opfer der durch die Katastrophe von Kunersdorf herbeigeführten Verhältnisse. Am 18. August bei Grüneberg von überlegenen österreichischen Truppen angegriffen, ward das Bataillon vollkommen auseinandergesprengt: ein kleiner Theil entkam nach Glogau, einzelne Mannschaften konnten sich auf anderen Wegen retten, die überwiegende Mehrzahl aber gerieth in österreichische Gefangenschaft. Da eine Auswechselung nicht stattfand, hatte das Bataillon damit zu existiren aufgehört. Von den nach Glogau Geflüchteten und den wieder gesammelten Versprengten musste ein Theil auf Befehl des Königs sofort an das entsprechende, sehr geschwächte Kantonregiment Goltz (Nr. 24) gegeben werden; der Rest blieb eine Zeitlang für sich beisammen und wurde dann dem wieder vollzählig zu machenden Bataillon Arnim überwiesen. Nach dem Frieden kehrte auch der andere Theil wieder aus der Gefangenschaft zurück, aber nur, um entweder in die Heimath entlassen oder unter andere Regimenter gesteckt zu werden.

Das Bataillon Arnim endlich stand seit Oktober 1757 in Küstrin, hatte hier im August 1758 ein furchtbares Bom-

---

[1]) Wenn wir hierbei schon etwas in die im nächsten Kapitel zu behandelnde Verwendung der neumärkischen Miliz hinübergreifen müssen, so entschuldigt sich dies durch die eigenthümlichen Verhältnisse von selbst.

[2]) Gewissermassen zum lebendigen Gedächtniss der Landmiliz blieb der Oberstleutnant von Heiderstädt auch nach beendigtem Kriege im Dienst als Kommandant der Festung Küstrin, er starb als solcher erst im Jahre 1772.

bardement durch die Russen auszustehen, litt dann, weil die Mannschaften, als alle Häuser der Stadt niedergebrannt waren, fortwährend in feuchten Kasematten liegen mussten, ganz ausserordentlich unter ansteckenden Krankheiten, zumeist typhösen Fiebern, so dass kaum drei Viertel des Bataillons beständig dienstfähig waren. Auf wiederholte dringende Bitten durfte es endlich, um sich wieder zu kräftigen, mit dem Bataillon Heiderstädt tauschen und rückte so im Frühjahr 1759 nach Frankfurt; es war zu seinem Verderben. Wenige Tage nach der Schlacht bei Kay erschien am 30. Juli 1759 ein starkes russisches Korps, fast 10000 Mann vor Frankfurt und forderte Arnim auf, sich zu ergeben. Dennoch gelang es unter Anwendung einer List dem Major, glücklich mit seinem Bataillon aus der Stadt zu entkommen. Er würde wohl unangefochten auf dem linken Ufer der Oder nach Küstrin gelangt sein, wenn sich ihm nicht alsbald andere russische Scharen, die bei Lebus über den Fluss gegangen waren, entgegengeworfen hätten. Auch ein letzter Versuch sich landeinwärts durchzuschlagen misslang, man musste schliesslich in der Nähe des Dorfes Boossen auf freiem Felde die Waffen strecken[1]).

Nachdem schon vorher sich einzelne Mannschaften wieder eingefunden hatten, wurde endlich im Januar 1760 der grössere Theil des gefangenen Bataillons wieder ausgewechselt, es waren etwa 250 Mann, sowie einige Offiziere, darunter auch Arnim selbst[2]). Da an die Komplettirung der beiden Bataillone Arnim und de Rège nicht gut zu denken war, wurden zunächst und bis auf weiteres auf Vorschlag der Kammer die beiderseitigen Reste unter Arnims Befehl kombinirt. So blieb es bis zu Anfang 1761. Inzwischen hatte Bevern, wie erwähnt, auch das Kommando über die neumärkische Miliz übernommen, die Neumark war durch den Waffenstillstand mit den Russen einstweilen von diesem Feinde ganz frei; und so drang nun der Herzog, auf die Wiederherstellung des Bataillons de Rège ganz verzichtend, auf die schleunigste Komplettirung des Bataillons Arnim, welches zugleich, da sein alter Chef in diesen Tagen starb, einen neuen, nicht minder thatkräftigen in der Person des Majors von Bornstädt erhielt[3]). Die Mannschaften musste die Kammer von den Landräthen und Magistraten beschaffen, für gute Offiziere sorgte Bevern selbst. Das Bataillon Bornstädt war nun gewissermassen ein Ersatz für Arnim und de Rège: es stand in Frankfurt, musste aber

1) Ausser den Akten vergl. besonders Sulicki S. 230.

2) Der Rest, und zwar dabei die meisten Offiziere, blieb gefangen, da die weiteren Verhandlungen über eine russisch-preussische Auswechselung sich zerschlugen.

3) Bornstädt war bei Zettritz-Dragoner (Nr. 4) Major gewesen und soeben als halbinvalide verabschiedet worden.

auch Krossen mit einem Detachement besetzen, und die eine Kompanie des Bataillons musste beständig aus den inkorporirten Kreisen, dem alten Ersatzbezirk von de Rège, vollzählig erhalten werden.

Während die pommerschen Landbataillone aber schon im Jahre 1762 ein Ende fanden, blieben die neumärkischen, Heiderstädt und Bornstädt, noch bestehen, da die Neumark dem schlesischen Kriegsschauplatze doch zu nahe lag. Und erst mit dem Hubertsburger Frieden im Jahre 1763 wurden auch sie reduzirt: alle Kantonisten wurden einfach in die Heimath entlassen, um dem Lande seine langentbehrten Arbeitskräfte wiederzugeben, die Nichtkantonisten aber wurden bei stehenden Regimentern untergesteckt, um deren Lücken füllen zu helfen.

III. Verwendung und Dienst der neumärkischen Landmiliz.

Wir haben zum Theil eben schon Gelegenheit gehabt zu sehen, in welcher Weise die neumärkischen Bataillone Verwendung gefunden haben; es genügt, wenn wir hier einige Ergänzungen hinzufügen und auf einzelne Punkte noch besonders eingehen. Wir müssen dafür vorweg bemerken, dass ausser den drei Milizbataillonen in der Neumark zu allen dort zu verrichtenden Diensten ständig nur noch die Provinzialhusaren, dazu zuerst noch das Jägerkorps und zwei schwache Freibataillone, später aber das 6. und eine Zeitlang auch noch das 5. Bataillon des Garnisonregimentes Lange (Nr. 7, später Itzenplitz) zur Verfügung waren, dass aber andererseits, was den Schutz der Neumark anbetraf, die Stadt Frankfurt als zu dieser Provinz gehörig gerechnet wurde.

[Felddienst.] Von einem eigentlichen Felddienste der Milizen in weiterem Umfange konnte in der Neumark nicht die Rede sein, diesen musste man fast ausschliesslich den grösseren preussischen Heeren überlassen. Dagegen hatten, wie die Husaren, so auch die Milizbataillone beständig kleinere Scharmützel mit den Russen, zum Theil auch mit den Oesterreichern, so z. B. schon im Oktober 1757; und ihr tapferes Benehmen bei dem Angriffe der Russen auf Frankfurt und auf Krossen im September 1758 und vielleicht nicht minder in den Katastrophen bei Grüneberg und bei Boossen, wo sie erst nach heftigem Widerstande vor der drückenden Ueberzahl des Feindes[1] die Waffen streckten, beweist, dass auch in offenem Kampfe die neumärkischen Landmilizen dem preussischen Namen nur Ehre gemacht haben.

[1] In letzterem Falle standen 450 gegen 10 000.

[Garnisondienst.] Ihre Hauptaufgabe war aber auch der Garnisondienst, in weitestem Umfange, sowie die Ersatzthätigkeit, wir wir beide schon in Pommern kennen gelernt haben. Dafür, dass die Milizen hierbei die Unterstützung eines, zeitweise auch zweier Bataillone Lange genossen, war eben auch Frankfurt in ihren Bereich gezogen worden. Wie wir oben schon gesehen haben, musste beständig Küstrin, Frankfurt und Krossen besetzt sein, zeitweise auch Peitz, Friedeberg, Königswalde, Soldin u. s. w. Der Garnison- und Wachtdienst war, abgesehen davon, dass man alle Augenblicke eine Alarmirung durch die Feinde von aussen her zu gewärtigen hatte, ausserordentlich schwer, am schwersten mit dadurch, dass beständig grosse Massen feindlicher Gefangener zu bewachen waren, von deren Desperation man sich alles versehen musste. In Küstrin befanden sich so zumeist 3—4000 Mann, während die Besatzung selten über 500 Köpfe zählte, wovon auch noch die Wachen in den sehr ausgedehnten Werken zu besetzen waren. Dass diese Festung nicht schliesslich doch einmal durch die Empörung der Gefangenen dem Könige verloren gegangen ist, muss geradezu einer besonders günstigen Fügung des Schicksals zugeschrieben werden. Gelegenheit dazu gab es genug; abgesehen von einer Reihe kleinerer Meutereien sind besonders zwei derselben bemerkenswerth. Wenige Wochen nach der Schlacht bei Zorndorf, als sich an 3000 Russen in den Kasematten der Festung befanden, wurde gerade noch im letzten Augenblicke ein grossartiges Komplott russischer Offiziere entdeckt, welches, wenn es gelang, die Feinde in wenigen Minuten zu Herren der Stadt gemacht hätte. Noch schlimmer war es am 5. Juni 1762: 4000 Oesterreicher revoltirten, hatten sich schon einer grossen Anzahl Gewehre bemächtigt und feuerten sogar schon aus den Wallgeschützen auf die Preussen. Die Festung schien verloren, und nur der Entschlossenheit des Kommandanten, Oberstleutnant von Heiderstädt, sowie der Kaltblütigkeit und heldenmüthigen Aufopferung des Leutnant Thiele vom Heiderstädtischen Battaillon war es zu danken, dass der Sturm beschworen, und die Meuterer wieder in die Kasematten zurückgeworfen wurden[1]).

Man wird vielleicht sagen, dass eine Festung von der Bedeutung Küstrins durch eine genügende Besatzung gegen solche Zufälle hätte sichergestellt werden müssen. An sich sehr mit Recht; aber woher sollte der König die Truppen nehmen, wenn halb Europa gegen ihn in Waffen war und ihn zwang, alle irgend verfügbaren Kräfte dem grossen, dem

[1]) Heiderstädt wurde verwundet; der Held des Tages, der brave Thiele blieb auf dem Platze. Vergl. über diese Vorgänge auch Preuss a. a. O. I, 275 f., sowie Wedekind: Geschichte der Neumark, Berl. 1848, S. 467 f.

Feldkriege zuzuwenden. Fünf gegen einen, das etwa war in diesem Kriege das Verhältniss der Gegner zu Preussen, hier wie überall.

Wir haben oben gesehen, dass in Kolberg aus Mangel an gelernten Artilleristen Landsoldaten zur Bedienung der Festungsgeschütze herangezogen worden waren. Dasselbe war auch in Küstrin der Fall: zur Unterstützung der wirklich vorhandenen 20 Kanoniere hatte man, um einer feindlichen Belagerung wenigstens nicht ganz wehrlos gegenüberzustehen, dauernd 80 Mann von der Landmiliz abkommandiren müssen.

Wenn nun die neumärkischen Landbataillone von ihren Garnisonorten aus auch zumeist der Provinz, der sie ihre Entstehung verdankten, nach Möglichkeit Schutz gewähren sollten, so brachten es doch die Umstände mit sich, dass ihnen auch zu einem guten Theil die Deckung des Weges aus der Mark nach Schlesien zugewiesen werden musste. Transporte und Eskortirungen aller Art nach Berlin, nach Glogau, ja selbst bis nach Breslau, Liegnitz und Jauer, das vor allem waren die Obliegenheiten, die der neumärkischen Miliz aus diesem Verhältnisse erwuchsen. Was diesen Dienst aber doppelt beschwerlich machte, das war endlich der beständige Wechsel der Mannschaften, welchen die Abgaben an die Feldregimenter und die Neuausbildung der Rekruten mit sich brachte.

[Verwerthung als Ersatzkadres.] Das System, wenn man von einem solchen reden kann, und der Ursprung dieses Ersatzwesens waren genau dieselben, wie wir sie schon in Pommern kennen gelernt haben; und wir müssen hier noch einmal besonders betonen, dass die direkte Rekrutirung der Regimenter im grössten Umfange neben der durch die Landmiliz stattgehabt hat. Die Milizbatailllone enthielten ziemlich gemischt Enrollirte aller neumärkischen Regimenter[1]), und demgemäss erfolgten dann auch die späteren Abgaben. Der erste grosse Austausch der Rekruten fand, wie in der ganzen übrigen Monarchie, so auch in der Neumark im Januar 1758 statt: alle zehn- bis vierzölligen felddiensttüchtigen Kantonisten mussten abgegeben werden. Die Bataillone sanken damit zunächst auf weniger als die Hälfte ihres Bestandes, mussten aber in kurzem trotz aller Gegenvorstellungen der Kammer wieder mit den nöthigen Ersatzrekruten vom Lande versehen werden. Abgesehen ganz von den jederzeit zu machenden kleineren Abgaben, oft nur 5 bis 10 Mann, wiederholte

[1]) Besonders der Infanterieregimenter Goltz (Nr. 24), Kalkstein (Nr. 25), Wedell (Nr. 26) sowie Markgraf Karl (Nr. 19); von dem letzteren enthielt das Bataillon Heiderstädt die meisten, z. B. im Januar 1758 allein 8 Unteroffiziere, 2 Tambours und 325 Gemeine. Die Mischung kam daher, dass sich die Kantoneintheilung bei weitem nicht mit der Kreiseintheilung deckte.

sich dann dieser Wechsel der Mannschaften bei den Landbataillonen in jedem neuen Winter. Allerdings bestand seit Sommer 1759 das Bataillon de Rège nicht mehr, auch das Bataillon Arnim konnte in der nächsten Zeit keine Abgaben machen; aber bei Heiderstädt ging alles seinen richtigen Gang und 1761 konnte auch das reorganisirte Bataillon Arnim, nunmehr Bornstädt geheissen, seine Ersatzthätigkeit wieder aufnehmen. Selbst im Winter auf 1763 waren die abzugebenden Mannschaften schon wieder designirt, als der Friede allem dem ein Ende bereitete. Würdigt man diese eigenthümlichen Ersatzverhältnisse richtig, dann fällt ein Abglanz des Ruhmes, den solche Kernregimenter wie Markgraf Karl, Goltz u. s. w. in dem grossen Kriege errungen haben, auch auf die Landmiliz zurück, die der Armee so viel tüchtige Rekruten erzogen hatte.

Wenn nun auch der Uebergang aus der Landmiliz in das stehende Heer sich im allgemeinen nur auf die Mannschaften bezog, so ist er doch in geringerem Umfange auch inbetreff des Offizierkorps in der Neumark nachweisbar. Nicht etwa, dass eine systematische Ergänzung stattgehabt, nicht, dass es sich wirklich um ein offizielles Institut gehandelt hätte, sondern die Sache war rein privater Natur. Die Lage der Offiziere bei einem Feldregimente war eine so wesentlich bessere, dass man es den jüngeren Offizieren der Landmiliz wahrlich nicht verargen konnte, wenn sie, falls sich die Gelegenheit dazu bot, zu einem solchen überzutreten suchten. Die verschiedenen Zweige des Dienstes führten sie häufig mit höheren und höchsten Offizieren der Armee zusammen; die Regimentschefs, beziehungsweise die Kommandeure lernten die Tüchtigkeit einzelner kennen und engagirten sie dann, gleichviel was jene vorher gewesen, ob garnicht gedient, wie die frankfurter Rechtskandidaten, ob Offiziere, Kadetten, Junker, Unteroffiziere oder Gemeine, ob adlig oder unadlig; man nahm tüchtige Offiziere, welche die Feldarmee dringend brauchte, wie man sie fand, selbstverständlich hier immer vorbehaltlich der Bestätigung durch den allerhöchsten Kriegsherren. Der grössere Theil fiel natürlich auf die Infanterie, doch kamen auch einige zu den Husaren, den Freitruppen u. s. w.

In engster Verbindung mit den eben erwähnten Verhältnissen stand noch ein eigenthümliches Freiwilligenwesen bei der Landmiliz[1]). Wohlhabende junge Leute aus den gebildeten Ständen traten freiwillig bei den Bataillonen ein, wurden ausexerzirt und thaten dann als Fähnriche Offiziersdienste, ohne wirklich Offiziere der Bataillone zu sein und ohne jemals Sold zu empfangen. Sie wurden entweder schliesslich wirklich bei der Landmiliz angestellt oder, was das ge-

---

[1]) Vergl. S. 106 über die frankfurter Kandidaten u. s. w.

wöhnliche war, sie traten dann als Offiziere zu den Feldregimentern über, wo man sie mit einer gewissen Vorliebe annahm. Dieses, nebenbei auch rein private Verhältniss zwischen den Bataillonskommandeuren der Landmiliz und den jungen Leuten war vielleicht in jenem Kriege einer der Hauptwege, unadligen Jünglingen der gebildeten Kreise den Dienst im Heere zu erschliessen; es erinnert einigermassen an das Institut der freiwilligen Jäger von 1813—1815 und der Einjährig-Freiwilligen von heute. In welchem Umfange freilich dieses eigenthümliche Offiziersaspirantenwesen stattgehabt hat, haben wir noch nicht einmal für die Neumark genau feststellen können, da die Akten diesen Punkt immer nur obenhin berühren; dass es aber üblich gewesen ist, steht ausser allem Zweifel. In den anderen Provinzen wäre leicht auch auf ein ähnliches Institut zu schliessen, doch bedürfte es dort noch erst des wirklichen Nachweises. Jedenfalls ist diese Erscheinung, auch wenn sie nur in einer Provinz stattgehabt hätte, als äusserst interessant anzusehen.

IV. Unterhalt der neumärkischen Landmiliz.

[Vertheilung der ersten „drei Monate".] Wir haben bereits oben gesehen, dass die Kammer die für die Landmiliz nöthigen Gelder, und zwar auf drei Monate berechnet, einfach auf das Land repartirt hatte, ohne die Stände auch nur im geringsten darüber zu befragen; sie glaubte so am schnellsten zum Ziele zu kommen. Immer noch anknüpfend an den ersten Entwurf, wo die Bürgerkompanien eine Rolle spielen sollten, und andererseits ganz beherrscht von dem Gedanken, dass die Miliz nur für wenige Monate, höchstens bis zum Winter nöthig sein werde, hatte die Kammer für die Vertheilung der nöthigen Montirungs- und Verpflegungsgelder einen Modus gewählt, der namentlich für die Dauer recht ungeeignet erscheinen musste, nichtsdestoweniger aber für diesen die Billigung des Generaldirektoriums zu erhalten gewusst[1]). Die Fürsorge für die Städte war wieder der allein leitende Gedanke gewesen. Da diese nämlich, argumentirte die Kammer, seit Einführung der Akzise aus letzterer viel grössere Erträge lieferten, als sie früher kontribuirt hätten, da sie ferner auch jetzt schon extraordinär die Servis- und Brotgelder für die zurückgebliebenen Soldatenfamilien trügen, seien die alten Landesrezesse, die von den Immediatstädten inbetreff aller allgemeinen Lasten die Hälfte forderten, nicht mehr anwendbar, und diese sollten

---

[1]) Der Vorschlag der Kammer datirt vom 18., der diesen gutheissende Erlass des Generaldirektoriums vom 22. August 1757.

daher von den Kosten der Landmiliz nur ein Viertel, das platte Land dagegen drei Viertel aufbringen[1]). Von den Städten sollte nur der gewöhnliche Friedensservis eingehoben, daraus die Unterstützungsgelder an die Soldatenfamilien und der Beitrag zur Landmiliz bestritten, was dann noch fehle, aber von den vermögendsten neumärkischen Kämmereien vorgeschossen werden. Dies hiess jedoch den Städten, die zunächst auch keine Rekruten zu stellen hatten, eigentlich überhaupt keine ausserordentliche Abgabe auferlegen[2]). Das Quantum des platten Landes dagegen sollte von den Kreisen und Dörfern extraordinär nach der Hufenzahl aufgebracht werden, und diesen wurde damit eine Last aufgebürdet, die sogar die gewöhnliche regelmässige Kontribution noch überstieg[3]).

[Entscheidung über die Weiterunterhaltung und neue Veranlagungen.] Was zu erwarten war, trat ein: die Ritterschaft protestirte auf das entschiedenste gegen eine solche Parteilichkeit der Kammer, wie sie deren Fürsorge für die Städte nannte. Wir werden unten sehen, welchen Erfolg diese Beschwerden hatten; soviel aber steht fest, dass etwas weniger Eile, etwas mehr Berechnung, wie es in Zukunft werden solle, der Kammer manche schwere Stunde erspart hätte und dem ganzen Werke förderlicher gewesen wäre. So wollte die ganze Angelegenheit nicht recht in Fluss kommen. Noch im August 1757 musste die Kammer dem Generaldirektorium erklären, dass die Provinz wohl die geringeren Kosten für die in dem ersten Promemoria vorgesehene Landesvertheidigung eine Zeitlang hätte tragen können, dass aber nach dem neuen, vom Könige befohlenen Fusse die Aufbringung der Gelder auch nur für drei Monate dem Lande die grössten Schwierigkeiten bereiten werde, und dass nach Ablauf dieser, wenn die Provinz nicht ganz zugrundegerichtet werden solle, die Landmiliz unter allen Umständen auf königliche Kassen übernommen werden müsse. Aber weder dieser ersten Vorstellung, noch auch einer abermaligen, das Land doch wenigstens zum 1. Januar 1758 von der schweren Last zu befreien, konnte das Generaldirektorium Gehör geben.

---

1) Allerdings wurden dafür in der Neumark, anders wie in den übrigen Provinzen, die Mediatstädte zu den drei Vierteln des platten Landes herangezogen, und das in ihnen wie bei den Immediatstädten durch Erhebung des Friedensservises von der Bürgerschaft aufgebrachte Landmilizgeld den Kreisen zugute gerechnet.

2) Die Stadt Küstrin hatte die Kammer noch nicht einmal mit dem vollen Friedensservis für den Landmilizbeitrag anzulegen gewagt, auf Grund alter Rezesse, Privilegien und Gerichtsentscheidungen. Das Generaldirektorium erfuhr dies erst im November 1759, und die Stadt wurde nun wenigstens sofort zum Landmilizimpost herangezogen.

3) Diese betrug für die Hufe 1 Thlr. 15 g. Gr. 9 Pf., jenes dagegen 1 Thlr. 20 g. Gr. 6 Pfg.

Auch die Hoffnung der Kammer, dass die Landmiliz infolge der ersten grossen Abgaben im Januar 1758 vollkommen eingehen oder doch im Bestande sehr reduzirt werden würde, sollte zuschanden werden; das Generaldirektorium konnte immer nur erwidern, dass Se. Majestät die extraordinäre Unterhaltung der drei Milizbataillone dem Lande befohlen habe, ohne irgend einen Termin dafür zu setzen, und dass daran absolut nichts geändert werden könne [1]). So blieb der Kammer nichts weiter übrig, als immer wieder neue Landmilizgelder auf die Provinz zu repartiren, im übrigen aber den Erfolg abzuwarten und einstweilen, wenn die Gelder nicht da waren, alles, was die Miliz brauchte, vorschussweise herzugeben.

[Streit zwischen dem Lande und den Städten um den Quotisationsfuss.] Hätte sich nun blos für drei Monate das platte Land die Bevorzugung der Immediatstädte noch allenfalls gefallen lassen können, so war diese für längere Zeit jedenfalls ein Unding geworden. Da die Veranlagungen erst ziemlich spät hatten erfolgen können, war zunächst, obwohl das Quartal schon abgelaufen, vom Lande noch äusserst wenig eingekommen, ja die Ritterschaft weigerte sich sogar ziemlich heftig, überhaupt einen Beitrag zu leisten, wenn die Städte nicht auch mehr herangezogen würden; sie forderte auf das bestimmteste die Befolgung des bisher immer, und zuletzt noch im Schwedenkriege 1715 beobachteten alten Landesquotisationsrezesses vom Jahre 1655, wonach die Städte und das Land sich zu gleichen Hälften in alle allgemeinen Lasten zu theilen hätten. Nachdem man ihr alle ihre jungen Leute genommen, könnte sie jetzt nicht auch etwa noch diese ganze Last allein auf sich nehmen [2]). Es gab einige heftige Scenen auf den Kreistagen und die streitenden Parteien wandten sich endlich an das Generaldirektorium [3]). Die Kammer vertheidigte ihren Standpunkt; was sie jetzt noch besonders für die Städte geltend machen konnte, war einmal, dass diese nunmehr auch bedeutend zur Lieferung von Milizrekruten herangezogen worden waren, sowie dass sie ausserdem auch ganz allein den nicht unbeträchtlichen Servis für die drei Landbataillone und die Husaren aufbringen mussten.

---

[1]) Bericht der Kammer vom 18., Bescheid darauf vom 29. November 1757.

[2]) Auch darüber ward Beschwerde geführt, dass man die vielen neuen Kolonisten, von denen doch in manchen Kreisen mehr wären als ordentliche Kontribuenten, nicht zum Landmilizgeld herangezogen habe; ob dies später noch geschehen, ist nicht recht ersichtlich, die pommersche Kammer hätte sie jedenfalls mit einem Beitrage belegt, aber die neumärkische war dieser an Energie und Findigkeit nicht gewachsen.

[3]) Bittschriften der Stände an das Generaldirektorium vom 14. Februar, 6. März und 20. Juni 1758. Ein Versuch der Stände (Vorschlag vom 6. März) sich durch einen Ausgleich mit der viel weniger belasteten Kurmark Hilfe zu verschaffen, fand nicht die Zustimmung des Generaldirektoriums.

Trotzdem konnte das Generaldirektorium nicht umhin (in einem Reskript vom 29. Juni 1758) sich durchaus auf die Seite der Ritterschaft zu stellen: der Rezess von 1655 und der rechtskräftige Abschied von 1660 wurden für bindend erklärt, und den Immediatstädten auferlegt, von den gesammten Kosten für die Landmiliz die Hälfte zu tragen. Der bisherige Erhebungsmodus vom Lande nach den Hufen, von den Städten aus dem Servis mit Zuschüssen aus den Kämmereien, sollte beibehalten werden.

[Einfall der Russen. Geldnoth.] Mit dieser stärkeren Heranziehung der steuerkräftigeren Städte wäre die Unterhaltung der Miliz auch für die Dauer sichergestellt, die Gelder ziemlich reichlich zu erwarten gewesen, wenn nicht gerade bald darauf, im August 1758, die Russen der Neumark ihren ersten Besuch abgestattet hätten. Hatte bisher nur der kottbuser Kreis, der schon im Oktober 1757 von den Oesterreichern unter Hadik übel mitgenommen worden war, ernstliche Schwierigkeiten gemacht, so schien nunmehr infolge der Bedrückungen und Misshandlungen des Landes durch die Russen die Aufbringung der Gelder in der ganzen Provinz und damit überhaupt die Zukunft der Landmiliz in Frage gestellt. Die Beiträge kamen immer spärlicher ein, ja blieben schliesslich ganz aus, die Reste schwollen an, und wo noch allenfalls etwas hätte beigetrieben werden können, unterblieb es oft, weil die Kammer sich verschiedentlich vor den Feinden flüchten musste. Allen Bitten und Vorstellungen, der Provinz die drückende Last abzunehmen oder doch wenigstens, wenn der Feind nicht im Lande sei, um die Kosten zu ermässigen, Beurlaubung der Miliz eintreten zu lassen, konnte beim Generaldirektorium kein Gehör gegeben werden; aus der lockeren Bauernmiliz, die bestimmt gewesen die Grenze gegen die Uebergriffe polnischer Banden zu decken, waren eben Truppen geworden, denen in der gesammten grossen Heeresmaschine eine ganz bestimmte Stellung, eine ganz bestimmte Aufgabe angewiesen worden war, und die daher keinen Augenblick entbehrt werden konnten. Das Land musste schon wohl oder übel zu deren Unterhaltung sein äusserstes thun. Die Städte und Kreise zahlten dann auch ihren Beitrag, soweit sie es nur vermochten. Aber alles hatte schliesslich sein Ende; und wie das Generaldirektorium von vornherein befohlen, wirklich Unvermögende nicht mit militärischer Exekution zu ängstigen, so musste sich schliesslich die Kammer dareinergeben, dass trotz aller neuen Veranlagungen die Gelder immer unregelmässiger, immer seltener einliefen. Pünktlich besoldet musste die Landmiliz werden und trotz der grössten Sparsamkeit auch von Zeit zu Zeit neue Montirungsstücke erhalten, was an Geld fehlte, hatte die Obersteuerkasse vorzuschiessen. Die dieser hieraus erwachsenden Verlegenheiten fingen allmählich an derartige Dimensionen anzunehmen, dass auf andere Hilfsmittel gedacht werden musste.

[Zuschüsse aus den Baufreiheitsgeldern.] Weil nun die Husareneskadron den ihr zugewiesenen Fonds der 11 000 Thaler Baufreiheitsgelder jährlich nicht vollkommen brauchte, so erbat und erhielt die Kammer schon im Mai 1758 die Erlaubniss, diese Gelder subsidiär für die Landmiliz mitheranziehen zu dürfen. Unter jedesmaliger besonderer Bewilligung vonseiten des Generaldirektoriums wurde dann eine ganze Reihe kleinerer Ausgaben daraus bestritten, zumeist die Kosten für die kleinen Montirungsstücke, Ende 1758 aber auch z. B. die volle grosse Montirung für die drei Bataillone. Späterhin ward zwar betont, dass auch diese Zahlungen nur als Vorschüsse anzusehen seien, doch ohne dass dies auf die Sache an sich wirklich von Einfluss gewesen wäre.

[Der Landmilizimpost.] Wir haben schon oben bei Besprechung der pommerschen Verhältnisse erwähnt, dass das Generaldirektorium im Sommer 1759 den Vorschlag der kurmärkischen Kammer, die Landmilizgelder von den Städten ferner durch einen bei der Akzise einzuhebenden Impost aufzubringen, nicht nur für die Kurmark gebilligt hatte, sondern alsbald eine entsprechende Einrichtung auch in den anderen Provinzen getroffen wissen wollte. Das betreffende Reskript (vom 11. August 1759) traf die neumärkische Kammer in Stettin, wohin sie sich vor den Russen geflüchtet hatte. Viel Vertrauen brachte diese der befohlenen Neuerung nicht entgegen [1]), sie äusserte wie ihre pommersche Kollegin ihre Bedenken; aber, nachdem einige besondere Fragen in einer, den lokalen Interessen entsprechenden Weise gelöst worden waren [2]), trat am 1. Dezember 1759 der Landmilizimpost auch in den neumärkischen Städten in Kraft, und er blieb in Geltung bis zum 1. März 1763 [3]). Die Erhebung des vollen Friedensservises in den Städten hörte damit auf, und es wurde nur soviel eingefordert, als zur Bezahlung der Unterstützungsgelder an die Soldatenfamilien, sowie einiger ausserordentlicher Ausgaben vonnöthen war. Die Mediatstädte, die solange, anders als in Pommern und der Kurmark, zu dem Quantum des platten Landes beigetragen hatten, erhielten nunmehr auch den Impost und der von ihnen bisher ge-

---

[1]) Berichte vom 24. Oktober und 15. November 1759.

[2]) Diese bezogen sich hauptsächlich auf die Höhe der Impostsätze. Später wurden so zugunsten der sehr stark entwickelten Tuchmacherei, deren Wünsche das zielenziger Gewerk zum Ausdruck brachte, ebenfalls noch einige Abänderungen getroffen.

[3]) Küstrin, bisher von jeder Milizabgabe frei, musste auf ausdrücklichen Befehl des Generaldirektoriums ebenfalls an dem Impost theilnehmen (Erlass vom 22. November 1759; vergl. auch oben S. 118, Anm. 2).

forderte Beitrag wurde dafür dem Quantum der betreffenden Kreise abgeschrieben[1]).

Wenn nun überhaupt etwas Handel und Wandel im Lande war, so musste auch diese Konsumsteuer etwas einbringen; und der Erfolg des Impostes ist dann auch in der Neumark verhältnissmässig viel günstiger gewesen als in Pommern. Vor allem stellte sich das Gesammtresultat wesentlich anders, als in der Neumark der Impost noch zwei volle Jahre länger bestanden hat als in jener Provinz, und dass seine Erhebung das ganze letzte Jahr in keiner Weise durch die Anwesenheit eines Feindes beeinträchtigt worden ist[2]).

Das Generaldirektorium hatte hier jedenfalls zur rechten Zeit das rechte Wort gesprochen, ja es war die höchste Zeit gewesen, wenn nicht die Landmiliz ohne Verpflegung bleiben sollte. Hatten sich auch durch das Verschwinden des Bataillons de Rège und die Gefangennahme und zeitweilige grosse Schwäche des Bataillons Arnim die Kosten erheblich vermindert, so zahlten doch seit 1760 die neumärkischen Kreise so gut wie garnichts an Kontribution und an Landmilizgeld mehr, und ohne diese Aenderung wäre wohl die neumärkische Kammer bezw. ihre Obersteuerkasse, die schon in den früheren Jahren Tausende und Abertausende an Vorschüssen hatte machen müssen, vollkommen unter der Last zusammengebrochen.

[Von der Einführung des Impostes bis zum Frieden.] Als nun im Jahre 1762 die pommerschen Milizen aufgelöst wurden, bat die neumärkische Kammer, man möge doch jetzt zur Erleichterung der Provinz ihre Landbataillone auf die Generalkriegskasse übernehmen. Doch ward auch dies unter Hinweis auf die anderen Provinzen, die ihre Milizen auch noch weiter zu unterhalten hätten, abgelehnt, das Land musste die Last nun schon bis zum allgemeinen Frieden tragen.

Allerdings scheint dennoch der Neumark im Sommer 1762 in anbetracht dessen, dass sie mit Pommern zugleich am meisten gelitten hatte, ein besonderer königlicher Gnadenbeweis zutheil geworden zu sein, und zwar in der Art, dass ihr ein grosser Theil der restirenden Landmilizgelder erlassen, oder aber, dass ihr eine gewisse Summe schenkungweise übermacht worden ist, um den grösseren Theil ihrer sehr be-

---

[1]) Was die speziellen Tarifsätze des neumärkischen Impostes anbetrifft, so stimmten diese fast genau mit den in Pommern eingeführten (vergl. Beilage VII) überein, einige gingen bis zur Hälfte des Satzes der gewöhnlichen Akzise, die meisten aber waren noch niedriger.

[2]) Uebrigens ist auch in der Neumark der Impost vielfach erhoben worden, selbst wenn die Russen zugegen waren, und es hat sich in dieser Hinsicht besonders der Akzisebeamte in Zielenzig durch ausserordentliche Gewandtheit und Diensttreue ausgezeichnet.

trächtlichen Schulden tilgen zu können, ähnlich, wie es im Februar 1759 inbetreff der Uckermark geschehen war[1]. In den Akten findet sich freilich nichts derartiges klar ausgesprochen, aber zwei Momente dürften für eine solche Annahme sprechen. Einerseits ward nämlich im Juli 1762 auf Befürwortung der Kammer den Akziserendanten für die durch Einhebung des Landmilizimpostes verdoppelte Arbeit und den grösseren Aufwand an Schreibmaterial eine kleine Tantieme von den Imposteinkünften bewilligt und zwar nicht nur für die Zukunft, sondern auch noch nachträglich für die Zeit vom Dezember 1759 an, während bisher jede derartige Zulage, trotz der wärmsten Empfehlung der Kammer, stets im Hinweis auf die äusserst ungünstige Finanzlage verweigert worden war. Andererseits ward im Juli 1763 einem Tuchlieferanten, dem 1758 in Küstrin ein grosser Posten von für die Landmiliz bestimmten Tüchern gerade während der Ablieferung durch das Bombardement vernichtet worden war, der dadurch entstandene Schaden von etwa 400 Thalern aus dem „Landmilizfonds" vergütet, während ihm dies trotz seiner flehentlichsten Bitten bisher ebenfalls nicht hatte bewilligt werden können. Es muss also doch ein Landmilizfonds dagewesen sein, und ebenso müssen im Sommer 1762 auch schon reichere Geldmittel zur Verfügung gestanden haben. Diese Umstände wären aber sehr gut verständlich, wenn wir einen derartigen Erlass, wie wir ihn oben erwähnt haben, vielleicht in der Höhe von rund 50 000 Thalern annehmen wollten. Landmilizgeld von den Kreisen freilich wäre damals wahrscheinlich ebenso wenig, als vor einem Jahre eingekommen; aber nach einem solchen Erlass konnte der Landmilizimpost einen etwa noch bleibenden Rest tilgen, die laufenden Ausgaben bestreiten, in der Zeit der Ruhe des ganzen Jahres 1762/63 auch ausserdem noch Ueberschüsse liefern und also nach dem Frieden auch solche, d. h. wirklich einen kleinen Landmilizfonds hinterlassen. Nicht unmöglich wäre übrigens auch, dass der bislang für die neumärkischen Husaren bestimmt gewesene, mit deren Uebernahme auf die Generalkriegskasse aber seit dem Februar 1762 disponibel gewordene Fonds der Baufreiheitsgelder jetzt ausschliesslich für die Landmiliz, etwa zur Deckung des ganz ausfallenden ländlichen Beitrages, herangezogen wurde. Aber Baufreiheitsgelder und Impost hätten ohne einen grösseren Erlass auch zusammen nicht ganz hingereicht, die aus der früheren Zeit stammenden Reste zu tilgen.

Welchen Massstab wir nun in den einzelnen Provinzen

---

[1] Vergl. oben S. 91. Dass der König im Winter 1760/61 der Neumark im ganzen 100 000 Thlr. zu Brot- und Saatkorn geschenkt hat, ergiebt Preuss: Friedr. d. Gr., Urkundenbuch II, S. 84, 85; doch kann diese Schenkung hier in unserem Falle nicht inbetrachtkommen.

anlegen müssen, um das Opfer, das dieselben in der Unterhaltung ihrer Landmilizen gebracht haben, recht erkennen zu können, das hat uns oben die Betrachtung der Verhältnisse in Pommern genügend gelehrt. Wir werden uns hier also in der Neumark auf einige Punkte beschränken können. Die Lage auch dieser Provinz war, als der Krieg begann, kaum weniger ungünstig zu nennen als die der beiden Pommern. Die nördlichen Kreise waren an sich schon wenig wohlhabend, und die, der Natur nach sonst besser gestellten, südlichen Kreise waren noch durch ganz besondere Kalamitäten heimgesucht worden. Die grossen Lasten der Durchmärsche, Fuhren und Lieferungen während der ersten beiden schlesischen Kriege hatte man immer noch nicht überwunden, von den Kriegsanleihen jener Jahre waren auch recht beträchtliche Theile noch nicht getilgt. In den Jahren 1749 bis 1754 hatten mächtige Heuschreckenschwärme die Provinz heimgesucht und grossen Schaden verursacht; ein Unglück, das sich übrigens auch 1758 wiederholte und die Ernte zum grossen Theil vernichtete, ehe noch die Russen ihr Zerstörungswerk beginnen konnten. Ferner hatte man 1740 und 1756 völligen Misswachs gehabt, und auch bei der Ernte von 1757 waren Hafer und Gerste wieder ganz ausgefallen, abgesehen davon, dass durch grosse Hagelschläge vielerlei Schaden verursacht worden war. Endlich grassirte auch in einzelnen Theilen der Provinz eine Viehseuche: kurz, die gesammten Verhältnisse der Neumark waren sehr wenig dazu angethan, gerade jetzt noch von ihr eine ausserordentliche Leistung zu fordern. — Und nun war der Krieg gekommen mit all' den Lasten und Beschwerden, wie wir sie schon in Pommern kennen gelernt haben, mit den unendlichen Einquartirungen, Lieferungen, Transporten und Fuhren, den Brandschatzungen, den Plünderungen und Misshandlungen durch die Kosaken. Vier Sommer lang von 1758 bis 1761 sah die Neumark dieses Treiben des unmenschlichen Feindes, und zuletzt war das platte Land eine völlige Einöde, die Provinz war wirklich vollkommen ruinirt. Hatte 1757 auch nur der kottbuser Kreis, durch die Bedrückungen Hadiks, zu leiden gehabt, hatte man gar noch versucht, die Neumark zur Unterstützung für die Kurmark zur Tragung der von den Franzosen unter Richelieu erhobenen Brandschatzungs- und Sauvegardengelder heranzuziehen, so war an derartiges nicht mehr im entferntesten zu denken, seitdem 1758 die Neumark zum ersten Male die Heimsuchung durch die Russen hatte erdulden müssen. Die Noth des Landes stieg nun beständig von Monat zu Monat. Dass inbetreff der Unterhaltung der Miliz für die Provinz durch Einführung des Imposts ein etwas erträglicherer Zustand geschaffen worden ist, kann ja nicht geleugnet werden, aber mit oder ohne Impost, der Ruin des Landes war unaufhaltsam, dafür sorgten die grausamen und unerbittlichen Feinde.

Für König und Vaterland gelitten hat somit gemeinsam mit Pommern vor allen Provinzen der preussischen Monarchie jedenfalls die Neumark am meisten, so dass die Gesammtsumme, die diese letztere bar für ihre Landmiliz aufgebracht hat, ungefähr **150 000** bis **160 000** Thaler, wenn auch an sich nicht so sehr gross, immerhin unter diesen Verhältnissen als eine ausserordentliche Leistung bezeichnet werden muss.

Dritter Theil.

Magdeburg-Halberstadt[1]).

I. Veranlassung der Landmiliz.

Die Hoffnungen, die man preussischerseits für den Feldzug 1757 auf die alliirte Armee unter Führung des Herzogs von Cumberland gesetzt hatte, fingen an, sich als trügerisch zu erweisen. Das verzagte Zurückweichen des hannöverschen Prinzen hatte schon zu Beginn des Sommers selbst für den Hauptkomplex der preussischen Stammlande die ernste Gefahr eines Einfalles von Westen her heraufbeschworen. Der Ernst der Lage war nicht mehr zu verkennen, und die beiden Kammern in Magdeburg und Halberstadt hielten es für ihre Pflicht dem Generaldirektorium und dieses wiederum dem Könige Vorstellungen zu machen, zumal sich ja, ganz abgesehen von dem platten Lande, selbst die Festung Magdeburg in einer höchst prekären Lage befand[2]). Als erste zeitweilige Massregel hatte das Generaldirektorium inzwischen der Kammer

---

[1]) Die eigentlichen Hauptakten über die magdeburgische Landmiliz waren weder im Geh. Staatsarchiv noch im Magdeburger Archiv aufzufinden. Daher können sich unsere Mittheilungen hier nur auf das allgemeinste beschränken, soweit es sich aus gelegentlichen Notizen ergab. Diese entstammen dem Geh. Staats-Arch., Gen.-Direkt., Tit. CLXXIX Invasionssachen 1 Magdeburg, Vol. I; R. 63, 85a Vol I—IV (Hauptakten für die kurmärkische Landmiliz); R. 96, 81 M. (Immediatberichte der Minister des Generaldirektoriums); sowie dem Magdeb. Staats-Arch. Landständ. Repert. A. VI, Nr. 497. Ueber die Errichtung der magdeburgischen Landhusaren vergl. Geh. Staats-Arch., Gen.-Direkt., Magdeb., Tit. CLXXXIII Nr. 8.

[2]) Der erste dahingehende Bericht der Kammer ist vom 20. Juni. In der Festung befanden sich damals ausser einigen Invaliden nur das in seinen 4 Kompanien etwas über 800 Mann starke Magdeburgische Neue Garnison- (Land-) Regiment; die ausserdem zahlreich anwesenden Rekruten für die Armee waren, da fast ausschliesslich aus frisch ausgehobenen sächsischen Landeskindern bestehend, eine mindestens sehr zweifelhafte Hilfe.

befohlen, um wenigstens die Städte einigermassen vor den Handstreichen kleiner feindlicher Abtheilungen zu sichern, in diesen die Bürgerkompanien in etwas besseren Stand zu setzen, zumal in Magdeburg, wo man eventuell auf dieselben für den Fall einer Belagerung werde rechnen müssen[1]; doch ist dieser Befehl im Drange der Ereignisse so gut wie garnicht zur Ausführung gekommen. Der König, sich erst allmählich von dem furchtbaren Schlage bei Kolin erholend und zunächst ausserstande der bedrängten Provinz energische Hilfe zu leisten, konnte sie, ebenso wie Pommern, auch einstweilen nur auf ihre eigene Kraft anweisen, indem er auch hier die Errichtung einer Landmiliz anbefahl. Die betreffenden Kabinettsordres an die Präsidenten der beiden Kammern, von Blumenthal und von Pfuel, sowie an den Kommandanten von Magdeburg, Generalleutnant von Borcke, datiren, genau wie die für die pommersche Miliz entscheidenden, schon von Leitmeritz den 13. Juli 1757[2]. Den Kammerpräsidenten wurde aufgegeben: „vorerst ein paar tausend Mann zu Miliciens aufbringen und solche nach Magdeburg abliefern zu lassen", dem Kommandanten aber: „die aufzubringenden Miliciens unter das im Magdeburgischen habende Land-Regiment mit zu vertheilen, auch aus solchem vier Bataillons zu formiren". Als Offiziere wurde auf im Lande befindliche gediente Vasallen, eventuell auf Jäger und Förster, als Unteroffiziere auf ehemalige Soldaten und sonst brauchbare Leute verwiesen. Gewehre und sonstige Armatur sollten die Zeughäuser liefern. Durch Angliederung der neuen Miliz an das bestehende Landregiment beabsichtigte der König augenscheinlich der ersteren einen besseren Halt zu geben. — Das platte Land decken konnte man mit der neuen Miliz zunächst doch nicht, und so sollte sie dann vorerst in Magdeburg zur Verstärkung der Garnison dienen[3].

II. Organisation der magdeburgisch-halberstädtischen Landmiliz.

[Das Milizregiment Jung-Wegnern.] Die Stärke der auszuhebenden Mannschaften ward vom Generaldirektorium für beide Provinzen zusammen auf 2000 Gemeine angesetzt, den Kammern befohlen, diese und die zu ihrer Ausrüstung

---

[1] Erlass vom 21. Juni 1757.

[2] Die ersteren beiden liegen nur in kurzem Auszuge vor, es ist also nicht festzustellen, ob bezw. in welcher Weise sich der König über die von den Provinzen aufzubringenden Unterhaltungskosten der neuen Miliz ausgesprochen hat.

[3] Ebendieselbe Bestimmung erhielt dann auch das neu errichtete kurmärkische Milizregiment, (vergl. unten Seite 137), während für den äussersten Nothfall auch die mit sechs Bataillonen bei der alliirten Armee

und Verpflegung nöthigen Gelder zu schaffen, und alles weitere dem Kommandanten von Borcke überlassen Da sich der vollständigen Verschmelzung der neuen Miliz mit dem schon bestehenden Landregiment Wegnern doch eine ganze Reihe von Schwierigkeiten in den Weg stellten[1]), wurde, in Listen und Etat vollkommen von diesem getrennt, ein neues, das kombinirte magdeburgisch-halberstädtische Milizregiment formirt, nur dass es gleichfalls den Obersten von Wegnern, den der König als vorzüglichen Wirth und guten Offizier kannte und deshalb auch zum Kommandeur der neuen Miliz ausersehen hatte, zum Chef erhielt[2]). In welcher Weise nun die 2000 Mann im einzelnen formirt wurden, ist nicht ganz mit Sicherheit festzustellen[3]), jedenfalls war schon zu Anfang August 1757 das neue Regiment, welches zum Unterschiede von dem alten Landregiment auch „Jung-Wegnern" genannt wurde, beisammen. Einige Wochen später ward es dann, als die Nachrichten aus dem Westen immer bedenklicher wurden, auf Veranlassung des Generaldirektoriums auf den Etat von 3000 Gemeinen verstärkt[4]), zu welchem Zweck die vor dem Feinde auf Grund der bereits mehrfach gelegentlich erwähnten Kabinettsordre vom 10. August in Sicherheit gebrachte junge Mannschaft äusserst gelegen kam. Von nun an zählte das Regiment dem Etat nach 3 Bataillone und 15 Kompanien, im ganzen 52 Oberoffiziere, 180 Unteroffiziere, 45 Tambours und 3000 Gemeine, so dass jede der Kompanien ungefähr an Stärke, sowohl einer des Regiments Alt-Wegnern, wie auch des, um eben dieselbe Zeit in Magdeburg formirten, kurmärkischen Milizregimentes Borck gleichkam. Militärisch gehörte

---

befindlichen Generale Lamotte und Hessen-Kassel angewiesen wurden, sich, wenn die Franzosen die Weser überschritten, nach Magdeburg zu werfen. (Polit. Korrespondenz Fr. d. G. Bd. XV, S. 214 und 247, vergl. auch S. 280).

[1]) Alt-Wegnern hatte sehr niedrige Soldsätze, da diese zugleich eine lebenslängliche Versorgung bildeten, es wurde aus der Generalkriegskasse verpflegt, während die Miliz vom Lande unterhalten werden sollte.

[2]) Die Anhäufung so vieler Mannschaften unter dem Befehle eines Obersten darf nicht so ungeheuerlich erscheinen, hatten doch damals mehrere Garnisonregimenter vier, das Langesche (Nr. 7) aber gar sechs Bataillone (vergl. S. 136 Anm. 3).

[3]) Wie Preuss: Friedr. d. Gr. II, S. 120. Anm. auf Grund einer (handschriftlichen) Autobiographie des Geh. Oberfinanzraths und Chefpräs. der Oberrechenkammer Joh. Rembert Roden (Folio S. 35) berichtet, auf 10 Kompanien zu je 200 Mann. Möglich; aber die Kabinettsordre an Borcke sprach davon aus dem Regiment Wegnern 4 Bataillone zu machen, und die Angabe von Preuss ist keineswegs unbedingt vertrauenerweckend, da die unmittelbar darauffolgende über das kurmärkische Landmilizregiment nach dem, was wir bald sehen werden, durchaus falsch ist. Es waren wohl von Anfang an 3 Bataillone und 15 Kompanien zu je 133 Mann, die in der Folge nur auf je 200 Mann verstärkt wurden.

[4]) Protokoll vom 18. August 1757.

das Regiment Jung-Wegnern nach wie vor ausschliesslich unter das magdeburger Gouvernement, während für seine ökonomischen Bedürfnisse die dortige Kammer zu sorgen hatte. Die Beschaffung des Unterstabes, zum Theil auch der Oberoffiziere — obwohl deren Stellen durch magdeburgische und halberstädtische Adlige, sowie eine Reihe gutgedienter Unteroffiziere bald besetzt wurden — machte bedeutende Schwierigkeiten, zumal ja das Borcksche Regiment auch erst in Magdeburg mit Ober- und Unterstab versehen werden musste; doch wurden schliesslich auch diese überwunden.

Dass nun nach den Erfolgen der preussischen Waffen im Herbst 1757, und nachdem Magdeburg-Halberstadt vom Feinde frei geworden, auch hier von einer Auflösung der Landmiliz, so wie die Dinge einmal lagen, nicht wirklich ernstlich die Rede gewesen ist, wird uns nicht weiter befremden. Die festere Regelung aller Verhältnisse, die Ausgabe voller Montirung, während die Leute bisher nur in ihren Bauernkitteln gegangen waren, u. s. w., deuteten darauf hin, dass man vorerst der Miliz nicht entrathen könne. Freilich in der alten Stärke blieb sie nicht lange. Vielleicht niemals ganz vollzählig geworden, sank das Regiment Jung-Wegnern nämlich mit den ersten grossen Abgaben im Frühjahr 1758 fast auf die Hälfte seines Bestandes. Wenn es auch in bestimmten Abständen seine Lücken immer wieder einigermassen ersetzt erhielt, besonders als im Sommer 1759 der Erbprinz von Hessen-Kassel als Vizegouverneur in Magdeburg die Kommandantur sehr energisch übernommen hatte, so ist doch die Durchschnittsstärke der Kompanien bis zu Ende des Krieges nicht viel über 150 Gemeine gewesen, oft genug aber auch kaum 100.

Was die Soldsätze der magdeburgisch-halberstädtischen Miliz anbelangt, so dürften dieselben denen des kurmärkischen Regimentes, von denen weiter unten die Rede sein wird[1]), gleich gewesen sein. Am 28. Februar 1763 hatte auch das Regiment Jung-Wegnern seinen letzten Appell, um dann für immer in die Heimath entlassen zu werden; nur das magdeburgische Garnisonregiment (Alt-)Wegnern blieb bestehen[2]).

[Jäger und Husaren.] Die Kabinettsordre an den Generalleutnant von Borcke vom 13. Juli 1757 hatte nur in allgemeinen Worten erklärt, dass die Jäger und Förster der beiden Provinzen, soweit sie abkömmlich seien, bei den Vertheidigungsmassregeln Verwendung finden sollten. Bei dem Milizregiment konnte man sie zur Zeit bei dem ausschliesslichen Garnisondienst nicht recht gebrauchen, daher

[1]) Vergl. unten S. 140 und Beilage XI.

[2]) Was sonst noch von dem Regiment Jung-Wegnern zu sagen ist, speziell über dessen dienstliche Thätigkeit in Magdeburg vergl. unten S. 143f.

wurden sie für sich in ein Korps zusammengezogen und vom Gouvernement zum Patrouillendienst und zu kleineren Streifereien verwendet[1]. Als dann die erste grosse Noth vorüber, wurden sie zunächst wieder entlassen, im Sommer 1758 sowie 1759 aber doch wieder zusammengezogen, um endlich durch eine andere, brauchbarere und militärisch organisirte Truppe ersetzt zu werden, durch das magdeburgische Provinzialhusarenkorps.

Nachdem schon früher mehrfach dahingehende Pläne aufgetaucht, erklärte nämlich im Sommer 1759 der Erbprinz von Hessen-Kassel, als er an des alten Generalleutnants von Borcke Stelle als Kommandant nach Magdeburg gekommen war, dass er dringend für den Dienst der Provinz eines wenn auch kleinen, so doch gut geschulten Kavalleriekorps bedürfe, und dass ihm die Kammer, da sie bei der seltenen Vollzähligkeit des Regimentes Wegnern bedeutende Ersparungen mache, dafür die Gelder aus der Landmilizkasse zur Verfügung stellen müsse. Die Kammer sah die Nothwendigkeit auch vollkommen ein, und über den Modus war man ebenfalls schon einig geworden. Der Erbprinz hatte in dem früher in holländischen Diensten gewesenen, nunmehrigen preussischen Obersten und Chef eines Freibataillons von Collignon, demselben, der sich bald darauf als Werbeoffizier im grossen Stil in der preussischen Armee einen Namen machen sollte, die geeignete Persönlichkeit zur Ausführung seines Planes gefunden. Auf Hessen-Kassels Veranlassung setzte daher am 12. September 1759 die Kammer mit dem Obersten einen förmlichen Kontrakt auf, worin dieser sich verpflichtete zur alleinigen und vollkommen freien Verfügung des magdeburger Gouverneurs und zum Dienst des Herzogthums Magdeburg ein Husarenkorps von 1 Offizier, 1 Wachtmeister, 2 Korporalen und 30 Gemeinen zu errichten und einschliesslich Montirung, Armatur und Remonte vollkommen und zwar stets bei Etatsstärke zu unterhalten, jeden Abgang, der durch Desertion oder natürlichen Tod entstehe, sofort auf seine Kosten zu ersetzen und in jeder Hinsicht für gute Disziplin seiner Mannschaften verantwortlich zu sein. Dagegen verpflichtete sich die Kammer, dem Obersten für sich und seine Leute ein entsprechendes, nicht zu knapp bemessenes Traktement zu zahlen und ihm die nöthigen Rationen jederzeit pünktlich zu liefern[2], sowie ausserdem für jeden Verlust, den das Korps vor dem Feinde

---

[1] In welcher Weise und aus welcher Kasse sie verpflegt wurden, darüber verlautet nichts.

[2] Den Etat vergl. Beilage X. Wenn die Sätze des Traktements ziemlich reichlich bemessen erscheinen, so ist dabei zu bemerken, dass Collignon weder für sich noch für die Leute irgendwelches Einrichtungs- oder Montirungsgeld erhielt, also Kleidung, Bewaffnung und Remonte derselben selbst bestreiten musste.

erlitte, auf den Mann 10, auf das Pferd aber 33 Thaler zu vergütigen, wogegen Collignon sofort für den entsprechenden Ersatz Sorge zu tragen habe. Diese Abmachung solle in Kraft bleiben, bis Se. Majestät selbst etwas anderes befehle. Am 14. September übersandte die Kammer diesen bereits vom Erbprinzen in allen Punkten genehmigten Kontrakt dem Generaldirektorium mit der Bitte, ihm ebenfalls seine Zustimmung zu ertheilen. Hier fand man zuerst die Soldsätze viel zu hoch und forderte die Annahme der knappen Sätze, wie sie in der Kurmark üblich. Als aber Collignon auf das entschiedenste betonte: wenn die Kurmark ihren nur aus Landeskindern bestehenden Husaren so wenig gäbe, gehe ihn das nichts an, er müsse seine Leute werben, die Ausrüstung bezahlen und sei ganz allein für alles verantwortlich, erklärte sich endlich am 2. November auch das Generaldirektorium mit dem Kontrakte einverstanden.

Inzwischen war das Husarenkorps auf den Befehl des Kommandanten schon errichtet worden, und noch derselbe Herbst bot ihm reichlich Gelegenheit, seine Zweckmässigkeit ausser allen Zweifel zu stellen. Bis zum Ende des Krieges hat es dann in seinen Patrouillen und Streifereien sich für die Provinz als im höchsten Grade nützlich erwiesen, sodass, soweit ersichtlich, garnicht mehr auf das Jägerkorps zurückgegriffen zu werden brauchte. Ueber die Reduktion der magdeburgischen Provinzialhusaren verlautet nichts, mit den anderen nach Schlesien gegangen sind sie sicher nicht; sie werden wohl mit dem Regiment Wegnern zusammen am 28. Februar 1763 in Magdeburg aufgelöst worden sein [1]). So lange sind sie wie dieses aus den dortigen Landmilizgeldern verpflegt worden. Ausser als „Provinzialhusaren“ findet man sie mitunter auch als „Kammerhusaren“ oder, nach ihrem Chef, als „Collignon-Husaren“ erwähnt.

III. Unterhalt der magdeburgisch-halberstädtischen Landmiliz [2]).

Ueber die Art und Weise wie das Landmilizgeld in Magdeburg und Halberstadt aufgebracht wurde, liegen die Nachrichten ganz im Argen. Veranlagt ist jedenfalls nur,

[1]) Nicht unmöglich, dass das kleine Husarenkommando, welches 1763 in Magdeburg für den Dienst beim Herzog Ferdinand von Braunschweig errichtet, später aber dauernd dem magdeburger Gouvernement überwiesen wurde und so bis zum Jahre 1806 fortbestanden hat, als die direkte Fortsetzung der Collignonschen Husaren anzusehen ist; doch steht dies nur zu vermuthen.

[2]) Von der Verwendung der magdeburgisch-halberstädtischen Miliz wird unten gemeinsam mit der des kurmärkischen Regimentes Borck die Rede sein (vergl. S. 143 f.).

wenn auch etwas reichlich bemessen, der Unterhalt für das Regiment Jung-Wegnern, während die Kosten für das Husarenkorps sowie bis zu dessen Aufstellung vielleicht auch die, welche die Zusammenziehung der Jäger und Förster verursachte, aus den Ersparnissen bestritten wurden, die der meist recht unvollzählige Mannschaftsbestand jenes Regimentes herbeigeführt hatte.

In welcher Weise die Vertheilung der Geldlasten geschah, ist nur zum Theil ersichtlich. Im Herzogthum Magdeburg erfolgte der Beitrag des platten Landes, ebenso wie wir es später in der Kurmark kennen lernen werden, durch ausgeschriebene Extrakontributionsmonate (Simpla), von denen der erste am 18. Juni durch Reskript des Generaldirektoriums gutgeheissen war. Den einzelnen Städten scheint man den Modus der Aufbringung selbst überlassen zu haben, wenn derselbe auch der Genehmigung durch die Kammer beziehungsweise das Generaldirektorium unterlag: Halle z. B. brachte vom August 1757 an seinen 741⅓ Thaler betragenden monatnatlichen Beitrag dadurch auf, dass es auch nach Ausmarsch eines kleinen, bis zu ebendieser Zeit dort in Garnison gewesenen Rekrutendetachements, den für dieses bestimmt gewesenen Servis weiter erhob, wodurch nicht nur das geforderte Landmilizgeld herbeigeschafft wurde, sondern sogar noch ein kleiner Ueberschuss zur Deckung etwaiger Ausfälle übrig blieb [1]).

Ernstliche Schwierigkeiten in Aufbringung der Gelder erhoben sich im Halberstädtischen nach ziemlich glatter Zahlung der ersten Monate schon beim Novembergelde, welches die Provinz auch noch im Frühjahr 1758 schuldig war; wenn auch die magdeburgische Kammer im grossen und ganzen auf Zahlung der schuldigen Summen dringend bestehen musste, so sind dann in einigen besonderen Fällen, wo die Franzosen gar zu arg gehaust, auch hier kleinere Rückstände aus dieser ersten Zeit niedergeschlagen worden.

Die Lage der magdeburgischen Kammer und ihrer Obersteuerkasse war während des ganzen ersten Jahres insofern eine überaus schwierige, als bis zum 1. September 1758 auch das kurmärkische Milizregiment in Magdeburg durch sie seine Verpflegung zu empfangen hatte, und da sie ferner für ihre eigene Landmiliz einen Theil der Gelder von der halberstädtischen Kammer, also einer ihr selbst koordinirten Behörde, eintreiben musste. Immerhin aber machte ernste Noth doch eigentlich nur die Zeit des französischen Einfalles und die unmittelbar darauf folgenden Monate; in den späteren Jahren ging dann auch im Halberstädtischen, als das Land sich wie-

---

[1]) Vorschlag der hallenser Serviskommission vom 25. August, genehmigt am 1. September 1757.

der etwas zu erholen anfing, die Aufbringung der Gelder wieder besser vonstatten.

Im Herzogthum Magdeburg selbst war die Zahlung eigentlich kaum recht ins Stocken gekommen. Als das erste Simplum zu Ende ging, und die zum Winter anzuschaffende Tuchmontirung für die Mannschaften neue Kosten nöthig machte, ward das zweite, und, als auch dies gegen den Wendepunkt des Jahres fast aufgebraucht war, im Dezember noch das dritte Simplum ausgeschrieben, dann das vierte im März 1758 u. s. w. Entsprechend wird es in den Städten gewesen sein. Solche Schwierigkeiten, wie sie in den anderen Provinzen allgemein waren, erhoben sich dabei nicht. Mussten doch im Januar 1758 die magdeburgischen Landschaftsdeputirten sich erst durch den Kammerpräsidenten von Blumenthal darauf aufmerksam machen lassen, dass es zum besten des Landes ganz gut sein würde, wenn sie sich auch einmal, wie dies in allen anderen Provinzen schon längst geschehen sei, mit einer Immediatvorstellung an den König wendeten, damit ihnen die Unterhaltung der Landmiliz abgenommen werde [1]). Allerdings darf man nicht glauben, dass darum die magdeburgische Kammer ausser aller Verlegenheit wegen des Unterhaltes ihrer Miliz gewesen wäre, auch sie hat oft genug aus anderen Beständen Gelder vorschiessen müssen, — im November 1759 betrug so der Vorschuss immerhin 9000 Thaler, — auch sie hat mit Eintreibung der Reste grosse Noth gehabt, aber jemehr im Laufe des Krieges die Wunden des französischen Einfalles schon etwas zu vernarben anfingen, destomehr konnte sich die Finanzlage mit der Zeit verhältnissmässig bessern [2]). Bezeichnend genug dafür ist, dass zu Ende des Krieges die magdeburgischen Stände die einzigen waren, die dem Könige noch ein Kapital hatten vorstrecken können [3]).

Versuchen wir es, ungefähr den Aufwand zu beziffern, den die beiden Provinzen Magdeburg und Halberstadt durch

---

[1]) Am 20. Februar 1758 wurde daraufhin von dem engeren Landschaftsausschusse eine entsprechende Bittschrift an das Generaldirektorium aufgesetzt, und diese von der Kammer unter entsprechender Befürwortung weitergegeben. Dass darauf, wie in den anderen Provinzen, auch eine abschlägige Antwort erfolgte, braucht wohl kaum noch erwähnt zu werden.

[2]) Wenn sich auch in den Akten über die Einführung des Landmilizimpostes im Magdeburgisch-Halberstädtischen keine Spur vorfindet, so besagt dies, bei der Dürftigkeit des Materials für diese Provinz überhaupt, garnichts; vielmehr ist mit Sicherheit anzunehmen, dass das Generaldirektorium auch hier für die Einführung dieser, nun einmal für alle anderen Provinzen genehmigten, indirekten Steuer der Städte Sorge getragen hat. Da die Verhältnisse sonst durchaus die entsprechenden waren, dürfte hier der kurmärkische Tarif (Beilage XII) wohl fast unverändert in Anwendung gebracht worden sein.

[3]) Vergl. Preuss, Friedr. d. Gr. Bd. II, S. 351.

die Unterhaltung der Miliz gehabt haben, so wird sich derselbe, wenn auch die Lückenhaftigkeit des Materials eine sichere Angabe ungemein erschwert, nach annähernder Berechnung auf etwa 500 000 Thaler veranschlagen lassen[1]).

---

[1]) Einerseits nämlich Verpflegung und Montirung des Regiments Jung-Wegnern, das, allerdings in wechselnder Stärke — zwischen 3000 und 1500 Gemeinen, — im ganzen 5 Jahr und 7 Monate bestanden hat; dazu die Ausgaben für das Provinzialhusarenkorps in den 3½ Jahren, die dies beisammen gewesen ist.

Vierter Theil.

Die Kurmark[1]).

I. Die Entwickelung bis zur Formirung des Regimentes Borck.

Nachdem bereits in Pommern, der Uckermark, der Neumark und Magdeburg-Halberstadt Landmilizen aufgestellt, oder deren Aufstellung doch wenigstens im Gange war, ward schliesslich auch die noch übrige Kurmark in den Kreis dieser ausserordentlichen Landesvertheidigung hineingezogen, als die bereits mehrerwähnte Kabinettsordre wegen Zusammenziehung der jungen Mannschaft d. d. Weissenberg 10. August 1757 noch einmal allgemein für die ganze Monarchie die Errichtung von Landmilizen nach den für Pommern Allerhöchst angegebenen Prinzipien anbefahl.

Nur noch der Theilnahme der Städte ward in dieser Ordre in einigen allgemeinen Worten gedacht, alles weitere aber den betreffenden Instanzen überlassen[2]). In Ausführung dieses Befehles wurde dann für die Kurmark die Aushebung von 5000 Milizrekruten ausgeschrieben. Da aber die grösste Gefahr zunächst von Westen her zu drohen schien, da die beiden Regimenter Alt- und Jung-Wegnern immer noch eine sehr unzureichende Besatzung für das gefährdete Magdeburg ausmachten, da endlich die Altmark zugleich auch von ebendieser Festung aus am besten vor Streifereien des Feindes geschützt werden konnte, wurde der grössere Theil der kurmär-

---

1) Geh. Staats-Arch. R. 63, 85a, Vol. I–IV.

2) Die Kabinettsordre an den pommerschen Kammerpräsidenten von Aschersleben d. d. Leitmeritz 13. Juli spricht auch inbetreff der Kurmark von einer Offerte der Provinz, die Landmiliz zu unterhalten. Welche Bewandtniss es mit dieser „Offerte“ inbezug auf Pommern hat, haben wir oben zur Genüge gesehen. (Vergl. S. 33 f.). Wir werden das Recht haben, auch für die Kurmark das gleiche annehmen zu dürfen, zumal sonst weder in den Akten noch in einer gedruckten Quelle sich irgend eine Spur von solchem Anerbieten findet.

kischen Milizmannschaften, 3500 Mann, zur Besatzuung nach Magdeburg bestimmt[1]). Wir werden gleich sehen, wie aus ihnen dort Anfang September das Milizregiment Borck formirt worden ist. Die noch übrigen 1500 Mann aus der kleineren Osthälfte der Kurmark[2]) hatten zuerst zwar drei selbständige Bataillone Landmiliz ausmachen sollen, da aber deren Formation immerhin nicht unbeträchtliche Schwierigkeiten in Beschaffung des Ober- und Unterstabes verhiess, andererseits aber die drei regulären Regimenter, die damals die Besatzung Berlins ausmachten, in ihrem Mannschaftsbestande äusserst schwach waren, liess der Kommandant von Rochow mit Zustimmung des Generaldirektoriums die ankommenden 1500 Milizmannschaften einfach an jene Regimenter vertheilen, um dieselben vollzählig zu machen[3]). So gingen dann die Leute des projektirten achten, neunten und zehnten kurmärkischen Milizbataillons einfach in diese Truppentheile auf, und da ebendiese aus der Generalkriegskasse ihre Verpflegung erhielten, hatte die Kurmark auch mit ihrer Unterhaltung weiter nichts mehr zu thun, was nicht ausschliesst, dass eine Zeitlang noch mehrere kleinere Ausgaben für diese zur Landmiliz bestimmt gewesenen Rekruten aus der kurmärkischen Milizkasse bestritten wurden[4]).

---

[1]) Es waren zumeist die Leute aus den Kreisen Altmark, Priegnitz, Havelland, Ruppin und Zauche.

[2]) Aus den Kreisen Beeskow-Storkow, Ober-Barnim, Nieder-Barnim, Teltow und Lebus.

[3]) Es waren dies das Berlinische Neue Garnison-(Land-) Regiment von Lüderitz, das ehemals sächsische, jetzt preussische, aber durch Massendesertion der zum Dienst gezwungenen Mannschaften furchtbar herabgebrachte Regiment von Loën (sächsisch Friedrich August) und endlich das 4. und 6. Bataillon des Garnisonregimentes von Lange (Nr. 7). Das Regiment Lange findet sich fast überall in gedruckten Quellen auf nur 4 Bataillone angegeben, so auch von A. Naudé; Märkische Forschungen XX, S. 152 Anm. 6. In Wirklichkeit zählte es seit der Einverleibung der sächsischen Armee 6 Bataillone; davon stand das 1. in Glogau, das 2. in Breslau, das 3. und 5. seit dem Mai 1757 in Dresden, das 4. und 6. in Berlin, drei Kompanien von dem letzteren aber waren nach Beuthen detachirt und kamen später nach Küstrin. Der Einfall Hadiks und die Kapitulation von Breslau im Herbst 1757 spielten dem Regiment übel mit, doch wurden die Bataillone immer wieder vollzählig gemacht, beziehungsweise, soweit sie gefangen, wieder neu errichtet. Die Vertheilung wechselte später mehrfach; im Dezember 1760 war sie dann derart, dass das 1. Bataillon in Glogau, das 2. und 4. in Berlin, das 3. und 5. in Leipzig und das 6. ganz in Küstrin in Garnison stand. Dies alles ergeben die Listen des Regimentes und ebenso die verschiedenen Nachrichten über das in Küstrin liegende 6. Bataillon in den Akten über die neumärkische Landmiliz. (Vergl. oben S. 96).

[4]) Courbiere (Geschichte der brandenb.-preuss. Heeresverf. S. 113), der sich dieses augenscheinlich spurlose Verschwinden der für die Errichtung von drei Bataillonen Landmiliz bestimmten Mannschaften nicht erklären kann, meint, aus ihnen wäre auch ein Regiment formirt worden, und dieses habe der Oberst von Loën bekommen. Es ist dies ebenso falsch, wie wenn derselbe Autor den Obersten von Lange als Regiments-

Da nun das, aus jenen nach Magdeburg dirigirten 3500 Mann gebildete, Milizregiment Borck bis zu seiner Reduzirung in dieser Festung in Garnison blieb, musste dann in der Kurmark der gesammte Dienst, der in den anderen Povinzen der Landmiliz oblag, einschliesslich der Ersatzthätigkeit, von jenen drei berliner Regimentern wahrgenommen werden[1]). Damit mag es zusammenhängen, dass aus der eigentlichen Mittelmark, den fünf Kreisen, welche zuerst die 1500 Mann gestellt hatten, überhaupt keine Mannschaften für das kurmärkische Milizregiment mehr ausgehoben, die aus jenen entnommenen Rekruten also entweder direkt in die Feldregimenter oder aber zunächst zur Vorausbildung in eins jener drei regulären berliner Regimenter eingestellt worden sind. Es bedarf wohl kaum der Erwähnung, dass die hierin beruhende Spaltung der Kurmark sich nicht auch auf die Aufbringung der Landmilizgelder erstreckt hat, dass vielmehr die gesammten Kosten des Unterhalts der Miliz gleichmässig von den westlichen und den östlichen Kreisen nach ihrem sonstigen Verhältniss getragen werden mussten.

II. Das kurmärkische Landmiliz-Regiment Borck[2]).

[Organisation.] Da der magdeburgische Kommandant, Generalleutnant von Borcke[3]), vom Könige mit der Errichtung der aus der dortigen Provinz aufzustellenden Landmiliz betraut worden war, hatte dass Generaldirektorium ihm auch für die aus den 3500 kurmärkischen Mannschaften dort zu formirende Miliz vollkommen freie Hand gelassen und ihn in allen ökonomischen Sachen auf die magdeburgische Kammer als die Vertreterin ihrer berliner Kollegin angewiesen.

Zum Chef der neuen Miliz war immediat vom Könige der bisherige Kommandant von Minden, Oberst Ernst Ludwig von Borck[3]), ausersehen worden. Diese letztere

kommandeur über die neumärkischen Bataillone Heiderstädt, de Rège und Arnim nennt, wo doch diese drei niemals zusammen ein Regiment ausgemacht haben. Courbieres Angaben beruhen augenscheinlich auf einer unklaren, bezw. falschen Angabe in dem Memoire Gen. Stabs. Arch. D. I. 92a.

[1]) Die kurmärkischen Stände haben zwar von Anfang an sich durch diese Entfremdung der von ihnen unterhaltenen Miliz sehr benachtheiligt gefühlt und hörten nicht auf, sich dieselbe zum Schutze der eigenen Provinz zurückzuerbitten. Da sie aber auf obberührte Weise gewissermassen ein Aequivalent dafür besassen, haben ihre dahingehenden Bitten niemals Gehör gefunden.

[2]) Diese, sowie einige spätere kleine Abweichungen von der sonst eingehaltenen Disposition waren in vorliegendem Abschnitte infolge der eigenthümlichen provinziellen Verhältnisse unabweisbar.

[3]) Dies die eigenhändige Schreibart der Namen, unterschiedlich, obwohl beide sich selbst als Vettern bezeichnen; der Generalleutnant hiess Franz Andreas. (Vergl. die Listen in der Geh. Kriegskanzlei).

Wahl war leider keine günstige zu nennen. Borck, seiner Zeit als Page und später noch als Offizier ein Liebling Friedrich Wilhelms I. [1]), hatte in den ersten beiden schlesischen Kriegen nicht ohne Auszeichnung gefochten und dann 1749 wegen Kränklichkeit den mindener Posten erhalten. Dem Könige zumeist von der Seite als tapferer Offizier bekannt, hätte er wohl auch gute Dienste geleistet, wenn nicht seine Eitelkeit, seine eigene schlechte Wirthschaft und die zwar sehr nöthige, aber hier mangelnde Aufsicht von obenher ihn zu allerlei ärgerlichen Dingen veranlasst hätten. Was den letzteren Grund betrifft, so liess ihn nämlich der Kommandant vollkommen frei schalten, bis dann endlich, durch einige Unregelmässigkeiten misstrauisch geworden, das Generaldirektorium und die kurmärkische Kammer dem Obersten ein mit allen möglichen Kautelen versehenes Reglement auferlegten, und besonders auch der seit des Generalleutnant von Borcke Verabschiedung eine Zeitlang als Kommandant von Magdeburg fungirende Erbprinz von Hessen-Kassel ihn eine strenge Zucht fühlen liess.

Zur Besetzung der Offiziersstellen hatte nun die Ordre des Königs, wie überall sonst, auch die kurmärkische Miliz auf die in der Provinz angesessenen Gedienten vom Adel angewiesen, und im ganzen waren dazu auch einige sechzig einigermassen brauchbare ausgemittelt worden, während für das Regiment im ganzen 72 Offiziere ausser dem Kommandeur erforderlich waren. Da ein Theil der Vasallen sich dann doch noch als zu alt oder zu gebrechlich erwies, ein anderer Theil, weil die Miliz aus der Kurmark fortverlegt worden war, nicht beitreten wollte oder auch auf solche Entfernung wirklich nicht abkommen konnte, so hätten die Stellen der Subalternoffiziere nicht zur Hälfte besetzt werden können, wenn der König nicht theils aus dem Invalidenhause, theils von der Armee eine Anzahl ehemaliger Unteroffiziere zumeist von der Garde und fast alle Veteranen der ersten schlesischen Kriege der Landmiliz als Offiziere überwiesen hätte; so wurden die Lücken wenigstens einigermassen ausgefüllt [2]). Die Eigenmächtigkeiten des Obersten von Borck haben sich dann

---

[1]) Er soll diesem sogar zweimal das Leben gerettet haben, vergl. König: Biograph. Lexikon I, 1788, S. 181.

[2]) Von einer Verwendung der Förster und Jäger als Offiziere und Unteroffiziere bei der Landmiliz hatte man Abstand genommen, da sie für das Exerziren in der Garnison wenig zu brauchen gewesen wären, dagegen sich in anderer Weise durch Patrouillen und Streifereien nützlich machen konnten. So findet sich dann den ganzen Herbst 1757 ein etwa 60 Mann starkes kurmärkisches Försterkorps in der Gegend von Müllrose am Friedrich-Wilhelms-Kanal gegen die Streifereien der österreichischen leichten Truppen auf Postirung. Ob dies alle abkömmlichen aus der Kurmark gewesen, und ebenso ob sie später wieder zusammengezogen wurden, war nicht zu ermitteln. Kosten erwuchsen durch sie der Landmilizkasse jedenfalls nicht.

später auch auf die Weiterbildung des Offizierkorps erstreckt, derart, dass er nach Belieben ihm nicht zusagende Offiziere beseitigte und andere an deren Stelle setzte, bis die genaue Revision des Regiments und die daraufhin erfolgte theilweise Reduktion desselben der Kammer zu den nöthigen Remeduren Gelegenheit bot. Seitdem wurden auch hier wie bei den anderen Milizen freigewordene Subalternstellen zumeist durch Zuweisung halbinvalider Offiziere und Unteroffiziere von der Armee wieder besetzt. — Was die pekuniäre Lage der Offiziere der kurmärkischen Landmiliz anbetrifft, so war dieselbe in anbetracht der in Magdeburg herrschenden allgemeinen Theuerung der Lebensmittel die denkbar dürftigste, die meisten Subalternen hatten, wenn sie Familie besassen, kaum etwas anderes zu essen als trocken Brod, und selbst später bewilligte kleine Zulagen wurden durch das rapide Steigen der Preise illusorisch gemacht; sogar von den immer noch besser gestellten Kompaniechefs hat mancher sein kleines Vermögen zugesetzt, zumal da die Kammer, einmal durch Borck getäuscht, sich gegen alle Bitten, die um Aufbesserung der Soldsätze an sie kamen, äusserst spröde verhielt.

An gutem Unteroffizierpersonal hat das kurmärkische Milizregiment niemals Noth gelitten. Als ersten vorzüglichen Stamm hatte das berliner und potsdamer Invalidenhaus seine noch einigermassen brauchbaren Mannschaften hergegeben[1]), ausserdem hatten sich genug abgedankte Soldaten aus dem Lande zusammengefunden; entstanden später Lücken, so waren diese leicht durch die Beförderung geeigneter Subjekte aus der Truppe selbst zu decken.

Eigenthümlich ist es nun, das es gerade bei dieser Miliz, trotz ihrer verhältnissmässig so geringen Stärke, immer in der empfindlichsten Weise an Mannschaften gefehlt hat. Aber es waren im Sommer 1757 und wurden auch fernerhin in der Kurmark schon soviel Rekruten direkt für die dortigen Kantonregimenter, theils jedoch auch für eine Reihe anderer, so selbst für schlesische Truppentheile ausgehoben, dass schon von den zuerst für die Miliz geforderten 3500 Mann über ein Siebentel überhaupt niemals eingetroffen ist, bezw. vor der Einstellung als durchaus unbrauchbar hat entlassen werden müssen. Da das Regiment aber einstweilen immerhin noch etwa ebenso stark war als das neue magdeburgisch-halber-

---

[1]) Das noch heut bestehende grosse berliner Invalidenhaus war bekanntlich 1748 von Friedrich II. gestiftet worden. Auf der Insel Werder bei Potsdam aber hatte schon Friedrich Wilhelm I. 1730 eine Heimstätte für Invaliden der Garde errichtet (Ollech: Geschichte des berliner Invalidenhauses. Berlin 1885, S. 12). Ein bemerkenswerthes Gegenstück ist es, dass zugleich das grosse potsdamer Waisenhaus seine grössten und schon einigermassen brauchbaren Jungen zur Landmiliz abliefern musste, wo sie als Gemeine eingestellt wurden.

städtische Jung-Wegnern, liess man es zunächst dabei bewenden, bis es dann nach den ersten Abgaben im Januar 1758 nur um so schwieriger war, einigermassen die alte Stärke wiederherzustellen. Die Landräthe erklärten es ohne Ruin des Landes für vollkommen unmöglich, die dazu nöthigen Rekruten zu liefern, und dennoch mussten Kammer und Generaldirektorium auf fortgesetzte Requisitionen der Militärbehörden immer wieder den Befehl erneuern, die fehlenden Mannschaften vom Lande zu beschaffen. Was in Pommern und der Neumark die Ausführung der Kabinettsordre wegen Zusammenziehung der jungen Mannschaft und damit die Vollzähligmachung der Landmiliz erleichterte, das fehlte in der Kurmark zum grössten Theil: hier waren keine Russen, vor denen die Bauern in die Städte geflüchtet wären, hier brachte die Bestellung des Ackers noch immer mehr ein, als dass man, nur von Noth getrieben, bei der Miliz Dienste genommen hätte. Was die Land- und die Steuerräthe unter diesen Umständen leisten konnten, geschah, aber seinen wirklichen Sollbestand hat das Regiment Borck auch nach der späteren Herabsetzung seines Etats niemals vollkommen erreicht.

Die Formirung der kurmärkischen Miliz erfolgte, wie schon erwähnt, zu Anfang September 1757 in Magdeburg. Die Rekruten waren dazu schon Ende August in kleinen Abtheilungen von Berlin aus, nur die Altmärker direkt dorthin dirigirt worden. Das Generaldirektorium hatte ursprünglich gewünscht, dass aus den 3500 Mann 7 Bataillone ganz nach pommerschem Fuss gebildet werden sollten, und es waren daher ausser dem Obersten von Borck auch schon 7 Majors als Bataillonskommandeure designirt worden. Da aber die gesammte magdeburgisch-halberstädtische Landmiliz auch in ein Regiment zu drei Bataillonen formirt worden war, und für eine entsprechende Einrichtung ausser dienstlichen auch Ersparungsrücksichten geltend gemacht wurden, genehmigte das Generaldirektorium doch einen mit Zuziehung des Kommandanten vom Obersten von Borck aufgestellten Etat, nach welchem aus den gesammten Mannschaften ein Regiment zu 3 Bataillonen und 18 Kompanien, jede in der Stärke von 195 Gemeinen formirt ward[1]). Mitte September war alles so ziemlich beendet, und durch eifriges Exerziren ward bald die nöthige militärische Zucht in die Leute gebracht, sodass schon Anfang Oktober einige kleinere Abtheilungen gegen die Franzosen in der Altmark nicht ohne Erfolg verwendet werden konnten.

Dass das Regiment schon bei der Formation seinen vorgeschriebenen Etat nicht erreichte, ist bereits oben erwähnt

---

[1]) Die Bewilligung des Generaldirektoriums datirt erst vom 22. September 1757. Diesen ersten Etat des Regimentes vergl. Beilage XIa.

worden. Im Januar 1758 erfolgten dann die ersten Abgaben an die Feldregimenter; dass aber der Bestand der Mannschaften so rapide abnahm, wie wir gleich sehen werden, hatte noch seine besonderen Gründe. Die folgenden Verhältnisse sind recht unerquicklich, doch können wir sie nicht vollkommen übergehen.

Im Frühjahr 1758 erhielt die kurmärkische Kammer zum ersten Mal durch Denunziationen einiger Offiziere des Borckschen Regimentes die Nachricht von Unordnungen aller Art, die sich der Oberst und mit ihm einige seiner Kompaniechefs zu Schulden kommen liessen; vor allem sprach man von einer unerlaubt starken Beurlaubung, ja selbst von willkürlicher Verabschiedung zahlreicher Mannschaften gegen Entrichtung einer gewissen Geldsumme[1]). Die Kammer forderte zunächst von Borck ganz genaue Berechnung aller durch das Fehlen von Mannschaften ersparten Löhnungen, da das Regiment ja infolge der vielen Abgaben an die Feldtruppen weit unter seinem Etat stark sein müsse. Als der Oberst dies weigerte, ward auf Requisition des Generaldirektoriums durch den magdeburger Kommandanten und den dortigen Kammerpräsidenten endlich eine unvermuthete Revision des Regimentes vorgenommen, am 4. Juli 1758. Das Ergebniss war, dass der wirkliche Bestand des Regimentes nur 1250 Gemeine betrug, also um mehrere hundert Mann hinter den noch vor kurzem von Borck als Effektivstärke angegebenen Zahlen zurückblieb. Allerdings schien auch ersichtlich, dass der Oberst sich für einen Theil der zuviel erhobenen Gelder in anderer Weise werde rechtfertigen können. Das Generaldirektorium aber, welches in dieser Sache ganz klar sehen wollte, kommittirte nach einigen weiteren Recherchen den Direktor der kurmärkischen Kammer von Groschopp, der als ehemaliger Offizier besonders zu der weiteren Untersuchung an Ort und Stelle geeignet schien. Zugleich aber wurden, um das Regiment nicht in dieser, für ordnungsmässige Wahrnehmung des Dienstes bedenklichen Schwäche zu belassen, vorerst wieder einige hundert Rekruten für dasselbe ausgeschrieben.

Das Resultat der Untersuchungen Groschopps, die fast den ganzen November in Anspruch nahmen, zeigte, dass recht böse beim Regiment gewirthschaftet worden war. Da sich aber herausstellte, dass Borck zwar in sträflichstem Leichtsinn gehandelt, im wesentlichen aber mehr der Verführte und

---

[1]) Ein mässiges zeitweises Beurlauben selbst im Kriege, wenn die Waffen nur etwas ruhten, wenn es voraussichtlich für die nächste Zeit nicht viel zu thun gab, wäre bei der bedeutenden Rolle, die das Beurlaubungswesen für die gesammte Wirthschaft der Armee in Friedenszeiten spielte (vergl. oben S. 22), kein allzugrosser Missbrauch gewesen, dagegen mussten Verabschiedungen gegen Entgelt unter allen Umständen als im höchsten Grade bedenklich erscheinen.

Schwache gewesen, dass er wirklich von den zu Unrecht erhobenen Löhnungen einen guten Theil auf unvorhergesehene oder mit zu knappen Fonds bedachte Bedürfnisse seines Regiments verwendet hatte, und dass somit die wirklichen, der Landmilizkasse verursachten Defekte kaum 1200 Thaler betrugen, so beliess man ihn dennoch auf seinem Posten, nachdem er eine ernste Verwarnung empfangen und Besserung versprochen hatte. Die Defekte wurden derart auf die schuldigen Kompaniechefs vertheilt, dass sie in kürzester Zeit getilgt werden konnten.

Die unmittelbare Folge der Untersuchung war zunächst mit dem 1. September 1758 die Einrichtung eines Interimsetats, sodann am 31. November die Reduktion, bezw. Untersteckung von 3 Kompanien des Regimentes mit 12 besonders kompromittirten oder ganz unbrauchbaren Offizieren, bis dann endlich mit dem 1. Februar 1759 eine völlige Reorganisation des Regimentes stattfand. Nach Reduktion von noch 15 Subalternen, einen auf jede Kompanie, wurde das Regiment auf 15 Kompanien festgesetzt, eine jede kaum mehr als von der halben Stärke des alten Etats, nämlich zu 1 Kapitän, 2 Leutnants, 9 Unteroffizieren, 2 Tambours und 102 Gemeinen [1]). Das ganze Regiment wurde neu eingekleidet, da die alte Uniform nur noch aus Lumpen bestand, die Angelegenheit der kleinen Montirungsstücke der Leute, sowie der Montirungsgelder der Offiziere geregelt, und zur Verhütung weiterer Missbräuche der gesammte Dienst durch ein ausführliches Reglement geordnet [2]). In Zukunft hat Borck dann auch gehalten, was er versprochen, und es ist nie wieder die leiseste Klage gegen ihn vorgekommen.

Als die Abgaben im Frühjahr 1759 dem Regimente schon wieder mehrere hundert Kantonisten entzogen, hätte die Kammer, um das Land noch mehr zu erleichtern, gern eine weitere Reduktion vorgenommen, doch auf die kategorische Erklärung des Kommandanten, Erbprinzen von Hessen-Kassel, dass dann der Dienst in der magdeburgischen Garnison ernstlich darunter

---

[1]) Den neuen Etat des Borckschen Regimentes vergl. Beilage XIb. Die Stärke der Kompanie entsprach jetzt ungefähr der einer pommerschen.

[2]) Die 12 Artikel dieses Reglements übertrugen der Kammer eine weitgehende scharfe Kontrolle über die gesammte Wirthschaft des Regimentes: abgesehen davon, dass sie jederzeit direkt von allem, falls sie es wünsche, Einsicht erhalten müsse, sollte sie allmonatlich auch durch regelmässige Ranglisten, Stammrollen, sowie durch ganz genaue Rechnungslegung über alle gemachten Zahlungen auf dem laufenden erhalten werden. Die genauesten Bestimmungen über die Art der Aufbewahrung und der Auszahlung der gesammten Verpflegungsgelder, über die Ausgabe und Berechnung der kleinen Montirungsstücke sollten jeden Missbrauch unmöglich machen. Der Modus der Abgaben an die Feldregimenter, der Ersatz der dadurch entstandenen Lücken wurde bis ins einzelne deutlich vorgeschrieben, jede Beurlaubung, sowie auch jede Verabschiedung, ausser bei vollkommenster Invalidität, auf das strengste verboten.

leiden würde, musste davon Abstand genommen und das Regiment wieder nach dem Etat der 1530 Gemeinen vollzählig gemacht werden. Und dabei ist es dann auch bis zuletzt verblieben. Von dieser letzten Zeit ist kaum noch etwas zu sagen, es wäre denn, um zu zeigen, wie sehr die Miliz unter der in Magdeburg herrschenden Theuerung zu leiden hatte[1]). Der 28. Februar 1763 brachte dann auch dem Regiment Borck die völlige Reduktion, die Mannschaften wurden ihren friedlichen Hantirungen wiedergegeben.

[Verwendung und Dienst in der magdeburgischen Garnison.] Eine rein kriegerische Thätigkeit durch einen Dienst im Felde gegen den Feind war den beiden Milizregimentern Jung-Wegnern und Borck so gut wie ganz versagt, es blieb bei einigen kleinen Detachirungen gegen streifende Partcien der Franzosen im Herbst 1757 und Sommer 1758, sowie hier und da wohl auch später bei einer gelegentlichen Theilnahme einiger Kommandos an den Kämpfen der alliirten Armee[2]). Die eigentliche Aufgabe beider Truppentheile war vielmehr der Garnisondienst in Magdeburg, wo ausser ihnen dauernd ja überhaupt nur noch das schwache Landregiment Alt-Wegnern zur Besatzung vorhanden war. Die Besetzung der Wachten[3]), die Aufsicht über die zahllosen dort befindlichen feindlichen Gefangenen, — in der schlimmsten Zeit bis an 20 000, so dass zu ihrer Bewachung auch noch die bewaffnete Bürgerschaft herangezogen werden musste, — der grösste Theil des Etappendienstes im Rücken der alliirten Armee, wozu starke Kommandos bis hinter Göttingen u. s. w. an der Tagesordnung waren, und endlich die Transporte und Eskortirungen zur Armee nach Sachsen, so dass sich beständig auch in Halle und Wittenberg kleine Abtheilungen der magdeburgischen Garnison befanden: alles dies war ganz geeignet, alle vorhandenen Kräfte aufs äusserste anzuspannen. Und

---

[1]) Im Mai 1762 war es doch soweit gekommen, dass die Leute der beiden in Magdeburg stehenden Milizregimenter in ganzen Haufen vor das Haus ihrer Obersten zogen und flehentlich nach Brod verlangten, um ihren Hunger zu stillen, bis dann endlich die Kammern ein Einsehen hatten und mit Zustimmung des Generaldirektoriums den Leuten als kleine Zubusse wenigstens für alle fünf Tage eine Zulage von 2 g. Gr. zu Brod bewilligten.

[2]) So wohnte ein Bataillon des Regimentes Jung-Wegnern unter Führung des Majors von Treskow dem ganzen Feldzuge 1760 bei der alliirten Armee bei, doch ohne irgendwie in hervorragender Weise Verwendung zu finden. (Vergl. auch Tempelhoff: Gesch. des siebenjährigen Krieges Bd. V, S. 43). Von der Thätigkeit des einen Bataillons des Borckschen Regimentes gegen die Franzosen in der Altmark im Herbst 1757 ist nur die glückliche Aufhebung eines französischen Postens in Osterburg bemerkenswerth (Danziger Beiträge Bd. III, S. 690).

[3]) Die dauernde Abkommandirung von Milizmannschaften zur Bedienung der Festungsgeschütze wird uns übrigens auch für Magdeburg mehrfach bezeugt.

doch sind dabei die, durch die fortwährenden Abgaben von ausgebildeten Mannschaften an die Feldregimenter und durch die Neuausbildung von Rekruten entstehenden Schwierigkeiten noch nicht einmal in Anrechnung gebracht[1]).

Es muss hier allerdings, wie schon oben angedeutet, in Betracht gezogen werden, dass es für die Kurmark, später ja auch für Magdeburg und Halberstadt keineswegs nöthig war, alle brauchbare Mannschaft vor dem Feinde aus dem Kanton zu flüchten, dass also in diesen Provinzen der direkte Ersatz der Feldregimenter ein relativ viel grösserer gewesen ist, als in Pommern und in der Neumark. Einen Augenblick aber wollen wir noch bei der Ersatzthätigkeit des Regimentes Borck verweilen, weil uns hier ein glücklicher Zufall für drei einzelne Hauptabgabemonate aus den ersten beiden Jahren zahlenmässige, wenn auch nicht ganz vollständige Listen der an die Feldregimenter abgegebenen Mannschaften aufbewahrt hat. Danach erhielten aus dem Regiment Borck allein im Februar 1758 das Regiment Driesen zu Pferd (Nr. 7) sowie die Infanterieregimenter Lattorf (Nr. 1), Itzenplitz (Nr. 13), Prinz von Preussen (Nr. 18) und Bülow (Nr. 46) an militärisch ausgebildeten Kantonisten im ganzen 392 Mann[2]). Ebenso wurden im April 1758 237 exerzirte Leute zur Vollzähligmachung der drei weselschen Regimenter, Juncken (Nr. 40), Hessen-Kassel (Nr. 45) und Salmuth (Nr. 48)[3]), und ausserdem 60 Mann zur Errichtung einer neuen Artilleriekompanie nach Sachsen, im ganzen also 297 Mann abgegeben. Im Februar 1759 empfingen in derselben Weise die Regimenter Prinz von Preussen (Nr. 18), Asseburg (Nr. 27) und Prinz Ferdinand (Nr. 34) zusammen 247 Mann[4]) u. s. w. Wir bemerken nochmals, dass diese Verzeichnisse selbst für die betr. Monate nicht ganz vollständig sind, dass nämlich Notizen über gelegentliche Abgaben einzelner Leute ganz fehlen; dennoch sind die Listen recht wohl imstande, uns ungefähr ein Bild von der Ersatzthätigkeit der Landmiliz zu geben. — Für das Regiment Wegnern fehlen, ebenso wie auch sonst für die

---

[1]) Wie sich aus ihrer Herkunft als natürlich ergab, empfing das Regiment Wegnern seine Ersatzmannschaften aus dem Magdeburgischen und Halberstädtischen, das Regiment Borck im wesentlichen aus der Altmark, der Priegnitz, dem Havelland, Ruppin und der Zauche, während der Rest der Kurmark ausschliesslich der Uckermark, die ja für die Milizverhältnisse zu Pommern rechnete, Rekruten, wie oben erwähnt, nur an die berliner Garnison oder aber direkt an die Feldregimenter ablieferte.

[2]) Davon bekam Driesen 28, Lattorf 30, Itzenplitz 180, Prinz von Preussen 83 und Bülow 71 Kantonisten.

[3]) Davon entfielen auf das Regiment Juncken 40, auf Hessen-Kassel 155 und auf Salmuth 42 Mann.

[4]) An Prinz von Preussen kamen 79, an Asseburg 124 an Prinz Ferdinand 44 Mann.

Milizen der anderen Provinzen, genaue Nachrichten über die derartigen Abgaben, doch giebt uns ein glücklicher Zufall hier wiederum in der ganz gelegentlich erhaltenen Nachricht, dass für den Feldzug 1761 im Mai dieses Jahres nicht weniger als sechs Subalternoffiziere des Regimentes in verschiedene Truppentheile der Armee des Prinzen von Württemberg versetzt worden seien, einen interessanten Beitrag zu der aus allgemeinen Angaben der zeitgenössischen Schriftsteller ja genugsam bekannten Ergänzung des Offizierkorps der Feldarmee aus den Land- und Garnisontruppen.

III. Kurmärkische Landhusaren.

Wir haben schon oben erwähnt, dass die berliner Garnison aus den drei Regimentern Lüderitz, Loën und Lange bestand, und dass diesen Truppentheilen in dem Bereiche der Mittelmark etwa dieselbe Aufgabe zufiel, wie in den anderen Provinzen den betr. Landmilizen. Der gänzliche Mangel an Kavallerie war auch hier von Anfang an sehr fühlbar gewesen, nur hatte man sich immer noch, so gut es ging, beholfen, zumeist mit berittenen Förstern. Als dann im Sommer 1758 die theilweise Reduktion des Borckschen Regimentes in Magdeburg für die kurmärkische Landmilizkasse bedeutende Ersparnisse verhiess, ging man endlich nach dem Vorgange Pommerns und der Neumark auch in Berlin an die Aufstellung einer Eskadron Provinzialhusaren. Im August wurden die Mannschaften, lauter freiwillige Landeskinder, zusammengebracht und am 4. September der aufgestellte Etat vom Generaldirektorium gutgeheissen[1]). Zum Chef wurde mit dem Charakter als Rittmeister der ehemalige Leutnant von den Gardes-du-Corps von Wangenheim ernannt.

Während die Hauptaufgabe der Husaren fortan in dem gesammten militärischen Sicherheits- und Patrouillendienst in der Kurmark bestand, brachten es die Umstände mit sich, dass ihnen auch häufig zumal eilige oder besonders wichtige

[1]) Dieser Etat der kurmärkischen Husaren war nicht aufzufinden. Als Ersatz dafür dienen die gelegentlichen Angaben, dass das Korps ausser Wangenheim, wegen der vielen kleinen selbständigen Kommandos, noch 5 Offiziere, 1 Stabsrittmeister, 2 Leutnants und 2 Kornets, zählte, dass die gesammte Verpflegung jährlich 5010 Thlr. kostete, dass ebenso jährlich für Erneuerung der Montirung und Remonte das Pauschquantum von 6990 Thlrn. ausgesetzt war, die ganze Jahresausgabe für das Korps somit auf 12 000 Thlr. veranschlagt wurde. Die Stärke der Eskadron dürfte danach ungefähr der einer pommerschen oder auch der neumärkischen entsprochen haben. Vergl. auch Bevern: Märkische Forschungen XIX, S. 193.

Transporte und Eskorten übertragen wurden; und derartige Ritte nach Leipzig, Magdeburg, nach Küstrin und bis an die Peene boten ihnen oft genug Gelegenheit, auch vor dem Feinde ihre Tüchtigkeit zu bewähren. Bemerkenswerth ist in dieser Hinsicht besonders ihre bereits oben erwähnte Theilnahme an dem Handstreiche auf Demmin am 19. Oktober 1759, wo sie sich ihren pommerschen Kameraden ebenbürtig bewiesen[1]). Der späteren Kombinirung der kurmärkischen mit den pommerschen und neumärkischen Provinzialhusaren, ihrer gemeinsamen Theilnahme an dem Feldzuge 1762 in Schlesien, ihres rühmlichen Verhaltens in dem Nachtgefecht bei Heidersdorff am 19./20. Juni ist gleichfalls bereits oben Erwähnung geschehen, ebenso wie der mit dem Frühjahr 1763 erfolgten Reduktion sämmtlicher Provinzialhusaren[2]).

IV. Unterhalt der kurmärkischen Landmiliz.

[Die ersten „drei Monate" und das Fixum der 50 000 Thaler.] Man wird sich erinnern, dass auf Grund der Kabinettsordre vom 10. August 1757 der Kurmark zunächst zwar formell die Aufstellung von 5000 Mann, also nach pommerschem Fuss von 10 Bataillonen Landmiliz anbefohlen worden war, dass es aber in Wirklichkeit nach Einreihung der 1500 Mann in die drei berliner Regimenter keine andere kurmärkische Landmiliz gab, als das in Magdeburg in der Sollstärke von 3500 Mann formirte Regiment Borck.

Das massgebende Reskript des Generaldirektoriums vom 12. August sprach auch hier nur von der Aufbringung der Montirungskosten und des Unterhaltes für die nächsten „drei Monate"; was eventuell später werden sollte, wünschte man wohl absichtlich noch nicht zu erörtern. Die Vertheilung des für die Bestreitung dieser Ausgaben angenommenen Fixums von 50 000 Thalern machte zunächst einige Schwierigkeiten, bis auf Vorschlag der kurmärkischen Kammer das Generaldirektorium endlich am 5. September die Repartition nach dem Fusse der allgemein in der Kurmark erhobenen sogen. Justizsalariengelder[3]) befahl, nach welchem die Städte 59 Pro-

---

[1]) Vergl. oben S. 56 Anm. und Sulicki a. a. O. S. 256f.

[2]) Vergl. S. 55 und 47. Dass seit ihrem Abmarsch zur schlesischen Armee auch die kurmärkischen Husaren aus der Generalkriegskasse verpflegt wurden, die Bestreitung des Unterhaltes aus den Landmilizgeldern also aufhörte, ist nach dem früher Gesagten wohl selbstverständlich.

[3]) Die Justizsalariengelder in der Kurmark, jährlich 5000 Thlr., waren zur Besoldung der Senate des Kammergerichts bestimmt. Durch einen Immediaterlass vom 26. Juni 1748 eingeführt, wurden sie jährlich zu Trinitatis von den Kreisen und den Städtekämmereien erhoben. Ueber

zent, also 29 500 Thaler, das platte Land aber 41 Prozent, also 20 500 Thaler auf sich nehmen sollte. Da Eile Noth that, und in der sicheren Hoffnung, dass es ja bei der Aufbringung dieses jetzt ausgeschriebenen Fixums ein für allemal sein Bewenden haben werde, wurde aber nun dieser Quotisationsfuss auch in der Weise zur Anwendung gebracht, dass man sich wie bei der Einforderung jener Gelder nicht an die einzelnen Kontribuenten, bezw. die Bürgerschaft der Städte hielt, sondern dass vielmehr dafür die Kreiskassen und die Städtekämmereien angewiesen wurden, ihre Quoten aus ihren Kassenbeständen zu entnehmen, beziehungsweise, wenn diese nicht ausreichten, ohne Verzug durch Aufnahme von Kapitalien die Gelder herbeizuschaffen. Dass die Kreiskassen dafür von ihren Kontribuenten sobald als möglich schadlos gehalten wurden, ward allerdings von der Kammer zugleich vorgesehen, inbetreff der Kämmereien aber blieb es bei der allgemeinen Versicherung, dass ihre Zahlungen auch nur als „Vorschuss“ für die Bürgerschaft angesehen werden sollten; wir werden unten sehen, in welcher Weise diese ersten „Vorschüsse“ für den ganzen ferneren Beitrag der Städte massgebend gewesen sind. Um die magdeburgische Kammer, die der kurmärkischen Miliz die Gelder auszahlen sollte, nicht in Verlegenheit zu setzen, war der Altmark, der Priegnitz, Havelland, Ruppin und Zauche aufgegeben worden, einstweilen ihre Gelder direkt an jene abzuliefern, während die anderen Kreise und Städte an die berliner Kammer zahlen sollten. Wenn es nun auch an Reklamationen und Beschwerden selbst schon jetzt im Herbst 1757 bei der Aufbringung der ersten Gelder nicht gefehlt hat[1]), so haben sich doch wirklich ernstliche Schwierigkeiten dabei so gut wie garnicht

---

die nähere Einrichtung und die Einzelrepartition derselben vergl. Wöhner: Steuerverfassung des platten Landes der Kurmark Brandenburg. Bd. I (Berlin 1804), S. 149 ff., Bd. III (1805), S. 171 ff.

[1]) Unter diesen Reklamationen verdient einiges Interesse die des berliner Magistrats vom 18. September 1757 und zwar wegen der darin ausgesprochenen eigenthümlichen Vorahnung, dass es höchst bedenklich sein werde, den kleinen Kassenbestand der Kämmerei anzugreifen, weil man für den, nicht ausser dem Bereich der Möglichkeit liegenden, Fall einer Invasion dringend Geld zur Hand haben müsse, um die Stadt vor ernstem Unglück zu bewahren. Die Bedenken waren nicht ungerechtfertigt, das sollte sich schon in wenigen Wochen bei der Brandschatzung der Stadt durch die Oesterreicher unter Hadik zeigen Aber die Miliz brauchte Geld, das war einstweilen das Nothwendigere und Berlin musste wohl oder übel seine 3829¾ Thlr. zu dem ausgeschriebenen Fixum zahlen; ja noch mehr, es hat auch später seinen Beitrag immer regelmässig abgetragen. Ueber Hadiks Anwesenheit in Berlin und speziell die Aufbringung der den Oesterreichern gezahlten Kontribution von 248 000 Thlrn. vergl. die werthvolle Skizze von A. Naudé: Märkische Forschungen Band XX, S. 149—170. Gegen diese Kontribution war allerdings die Aufbringung der paar tausend Thaler Landmilizgelder etwas sehr Geringfügiges.

ergeben. Noch fanden selbst die weniger gut gestellten Kämmereien überall Kredit, und einer besonders in Verlegenheit befindlichen mussten auf Weisung der Kammer wohl auch die besser gestellten Nachbarstädte unter die Arme greifen; in den Kreisen wurden, sofort zahlbare, Extramonate ausgeschrieben, so dass auch die Kreiskassen wegen der regulären Kontribution nicht in Verlegenheit kamen.

[Entscheidung über die Weiterunterhaltung.] Mit Ende November lief aber das erste durch die Annahme des Fixums der 50 000 Thaler vorgesehene Quartal ab. Daher hatte dann schon zu Anfang dieses Monats die Kammer das Generaldirektorium ernstlich gebeten, für die Zukunft einen Fonds anzuweisen, da durch Misswachs im Sommergetreide, vor allem aber durch die Heimsuchungen der Schweden, Franzosen und Oesterreicher die meisten Kreise zu jeder weiteren ausserordentlichen Leistung unfähig geworden seien. Doch das Generaldirektorium konnte selbst nicht helfen und auf die nochmals wiederholte Bitte der Kammer nur den Bescheid ertheilen, dass, da die Kabinettsordre vom 10. August die Unterhaltung der kurmärkischen Landmiliz auf pommerschem Fuss befohlen habe, die Kabinettsordre vom 13. Juli an den pommerschen Kammerpräsidenten aber ausdrücklich sage, „dass die Provinzen von Pommern und der Kurmark sich freiwillig offeriret, die Unterhaltung der Landmiliz extraordinarie zu übernehmen“, es dabei auch solange werde verbleiben müssen, wie die Landmiliz nöthig und nicht ein anderes von Seiner Majestät deshalb befohlen worden wäre[1]).

[Neue Veranlagungen.] Jetzt wussten Kammer und Stände, wie die Sache lag, und ihr Patriotismus verbot ihnen einstweilen sich dagegen aufzulehnen; beide wollten thun, was in ihren Kräften stand. Da aber die Landmiliz selbst und mit ihr die für ihren Unterhalt nöthigen Gelder immer nur als eine momentane Last angesehen wurden, die mit jedem Monat vielleicht ihr Ende finden konnte, wurde auch der alte, in den ersten drei Monaten gebrauchte interimistische Modus für die Aufbringung der Gelder beibehalten, so dass auch ferner der Beitrag der Städte von den Kämmereien vorgeschossen, der des platten Landes aber aus den Kreiskassen bestritten und deren Ausgaben wieder durch Extrakontributionsmonate, später gelegentlich eventuell auch durch Anleihen, die die Kreisstände aufnahmen, gedeckt wurde[2]).

---

[1]) Der erste Bericht der Kammer datirt vom 7., der Bescheid des Generaldirektoriums vom 21. November 1757.

[2]) Ein Beispiel: das Landmilizgeld der Priegnitz betrug bis zur theilweisen Reduktion des Regimentes Borck monatlich 534 5/6 Thlr.; aus einem Extramonat, der mit 3075 Thlrn. ausgeschrieben ward, konnte also der Beitrag des Kreises zur Landmiliz für mehr als 5 Monate bestritten werden. — Das ganze nunmehr für jeden Monat von der gesammten

[Schwierigkeiten. Gegenseitige Unterstützung der Städte. Holzverkauf.] Aber selbst der beste Wille seitens der Unterthanen konnte es nicht verhindern, dass zumal in den vom Feinde heimgesuchten Kreisen den Kontribuenten hier und da die Kräfte versagten, oder, was fast noch von grösserer Wichtigkeit war, dass alle weniger gut situirten Kämmereien unter den beständig von ihnen geforderten Vorschüssen erlagen. So hat es denn an den flehentlichsten Bittgesuchen schon im November und Dezember 1757 nicht gefehlt; deren einziger Erfolg war aber zunächst nur der, dass das Generaldirektorium die Land- und Steuerräthe anweisen liess, nicht zu hart mit wirklich Unvermögenden zu verfahren, eventuell aber auf Mittel zu sinnen, wie in besonders schweren Fällen Abhilfe zu schaffen sei. Wie die Kämmereien später durch Einführung einer indirekten Auflage gänzlich von ihren weiteren Vorschüssen befreit wurden, werden wir unten sehen, zunächst hier einiges über die Art und Weise, wie man ihnen mit kleineren Mitteln in einzelnen Fällen zu helfen suchte. Doch darf man hier nie vergessen, dass eine derartige Noth, wie sie in Pommern und in der Neumark wirklich alle Quellen versiegen liess, in der Kurmark nie eigentlich stattgehabt hat.

Das erste Auskunftsmittel, welches Generaldirektorium und Kammer von Anfang an ins Auge gefasst hatten, bestand darin, dass, sobald sich absolute Zahlungsunfähigkeit einer oder der anderen Kämmerei herausstellte, der betreffende Steuerrath eine andere, besonders wohlhabende Kämmerei seiner Inspektion mit der vorschussweisen Zahlung auch des Beitrages der insolventen belegen musste. Jemehr die Kreditlosigkeit der ärmeren Kämmereien wuchs, desto grösser wurden daher die monatlichen Beiträge, die die reicheren zu zahlen hatten[1]). Dass derart auch schliesslich die letzteren einer argen Verschuldung anheimfielen, bedarf also kaum der Erwähnung. Fehlte nun in einer Inspektion eine solche besonders wohlhabende Kämmerei, so musste bei eintretender Unfähigkeit einer Stadt die Gesammtheit der übrigen für den Beitrag dieser aufkommen, oder aber man griff zu einem anderen, noch mehr für die Beseitigung der augenblicklichen

---

Kurmark geforderte Quantum betrug 8834 Thlr.; davon entfielen auf die Städte 5191 1/3, auf das platte Land 3642 2/3 Thlr.

[1]) Besonders musste in dieser Weise die Stadt Fürstenwalde mit ihrer Kämmerei herhalten, welche im Dezember 1757 auch die Beiträge für Lebus und Müllrose, dann auch für Beeskow, Storkow und Seelow mit zu übernehmen hatte. Später zum Theil davon wieder befreit, erhielt sie seit November 1758 auch noch den Beitrag für das durch feindliche Heimsuchung hart mitgenommene Frankfurt a./O. mit monatlich 300 Thlrn. auferlegt. Alle Bitten, die Kämmerei durch diese Vorschüsse doch nicht vollkommen zu Grunde zu richten, konnten bei der allgemeinen Noth keine Erhörung finden.

Nothstände berechneten Mittel, nämlich dem durch Verkauf schlagbaren Holzes aus städtischen Forsten für ordnungsmässige Zahlung der Beiträge die nöthigen Gelder flüssig zu machen. Als der Commissarius loci der barnimschen Städte, der Steuerrath Niethe, schon bei der Herbeischaffung des Dezembergeldes für 1757 in seiner Inspektion auf ernste Schwierigkeiten stossend, das erste Mal dem Generaldirektorium durch die Kammer dahingehende Vorschläge machen liess, wurden dieselben zunächst nicht besonders günstig aufgenommen: man fürchtete eine völlige Verwüstung der städtischen Waldungen. Da aber die Sache drängte und anderweitige Hilfe nicht zu finden war, erklärte endlich, am 1. März 1758, das Generaldirektorium, dass es nichts dagegen haben werde, wenn der Steuerrath den städtischen Forstmeister hinzuziehen und man nach Pflicht und Gewissen alle nur mögliche Vorsicht anwenden wolle, behielt sich aber für jeden einzelnen Fall die endgiltige Genehmigung nach Prüfung der Umstände vor. Das Beispiel Niethes fand Nachahmung, auch hier ward dann, wenn die Verhältnisse entsprechend waren, die Erlaubniss ertheilt; und so manche Tausende, auf diese Art flüssig gemacht, wanderten in die Landmilizkasse[1]). Immerhin konnten aber derartige Massregeln eine dauernde Hilfe nicht gewähren, und die Kammer glaubte bereits im Jahre 1758 den Zeitpunkt nahe zu sehen, wo die zunehmende Geldnoth und Kreditlosigkeit die weitere Verpflegung der Landmiliz unmöglich machen werde. Alle Bitten der Kammer, das Land von seiner Last zu befreien[2]), konnten beim Generaldirektorium eine Berücksichtigung nicht finden; dennoch sollten, wie wir gleich sehen werden, die Verhältnisse selbst eine bedeutende Erleichterung herbeiführen.

[Herabsetzung des monatlichen Beitrages.] Man erinnert sich, dass das Regiment Borck, von Anfang an unvollständig, im Laufe noch nicht eines Jahres allmählich über die Hälfte seines Sollbestandes verloren hatte. Die damit verbundene bedeutende Verminderung der laufenden Ausgaben hatte, trotzdem immer schon einige Beiträge ausblieben, die Umstände der Landmilizkasse so ganz unerwartet günstig gestaltet, dass die Kammer ernstliche Pläne darauf

---

[1]) Als Beispiele erwähne ich nur, dass Oranienburg im August 1758 für 1220 Thlr., Gransee im November desselben Jahres für 2750 und Bernau, selbst noch nach Einführung des Impostes zur Abtragung seiner Schulden, im Dezember 1759 für 800 Thlr. Holz verkauft hat. Nach dem allgemein vertretenen Grundsatze der Solidarität der Städte untereinander wurde ein Theil der auf diese Weise eingekommenen Gelder auch wiederum dazu verwendet, anderen in Noth gerathenen Städten, denen weder Waldungen noch sonstige Hilfsmittel zur Verfügung standen, die Zahlung ihres Landmilizbeitrages zu erleichtern.

[2]) Berichte vom 14. Februar, 31. März 1758 u. s. w.

bauen konnte[1]). Als sich daher ergeben, dass selbst die neue, seit dem September 1758 mit der Unterhaltung der Landhusareneskadron verbundene, nicht unbeträchtliche Steigerung der regelmässigen Ausgaben die Ueberschüsse der Einnahmen, wenn man nämlich den neuen Etat für das Regiment Borck zu nur 1530 Gemeinen annehmen, dagegen aber noch das Milizgeld in der alten Höhe von der Provinz einfordern würde, bei weitem nicht aufzubrauchen imstande wäre, so erbat und erhielt die Kammer die Genehmigung, mit dem 1. April 1759 den monatlichen Beitrag der Städte und Kreise entsprechend herabzusetzen[2]).

[Der Landmilizimpost.] Trotz alledem konnte man es sich unmöglich verhehlen, dass die Vorschüsse der Kämmereien einmal, und zwar schon in nächster Zeit, gänzlich aufhören mussten. Wie aber war Rath zu schaffen, ohne die schon so verarmte Bürgerschaft mit einer direkten Kollekte zu belegen, deren Eintreibung zugleich die grössten Schwierigkeiten mit sich gebracht hätte? Die Kammer suchte und fand die Lösung in der Einführung einer indirekten Steuer, einer Landmilizakzise. Allerdings als sie das erste Mal, am 23. Dezember 1758, dem Generaldirektorium einen Vorschlag unterbreitete, dahingehend, durch eine mässige Besteuerung von Lebensmitttteln fortan zwei Drittel des städtischen Quantums aufzubringen und nur den Rest, wie bisher, aus Kämmereivorschüssen zu bestreiten[3]), wollte man höheren Ortes von derartigen Vorschlägen nichts wissen. Die Kammer bekam kurz und bündig zur Antwort[4]), dass man deswegen etwas weder veranlassen könne, noch wolle, „weil bekanntermassen Seine Königliche Majestät verschiedentlich und auf das

[1]) Wie günstig die Verhältnisse relativ waren, das zeigt der Umstand, dass die Milizkasse, weit entfernt von anderen Kassen Vorschüsse zu fordern, umgekehrt gelegentlich dazu herangezogen ward, kleinere ausserordentliche Militärausgaben, welche mit der Landmiliz garnichts zu thun hatten, vorschussweise oder auch nicht vorschussweise zu bezahlen.

[2]) Der am 23. Januar 1759 vom Generaldirektorium genehmigte und für die Erhebung des Milizgeldes mit dem 1. April in Kraft tretende neue Etat forderte für das Regiment Borck und die Husaren zusammen monatlich 6489 Thlr. gegen den alten Ansatz von 8834 Thlrn. Von dem neuen Quantum hatte das Land rund 2673, die Städte aber 3816 Thlr. zu tragen. Diese Aenderung bot zugleich auch die Gelegenheit, besonders übel mitgenommene Städte und Kreise durch Ansetzung eines geringeren Beitrages etwas zu erleichtern. Die Zahlung der Gelder erfolgte schon seit dem 1. September 1758, auch von den westlichen Kreisen, ausschliesslich nach Berlin, und die dortige Kammer übermittelte ihrer magdeburger Kollegin nunmehr in regelmässigen Raten den Bedarf für das Borcksche Regiment.

[3]) Dieser Antrag rechnete schon mit dem herabgesetzten Beitrage der Städte, wie er mit dem 1. April 1759 in Kraft treten sollte. Der neue Impost hätte also monatlich etwa 2450 Thlr. aufbringen müssen.

[4]) Reskript des Generaldirektoriums vom 10. Jan. 1759.

schärfste verordnet haben, dass ohne Ihro Allerhöchste Bewilligung dergleichen Erhöhungen nicht vorgenommen werden sollen und selbige für jetzo darüber zu erbitten, bedenklich, auch überdem die Einwohner dadurch nicht soulagiret werden, sondern nur die Verkäufer, welche ohnedem bei jetzigen Umständen das mehrste profitiren, noch einen grösseren Vortheil davon ziehen würden; so wird nicht undienlich sein, wenn die königliche Kammer darauf bedacht ist, wie diejenigen, so in grossem Gewerbe und Gewinne vor anderen stehen, zu einigem Beitrag zu ziehen sein möchten" u. s. w. [1]).

Die Kammer konnte dagegen (am 26. Januar 1759) nur abermals ihren Vorschlag zur Annahme empfehlen, indem sie die leichte Beitreibung ohne Exekution und die gleichmässig weniger fühlbare Belastung hervorhob, zugleich aber die vom Generaldirektorium seinerseits angegebenen Aushilfsmittel für an sich wohl berechtigt, aber für praktisch unausführbar erklärte.

Die hier zutage tretende Prinzipienfrage führte zu lebhaften Erörterungen innerhalb des Generaldirektoriums selbst, zumal auch von verschiedenen Seiten eingeholte Gutachten sich keineswegs in übereinstimmender Weise aussprachen. Das Ergebniss war endlich eine Weisung an die Kammer, einen neuen Plan auszuarbeiten, der, mehr auf die Besteuerung von entbehrlichen und Luxusgegenständen gerichtet, dennoch imstande wäre, nicht nur zwei Drittheile, sondern das ganze Städtequantum aufzubringen [2]). Schon nach vier Tagen konnte die Kammer mit einem neuen Vorschlage antworten, der unter dem Hinweise, dass die von ihr angegebenen Sätze die Armuth nicht belasten könnten und dass solche auf andere Waaren nichts einbringen würden, zunächst genau an dem ersten Entwurf festhielt [3]), ausserdem aber zur Aufbringung auch des letzten Drittels des städtischen Quantums für die ganze Kurmark die zeitweise Wiederaufhebung der erst unlängst den einheimischen Fabrikwaaren zugebilligten Befreiung von der sogenannten Nachschussakzise, für Berlin speziell aber die Wie-

[1]) Ueber die gleichen Bestrebungen in Pommern, die Kapitalisten zu der Landmilizabgabe heranzuziehen, vergl. oben S. 67. Das Generaldirektorium dachte noch an eine event. Besteuerung der städtischen Beamten, da diese ja bisher auch keinerlei direkte Last zu tragen hätten. Doch bemerkte die Kammer sofort sehr richtig, dass wenn deren Gehälter auch nicht wie die ihrer Kollegen im königlichen Dienst prinzipiell einbehalten und zu Militärzwecken verwendet, so doch bei den grossen finanziellen Verlegenheiten der Städte thatsächlich überall in der empfindlichsten Weise verkürzt würden.

[2]) Reskript vom 14. Februar 1759.

[3]) Das Generaldirektorium hatte u. a. am 14. Februar eine möglichst starke Besteuerung des fremden, speziell des virginischen Blättertabaks gefordert, die Kammer aber eine solche, als mit dem Ruin der berliner Tabakfabriken ziemlich gleichbedeutend, auf das entschiedenste widerrathen.

derherstellung des für die Hauptstadt vor einiger Zeit auf 9 Pfennig ermässigten Satzes der sogenannten Scharrenakzise auf die sonst in der Kurmark nach wie vor allgemein übliche Höhe von 1 g. Groschen 6 Pfennig für den Scheffel empfahl. Besondere Beschwerden würden damit niemandem auferlegt, und der, nach genauen überschläglichen Berechnungen zu erwartende Ertrag würde mit dem aus den schon früher vorgeschlagenen Sätzen zusammengenommen das ganze städtische Quantum reichlich zu decken imstande sein[1]). Die Kammer fügte hinzu, dass, wenn man ihr diese Vorschläge nicht genehmige, sie absolut kein anderes Mittel mehr wüsste, dass sonst auch noch die letzten Kämmereien ruinirt werden und die Landmiliz ohne Verpflegung bleiben würde.

Erhob nun auch das Generaldirektorium keine Bedenken mehr gegen die Anträge der Kammer, so wollte es doch eine definitive Genehmigung nicht aussprechen, bis die Sache nicht dem Könige selbst vorgelegen; und erst als man sich auch allerhöchsten Ortes mit dieser neuen indirekten Milizsteuer einverstanden erklärt hatte, falls dieselbe nur nicht für eine Erhöhung der gewöhnlichen Akzise ausgegeben und mit dieser irgendwie vermenget werde, konnte endlich mit dem 1. September 1759 der Impost in allen Städten der Kurmark eingeführt werden[2]).

An Bitten, die Städte von dieser neuen Auflage zu befreien, hat es auch in der Kurmark nicht gefehlt. So stellte schon nach wenigen Wochen die Kaufmannschaft von Frankfurt a. O. in den bewegtesten Worten vor, man möge doch ihren schon so daniederliegenden Handel durch diese „neuen Akziseerhöhungen“ nicht noch mehr ruiniren, — freilich nur, um darüber belehrt zu werden, dass von derartigen Erhöhungen garnicht die Rede sei, dass es sich nur um einen anderen Modus handele, die Gelder, die die Städte zum Unterhalt der Landmiliz schuldig wären, zusammenzubringen, wie denn auch die neue Auflage sofort mit der Auflösung der Landmiliz aufhören werde[3]).

[Erfolg des Impostes.] Dass sich die Kammer in ihren Berechnungen nicht getäuscht, sollte sich bald zeigen;

---

[1]) Der Ertrag der schon im Dezember vorgeschlagenen Impostsätze wurde jährlich auf 29 400 Thlr. veranschlagt; dazu jährlich an Nachschussakzise von den einheimischen Fabrikwaaren in Berlin 6122, in den anderen kurmärkischen Städten 2000 Thlr. und endlich durch Wiedererhebung der vollen Scharrenakzise in Berlin 8688 Thlr., sodass man im ganzen sicher auf das Jahr 46 210 und auf den Monat etwa 3850 Thlr. erwarten konnte.

[2]) Die einzelnen Sätze, die wesentlich von denen des pommerschen Tarifs verschieden sind, vergl. Beilage XII. — Die Genehmigung des Königs liegt nicht vor; der dieselbe nachsuchende Bericht des Generaldirektoriums datirt vom 21. März und der die endliche Einführung anordnende Erlass derselben Behörde an die Kammer vom 11. August 1759.

[3]) Bittschrift vom 12. und Bescheid vom 24. Oktober 1759.

wenn ihre Erwartungen sogar noch übertroffen wurden, so lag das vor allem daran, dass, abgesehen von dem einen Zwischenspiel im Oktober 1760, die Erhebung der neuen Steuer durch keinerlei feindliche Invasionen erschwert oder gehindert wurde. Ergab auch eine gewisse Stille des Verkehrs in manchen Monaten einen Fehlbetrag, den grössten im Januar und Februar 1760 mit je 300 Thalern, so waren doch im grossen und ganzen nur Ueberschüsse zu konstatiren[1]), derart, dass auch trotz jener einmaligen Störung der Zahlungen im Jahre 1760 und trotz des häufigen Ausbleibens der Beiträge vom platten Lande, bei vollkommen regelmässiger Zahlung des Unterhalts für das Regiment und die Husareneskadron, der Zustand der Landmilizkasse ein immer günstigerer wurde. So konnte dann im Juli 1762, nachdem mit dem Uebergange der Husaren auf die Generalkriegskasse sich die Gesammtausgaben beträchtlich gemindert hatten, unbedenklich ein Theil des Impostes, und zwar die Nachschussakzise von den einheimischen Fabrikwaaren, als der Industrie am meisten beschwerlich, in Fortfall kommen[2]). Als schliesslich mit dem 1. März 1763 mit der Reduktion der Landmiliz auch die anderen Sätze des Impostes aufgehoben wurden, fand sich dann ein derartiger Barbestand in der Milizkasse vor, dass damit der früher auf die Städte entfallende Beitrag noch auf weitere zehn Monate gedeckt gewesen wäre, und dass davon das Regiment Borck für sich allein noch länger als sieben Monate hätte verpflegt werden können.

[Eintreibung der Reste. Das Milizgeld des platten Landes bis zum Frieden.] Während auf diese Weise die Aufbringung der Gelder städtischen Antheils seit dem Sommer 1759 für die Zukunft eine befriedigende Ordnung gefunden[3]), musste dagegen der Antheil des platten Landes nach wie vor durch Extrakontributionsmonate, beziehungsweise durch Anleihen auf Kredit der Kreisstände gedeckt werden, was nur selten ohne grössere Schwierigkeiten und

---

[1]) Der Rechnungsabschluss nach den ersten drei Quartalen hatte nach Abzug kleinerer Ausfälle im ganzen auf diese Weise schon einen Ueberschuss von 7000 Thlrn. zu verzeichnen.

[2]) Erlass des Generaldirektoriums vom 14. Juli 1762. Die Kammer hatte zwar auch die Nachschussakzise, da diese einmal bestand, zunächst noch beibehalten und mit den Ueberschüssen der Milizkasse dem Lande anderweitig, event. besonders den ruinirten Kämmereien direkt aufhelfen wollen, doch drang sie mit ihrem dahingehenden Antrage nicht durch.

[3]) Bei Einführung des Imposts waren die Städtekämmereien zwar auch noch zu einem nicht unbeträchtlichen Theil mit ihren Quoten im Rückstande. Da aber nun einmal die Quelle ihrer Verlegenheiten verstopft worden war, machte es ihnen keine allzugrossen Schwierigkeiten mehr, was sie der Landmilizkasse schuldeten, abzutragen. Die einzige Stadt, die davon wirklich befreit wurde, war Wusterhausen, welches durch einen furchtbaren Brand heimgesucht worden war und so besonderer Schonung bedurfte.

schwere Opfer bewerkstelligt werden konnte, besonders nach der feindlichen Invasion im Jahre 1760. Nur zu oft blieben die Beiträge hier aus; der Umstand, dass der Antheil der Städte nunmehr regelmässig einkam, gestattete es zwar der Kammer, häufig Aufschub zu gewähren, sowie in einzelnen besonderen Nothständen hier und da auch einige kleinere Rückstände niederzuschlagen, aber von einer allgemeinen Befreiung des platten Landes von weiteren Beiträgen konnte niemals die Rede sein, alle dahingehenden Bittschriften der Stände mussten abschlägig beschieden werden[1]).

Wie verhältnissmässig günstig die kurmärkische Kammer selbst den Zustand ihrer Provinz dem der anderen Landestheile gegenüber ansah, das zeigt der schon oben mitgetheilte Plan aus dem Sommer 1760, die Kurmark zur Abtragung der bedeutenden Summe, welche die Uckermark zur Unterhaltung der pommerschen Landmiliz schuldete, mit heranzuziehen[2]). In welcher Weise die Ausführung dieses Planes durch die Heimsuchung der Kurmark von Russen und Oesterreichern einerseits und durch die Hartnäckigkeit des uckermärkischen Kreisdirektoriums andererseits vereitelt wurde, ist uns gleichfalls schon bekannt; es genügt hier der Hinweis, dass die Kreise Ruppin, Beeskow-Storkow und die Altmark, sowie einige der wohlhabendsten kurmärkischen Kämmereien immerhin schon zusammen etwa 9000 Thaler gezahlt und diese Vorschüsse, soweit ersichtlich, nicht wieder erhalten haben.

Die ganze folgende Zeit bis zum Frieden widmete sich nun die kurmärkische Kammer, neben der Einziehung des fortlaufenden ländlichen Beitrages, der Beitreibung der aus früherer Zeit noch im Rückstande gebliebenen Gelder, und jemehr das Land sich von den Schäden der feindlichen Invasion des Jahres 1760 zu erholen anfing, destomehr waren diese Bemühungen von Erfolg gekrönt. Bis zum 1. März 1763 waren, abgesehen davon, dass in einigen besonders schlimmen Fällen Niederschlagung bewilligt worden war, alle bis dahin noch ausstehenden Reste getilgt, ja einige kleinere Summen wurden sogar auch noch nach diesem Termine abgetragen[3]).

---

[1]) Vergl. derartige Eingaben vom 14. Februar 1758, 19. April 1759, 27. Februar 1761 u. s. w.

[2]) Vergl. oben S. 92.

[3]) Was in dieser Hinsicht allein in dem letzten Jahre geschehen sein muss, das ergiebt eine aus dem Beginne des Jahres 1762 stammende Berechnung der damals bis ultimo Januar gebliebenen Rückstände (Bericht der Kammer an den Kriegsminister von Wedell d. d. 19. Februar 1762). Danach waren mit ihrem Beitrage vollkommen auf dem Laufenden nur der altmärkische und der havelländische Kreis, immerhin also doch die Hälfte des gesammten platten Landes; Ober-Barnim schuldete für die letzten beiden, Beeskow und Storkow für die letzten drei und der ruppinische Kreis für die letzten fünf Monate das Milizgeld. Nieder-Barnim war noch mit dem Beitrage für den Juni, die Zauche für den Mai und

[Verwendung des Kassenbestandes nach dem Frieden.] Wir haben schon erwähnt, dass sich die Umstände der kurmärkischen Milizkasse nicht nur mit der Zeit immer günstiger gestaltet, sondern dass sich auch in derselben nach Auflösung der Landmiliz ein ansehnlicher Bestand vorgefunden hatte. Es waren dies, einige kleine Aussenstände abgerechnet, im ganzen etwa 38 980 Thaler, die also ihren eigentlichen Zweck eingebüsst hatten. Die Kammer, die, wie wir gleich sehen werden, vor allem bedacht war, den durch ihre Vorschüsse arg ruinirten Kämmereien aufzuhelfen, hätte diese Gelder gern dazu mit verwendet; dem Generaldirektorium aber kam ein derartiger kleiner Dispositionsfond sehr gelegen. und dieses hat dann auch ganz, wie und wo es ihm gut erschien, darüber verfügt, allerdings zum grössten Theil zum Besten des Landes, wenn auch in anderer Weise, als die Kammer es beabsichtigt. 36 000 Thaler wurden im Februar 1764 der Kriegsfouragekasse überwiesen, um diese in den Stand zu setzen, der Kurmark die sehr beträchtlichen, noch vom Kriege her anstehenden Forderungen wegen gelieferter Fourage im Betrage von 120 000 Thalern wenigstens einigermassen zu vergüten, wozu diese Kasse bei ihren zu knapp bemessenen Mitteln sonst ausserstande gewesen wäre. 864 Thaler hatten schon im Juni 1763 die Städte Bernau, Oranienburg und Liebenwalde erhalten, weil sie durch ein Versehen um ihren Antheil an dem nach Friedensschluss dem Lande geschenkten Getreide gekommen waren. 184 Thaler erhielt die Hofapotheke nachträglich für derzeit den kurmärkischen Provinzialhusaren gelieferte Medizin, 150 Thaler bekamen im Februar 1766 die Beamten der Obersteuerkasse, welche die gesammte Verrechnung der Landmilizgelder gehabt hatten; und der Rest, etwa 460 Thaler, endlich ward im August 1766 zur Deckung einer kleinen, bei den damals gerade im Gange befindlichen Vermessungen der kurmärkischen Forsten vorgekommenen, Etatsüberschreitung verwendet. Erst damit hatte die „kurmärkische Landmilizkasse“ wirklich ihr Ende erreicht.

[Vorschläge wegen Tilgung der Kämmereivorschüsse und deren Schicksal.] Noch eins bleibt uns nachzuholen. Man wird sich erinnern, dass in der Kur-

---

der teltower Kreis für den März 1760 im Rückstande, die Priegnitz hatte für den Juni 1759 und Lebus endlich für den August 1758 bisher den letzten Beitrag geliefert. Die Reste des Beitrages der Kämmereien waren seit dem 1. September 1759 natürlich längst getilgt, mit Ausnahme der einiger altmärkischen Städte, denen die Franzosen einst gar zu übel mitgespielt hatten. Die gesammten Rückstände betrugen aber doch nur 36 263 Thlr., also noch nicht einmal die Hälfte des jährlichen Quantums von 77 868 Thlrn., wie es für die ganze Kurmark seit dem 1. April 1759 festgesetzt worden war.

mark sich die Kammer für die Herbeischaffung des städtischen Quantums nicht wie in Pommern und in der Neumark an die Bürgerschaft der einzelnen Städte als solche gehalten, sondern einerseits wegen der Annahme des Aufbringungsmodus der Justizsalariengelder, andererseits um die nöthigen Summen möglichst schnell zu erhalten, den Kämmereien die Hergabe des städtischen Quantums als Vorschuss für die Bürgerschaft anbefohlen hatte, und dass dieser Modus von den ersten drei Monaten dann auf die ganze folgende Zeit ausgedehnt und bis zur Einführung des Impostes im September 1759 in Kraft geblieben war. Die Höhe der Gesammtvorschüsse aller Kämmereien für diese zwei Jahre bezifferte sich auf 137 121 Thlr. Um diese Summe aufzubringen, hatten die Kämmereien nicht nur ihre Baarbestände bis auf den letzten Pfennig ausgegeben, sondern sich auch alle in recht beträchtliche Schulden gestürzt, so dass ein guter Theil von ihnen, nachdem alle Pertinenzien verpfändet, alles Kredits bar, dem vollkommenen Ruin nahe war. Nur die wenigsten waren noch imstande, für die im Laufe des Krieges gemachten Schulden die fälligen Zinsen zu zahlen. Solange der Krieg dauerte, hatte man es gehen lassen, aber jetzt nach geschlossenem Frieden verlangten die Kämmereien allgemein und mit Recht, dass ihnen die Bürgerschaft durch Rückzahlung der für sie gemachten Vorschüsse wieder aufhelfen müsse.

Um diese Ansprüche der Kämmereien wenigstens einigermassen zu befriedigen, hatte die Kammer dem Generaldirektorium den Vorschlag gemacht, mit dem in der Landmilizkasse gebliebenen, nicht unbeträchtlichen Bestande wenigstens den ärmeren und am meisten mitgenommenen eine Unterstützung zu gewähren, war aber, wie eben bereits erwähnt, abschlägig beschieden worden[1]. Immerhin war aber damit das Generaldirektorium der Sache schon näher getreten, hatte sich von der Kammer über die Lage der einzelnen Kämmereien Bericht erstatten lassen und dieser zugleich aufgegeben, ihm Vorschläge zu machen, wie man den Kämmereien auf andere Weise werde helfen können.

Die hieraus hervorgehenden weiteren Verhandlungen schleppten sich nun durch nicht weniger als sechs Jahre hin; zu einem Resultat haben sie nicht geführt.

Der erste Vorschlag der Kammer vom 6. Februar 1764, der durch die Wiedereinführung des Landmilizimpostes auf zwei Jahre die Gelder herbeischaffen wollte[2], wurde am

---

[1]) Berichte vom 21. September und 15. Dezember 1763 und vom 6. Februar 1764, Erlasse des Generaldirektoriums vom 9. November 1763 und 29. Februar 1764.

[2]) Die Kammer schlug, um jeden Druck zu vermeiden, sehr geschickt vor, den Impost von dem Tage an wiederzuerheben, an dem mit Wieder-

12. April 1765 endgiltig dahin abgelehnt, dass eine Erneuerung dieser Auflage mit dem ausdrücklich kundgegebenen Willen des Königs selbst sich nicht vereinbaren lasse.

Nach neuen umfangreichen Erhebungen reichte die Kammer endlich am 17. August 1767 einen neuen Plan ein. Nach diesem sollten alle kurmärkischen Mediat- und Immediatstädte, mit Ausnahme von Berlin, Potsdam und Frankfurt, zusammen in vier Jahren durch eine direkte, von den einzelnen Bürgern mit dem Servis einzuhebende Abgabe ihre gesammten Vorschüsse tilgen, wobei für die Proportion der Städte untereinander der Akziseertrag des Jahres 1765/66 massgebend sein sollte. In Berlin, wo eine solche Kollekte nicht anginge, würde dem Magistrat auf sechs Jahre eine ganze mässige Erhöhung der Steuer auf fremde Biere und Weine zu gestatten sein; Potsdam und Frankfurt endlich, die Residenz und die Messstadt, wo keiner von beiden Modis ausführbar sei, müssten wohl oder übel ihre Vorschüsse zu verschmerzen suchen. Unter den Verhandlungen über diese Vorschläge verging dann wieder ein Jahr, bis das Generaldirektorium endlich am 20. August 1768, weil die Quotisation nach dem Akziseertrage sich mit dem sonstigen Plane nicht vereinbaren lasse, eine Umarbeitung desselben nach dem Servisetat von 1765/66 anbefahl. Auch dies geschah, aber die Neuerung erwies sich als noch weniger passend, und trotz aller Bitten der Kammer entschied dann das Generaldirektorium am 14. April 1769 endgiltig, dass jede Kämmerei ihre gemachten Vorschüsse selbst tragen und durch doppelt grosse Sparsamkeit die wegen der Vorschüsse gemachten Schulden aus eigenen Mitteln werde tilgen müssen.

Dabei hatte es sein Bewenden und durch diese Entscheidung waren dann die während des Krieges gemachten und bisher immer noch als Vorschüsse bezeichneten Zahlungen der Kämmereien in wirkliche Leistungen derselben umgewandelt worden [1]). Es sind also in der Kurmark nicht die Bürgerschaften, sondern eben ausschliesslich die Kämmereien gewesen, welche das ganze städtische Milizgeld bis zur Einführung der indirekten Steuer, des Impostes, also für eine Zeit von zwei Jahren haben tragen müssen. Dass die Kämmereien, wenigstens die weniger wohlhabenden, noch sehr lange Zeit nöthig hatten, diesen schweren Schlag ganz zu verwinden, braucht kaum noch besonders versichert zu werden [2]).

---

einführung des alten, vollgewichtigen Geldes das bis dahin bei der Akzise erhobene Agio fortfallen werde.

[1]) Auch eine nochmalige Bittschrift des berliner Magistrats, ihm doch die kleine Auflage auf fremde Weine und Biere zu gestatten, konnte keine Aenderung dieses Beschlusses mehr erlangen. Der wirklich letzte Erlass in dieser Angelegenheit datirt erst vom 22. August 1770.

[2]) Ward es doch noch nach mehr als einem Dezennium als eine merkliche Erleichterung angesehen, als auf fortgesetzte Vorstellungen der Magistrate über den üblen Zustand der Kämmereien diesen durch

Versuchen wir es, einen Ueberblick über die Gesammtleistung der Kurmark zu gewinnen. War auch die Lage der Provinz zu Beginn des Krieges bei weitem nicht so bedenklich, wie die Pommerns, so war sie doch keineswegs eine vortheilhafte zu nennen; besonders die Finanzlage der Städte war trotz aller Reformen König Friedrich Wilhelms I. immer noch derart, dass jede stärkere Zumuthung an ihre Leistungsfähigkeit sehr leicht eine ernste Krise heraufbeschwören konnte [1]). Dennoch ist auch die Kurmark nicht nur bis zur äussersten Erschöpfung zu den Rekrutirungen, den Lieferungen und Fuhren zur schlesischen, sächsischen und alliirten Armee herangezogen worden, sondern auch sie hat den Feind mehrfach und zwar recht empfindlich im eigenen Lande gespürt. Wenn unter diesen Umständen die Kurmark für sich, ausschliesslich der Neumark und der Uckermark, allein an barem Gelde rund 530 000 Thlr. zur Unterhaltung der Landmiliz aufgebracht hat, so ermisst man, dass sie in Darbringung dieses patriotischen Opfers wahrlich mehr als ihre Pflicht gethan hat.

---

eine Kabinettsordre vom 18. April 1783 von Trinitatis desselben Jahres an die weitere Entrichtung der 5000 Thlr. jährlicher Justizsalariengelder abgenommen und der kurmärkischen Städtekasse auferlegt wurde. Vergl. Wöhner a. a. O. I, S. 150.

[1]) Ein Beispiel für viele: Die Stadt Brandenburg a./H. hatte zu Ende April 1758 schon wieder 126 600 Thlr. Schulden. Davon stammten aus früheren Jahrhunderten 80 000 Thlr.; 18 000 hatten 1745 und dieselbe Summe 1757 zu den allgemeinen Kriegsanleihen zinsbar aufgenommen werden müssen, ausserdem hatte man jetzt schon wieder nach Verbrauch der Barbestände für Beschaffung des Landmilizbeitrages im ganzen etwa 10 600 Thlr. borgen müssen: und das alles bei einem jährlichen Solleinkommen von nur 17 000 Thlr., aus welchem doch die gesammten Ausgaben der Stadtverwaltung bestritten werden sollten, welches aber ausserdem schon bei der allgemeinen Noth nur zu sehr hinter dem Anschlage zurückblieb. (Bittschrift des Magistrats an das Generaldirektorium vom 12. Mai 1758.) Ueber die Reformen Friedrich Wilhelms I. vergl. die Aufsätze von G. Schmoller: Zeitschr. f. preuss. Geschichte Bd. VIII, X, XI, XII.

Fünfter Theil.

Ostpreussen[1]).

I. Vorgeschichte der Miliz und erste Massregeln Lehwaldts.

Die längste Vorgeschichte, aber die kürzeste Dauer haben die ostpreussischen Milizen gehabt. In ihnen finden wir einmal den Gedanken wirklich mit Erfolg zur Ausführung gebracht, der den oben erwähnten Plänen von 1733, 1741 und vor allem der schlesischen Miliz von 1743—45 zu Grunde gelegen hatte[2]): nämlich das Prinzip einer lockeren, halb irregulären Bauernmiliz, die in den Wäldern und Morästen Litthauens einen Bandenkrieg gegen die feindliche Armee führen sollte.

Schon zweimal in früheren Jahren war der König in die Lage gekommen, die Vertheidigungsfähigkeit Ostpreussens in ernste Erwägung ziehen zu müssen, und auch beidemale schon

---

[1]) Eigentliche Hauptakten fehlen; das Wesentlichste ergab sich aus: Geh. Staats-Arch. Gen. Direkt. Ostpreuss. Materialien, russische Invasion Vol. III und V, sowie R. 96. 81 M. Königsberger Arch. Regierungs-Acta wegen des Krieges 1757 Vol. III 52 k k und Zeitungs-Relationes den jetzigen Krieg betr. 1757 52 k k. — Ueber die ostpreussischen Milizen hat schon gelegentlich gehandelt X. von Hasenkamp in seiner historischen Skizze: „Ostpreussen unter dem Doppelaar" (Neue preussische Provinzialblätter 3. Folge, Bd. VI bis XI) auf Grund der königsberger Akten sowie zahlreicher Lokalquellen. Diese Darstellung ist, wie Verf. an der Hand der Akten genau hat verfolgen können, im allgemeinen zuverlässig, abgesehen von einigen Missverständnissen bezw. Flüchtigkeitsfehlern (VI, 83 Anm. 2: das Königsbergische Landregiment Polenz hatte mit der neuerrichteten Miliz nichts gemeinsam; VI, 105: nicht in jedem Amt sollten eine bis drei, sondern in je einem bis zwei Aemtern zusammen eine Kompanie Landmiliz errichtet werden; VI, 121 Anm. 4: das Bataillon Infanterie hatte nicht sechs sondern fünf Musketierkompanien, die Grenadierkompanie war also im Frieden erst die sechste u. s. w.). Entgangen sind H. ausser einigen kleineren gelegentlichen Nachrichten auch die Notizen in der „Bellona, ein militärisches Journal" Dresden 1781 ff. Stück II, III, IV, V, VIII.

[2]) Vergl. oben S. 10 ff.

war die Aussicht des gleichzeitigen Krieges mit Oesterreich und Russland für die Auswahl der etwa zu ergreifenden Massregeln bestimmend gewesen.

Hatte der König bereits im ersten schlesischen Kriege, weil seine Kräfte doch nicht ausgereicht hätten, Ostpreussen für den Nothfall, dass Russland mit ihm bräche, entsprechend zu decken, kein anderes Mittel gewusst, als die Provinz „platt zu abandonniren“ [1]), so zeigte im Frühjahr 1749, als der schon vorhin als nicht unmöglich vorausgesehene Kampf mit den zwei Fronten nun wirklich vor der Thür zu stehen schien, der Monarch, dass sich seine Ansichten über diesen Punkt in der Zwischenzeit in keiner Weise geändert hatten. Er hat damals den preussischen Oberkommandirenden, General von Lehwaldt, für den wirklichen Ausbruch des Krieges beauftragt, nicht nur mit allen Truppen das Land zu verlassen, sondern auch eine völlige Ausräumung der Provinz selbst vorzunehmen, unter Mitführung aller irgend brauchbaren jungen Mannschaft, 400—600 Mann für jedes Regiment, des dreifachen Bedarfs an Mobilmachungstrain-Pferden und -Wagen, sämmtlicher irgend auftreibbarer Vorräthe an Lebensmitteln, Fourage und Kriegsmaterial, sowie endlich aller überhaupt vorhandenen Kassengelder, welchen Titel sie auch immer haben mochten [2]).

Inzwischen war manches anders geworden, und als nun im Jahre 1756, bei dem Wiederbeginn des Krieges mit Oesterreich und Sachsen, der Bruch mit Russland höchst wahrscheinlich und nur mehr eine Frage der Zeit sein konnte, wollte der König wenigstens den Versuch gemacht wissen, Ostpreussen zu halten, und demgemäss ward die Instruktion von 1749 durch eine neue mit wesentlich anderer Fassung ersetzt, welche dem auch jetzt zum Oberkommandirenden in Preussen ausersehenen, nunmehrigen Generalfeldmarschall von Lehwaldt, unter Verleihung uneingeschränktester Vollmacht auch über alle Zivilbehörden der Provinz, anbefahl, alle Kräfte des Landes zu dessen Vertheidigung anzuspannen, seine kleine Streitmacht auf alle nur erdenkliche Weise zu verstärken, ja zur Noth gegen das feindliche Gesindel selbst die Bauern der Grenzbezirke unter die Waffen zu rufen [3]).

---

[1]) Friedrich an Leopold von Anhalt-Dessau d. d. 20. März 1741 (Politische Korrespondenz Friedr. d. Gr. Bd. I, S. 211 f.).

[2]) Vergl. die „Sekrete Instruktion vor den General von Lehwaldt“ vom 6. März 1749 (Polit. Korrespondenz Friedr. d. Gr. Bd. VI, S. 407 ff.), Zusätze dazu in dem Schreiben des Königs vom 10. März (ebenda S. 421 f.) und die „Anderweite sekrete Instruktion“ vom 9. April 1749 (S. 481 bis 486). Der Befehl, diese Massregeln einstweilen zu sistiren, datirt vom 19. Juli desselben Jahres (Bd. VII, S. 22).

[3]) Vergl. die „Militärische Instruktion“ und die „Oekonomische Instruktion vor den Generalfeldmarschall von Lehwaldt“, beide vom 23. Juni 1756. (Polit. Korrespondenz Friedr. d. Gr. Bd. XII, S. 448—455).

Versuchen wir uns zu vergegenwärtigen, in welcher Weise Lehwaldt die Absichten des Königs zur Ausführung brachte. Die Verstärkung der regulären Armee durch Einstellung mehrfacher Ueberkompletter, durch Verdoppelung der Garnisontruppen von 6 auf 12 Bataillone und die Heranziehung dieser zum Felddienst, endlich die Formirung eines Exerzirdepots in Königsberg ist für uns hier weniger von Interesse[1]), als die Einrichtung eines gewissen Landsturmes gegen Marodeure und kleinere feindliche Banden und vor allem die Aufstellung einer uniformirten Landmiliz von einigen tausend Mann.

[Landsturmmassregeln.] Von einem Landsturm im modernen Sinne konnte natürlich unter den damaligen Verhältnissen keine Rede sein, nur für gewisse Fälle wollte man den Bauern und den Städten wenigstens die Möglichkeit geben, sich zu wehren. Demgemäss wurde den Bauern einerseits zwar auf das strengste eingeschärft, wirklichen feindlichen Truppen, welche nur Essen, Trinken und Fourage forderten, dieses, soweit es vorhanden sei, ohne den geringsten Widerstand auszufolgen; dagegen ward ihnen andererseits befohlen, sich gegen Marodeure, plündernde und brennende feindliche Banden, gleichviel ob Russen oder Polen, ob Reguläre, ob Irreguläre, energisch zur Wehre zu setzen und eventuell in solchem Falle durch Sturmläuten auch die Bewohner der Nachbardörfer heranzurufen[2]). Zu diesem Zwecke sind dann noch hier und

---

[1]) Welche Anforderungen durch all' diese Massregeln im Laufe des Jahres an die Kräfte des Landes gestellt wurden, ist geradezu staunenswerth. 1756 betrugen Lehwaldts Streitkräfte alles in allem höchstens 24 000 Mann. Beim Ausmarsche aus Preussen im November 1757 zählte die Armee rund 29 500 Köpfe (genau 29 578, vergl. das Marschtableau im Geh. Staats-Arch. Gen.-Direkt. Ostpr. Mat. Vol. V, doch giebt dies infolge eines Rechenfehlers die Gesammtsumme fälschlich auf 29 490 Mann an); in Königsberg und Pillau blieben zurück 2 Bataillone Puttkamer und ein Husarenkommando, zusammen etwa 1500 Mann. Der Gesammtverlust des Feldzuges 1757, einschliesslich der durch Treubruch der Russen in Gefangenschaft gerathenen Garnison von Memel, sowie des Verlustes bei Grossjägerndorf, ist mit 6000 Mann jedenfalls sehr niedrig berechnet. Es wären also im ganzen rund 37 000 Mann, so dass Lehwaldt in dem einen Jahr abgesehen von der, auch nicht unbeträchtlichen, neu errichteten Landmiliz, etwa 13 000 Mann für das Heer aus dem Lande gezogen hat, d. h. mehr als die Hälfte seiner ganzen ursprünglichen Streitkräfte. — Ueber das Exerzirdepot in Königsberg speziell vergl. die „Geschichte des siebenjährigen Krieges von den Offizieren des grossen Generalstabes", Bd. I, S. 328.

[2]) Vergl. Lehwaldts Erlass an die Kammern vom 18. April sowie die „Disposition und Ordres zur Errichtung der Landmiliz" vom 24. April und die entsprechenden Erlasse der Kammern an die Land- und Steuerräthe und die Beamten längs der Grenze vom 30. April 1757. Man hat in diesen Befehlen des Feldmarschalls etwas völkerrechtswidriges sehen wollen, aber konnten die Verhaltungsmassregeln korrekter überhaupt gegeben werden? Man bedenke nur, welchen Feind man vor sich hatte. Selbst wenn die Kosaken nicht so raub- und mordlustig gewesen wären, wodurch sollte man denn diese zerlumpten, halbnackten und keine Spur

da Gewehre an die Bauern ausgetheilt worden, und so konnte wirklich manches feige Gesindel vertrieben, manches Unglück verhütet werden.

Das Aequivalent zu diesen Massregeln erhielten die Städte in einer Reorganisation ihrer Bürgerkompanien, wenn dies auch nicht vielmehr besagen wollte, als dass einmal wieder an die Verpflichtung aller Bürger zum Waffendienst erinnert, Pulver und Blei angeschafft und, wo es Noth that, einige Gewehre ausgetheilt wurden, dass die Thorwachen etwas stärker besetzt, sowie die Umgegend in regelmässigen Abständen von Bürgermannschaften abpatrouillirt wurde. Der Zweck dabei war nur der, zu verhindern, dass eine Stadt gleich im ersten Anprall eine Beute kleiner feindlicher Parteien oder gar unter der Maske russischer Irregulärer sich bergender polnischer Banden werden sollte, und in dieser Hinsicht hat sich die „Bürgerbewaffnung" auch ganz vorzüglich bewährt, wie aus einer Reihe von Beispielen ersichtlich ist [1]). Das waren aber nur Demonstrationen; jeder ernstliche Kampf, jeder Widerstand gegen grössere Detachements regulärer Truppen war streng verboten, er hätte jedenfalls für die Stadt auch nur üble Folgen haben müssen. Dass man in Memel, Pillau und Königsberg ernstlich daran gedacht hat, eventuell zur Vertheidigung dieser Städte die betreffenden Bürgerschaften heranzuziehen, dass besonders an letzterem Ort eine sehr umfassende Neueinrichtung der Bürgerbewaffnung ins Werk gesetzt, ja sogar eine Eskadron Bürgerkavallerie aufgestellt worden ist [2]), ändert

---

eines militärischen Aussehens zeigenden Steppensöhne von den besonders mit dem Korps Sibylskis aus Polen herübergekommenen litthauisch-polnischen Räuberbanden unterscheiden, die sich ebenfalls für russische Irreguläre ausgaben! In Wirklichkeit haben aber die Kosaken und Kalmücken von Anfang an, ehe sich von preussischer Seite auch nur eine Hand rührte, eine solche bestialische Grausamkeit und Mordlust entwickelt (Hasenkamp a. a. O. VI, 245 f., VII, 61, 63 u. s. w.), dass es beinahe selbstverständlich ist, dass die Bauern sich ihres Lebens wehrten, um sich nicht wie tolle Hunde todtschlagen oder mindestens in empörendster Weise misshandeln zu lassen. Wie die russische Generalität, jenes unumwunden zugebend, es nur damit zu entschuldigen suchte, dass sie diesen rohen Horden gegenüber absolut machtlos sei (Hasenkamp a. a. O. VII, 61, 63), und dennoch das preussische Gouvernement für diese Greuel verantwortlich machen wollte, weil es durch die Bewaffnung der Bauern die Kosaken herausgefordert habe, ist ganz unverständlich. Dass der Widerstand der Bauern das gegenseitige Verhältniss nicht besserte, soll damit garnicht bestritten werden.

[1]) Vergl. u. a. über eine derartige Rettung der Stadt Gerdauen Hasenkamp a. a. O. VII, S. 312.

[2]) Da der Feldmarschall der Hauptstadt nur zwei, ausserdem durch Abgabe eines Detachements nach Pillau geschwächte Bataillone des Garnisonregimentes von Puttkamer (Nr. 1) hatte als Besatzung zurücklassen können, so war auf seinen Befehl eine allgemeine Bewaffnung der Bürgerschaft ins Leben gerufen worden. (Vergl. Lehwaldts Instruktion für den königsberger Kommandanten, Obersten von Puttkamer, vom 15. März 1757, der Kammer mitgetheilt am 24. April, kurz vor dem Ab-

an dem Gesagten nichts, denn auch hier in der Hauptstadt war alles nicht minder auf Schein berechnet, „zur Abschreckung der Kosaken, Kalmücken und anderen Gesindels“, wirklich Widerstand hat die Bürgerschaft nie leisten sollen und nie geleistet, und sie ist später hier wie überall von den Russen ohne Schwierigkeiten entwaffnet worden.

II. Organisation der ostpreussischen Landmiliz.

Zur wirklichen Unterstützung der bewaffneten Macht war somit nur die Landmiliz ausersehen worden: ihr hatte der Feldmarschall die Vertheidigung der Grenzpässe, die Deckung der Küste, den Schutz des platten Landes vor den Kosaken zugedacht, da seine schon so geringen Streitkräfte es ihm zur Pflicht machten, die ganze reguläre Armee für den Hauptschlag beisammen zu halten, er also zu jenen Zwecken keinerlei Detachements abgeben konnte.

Als Lehwaldt nach mancherlei Vorschlägen, die ihm aus den am meisten bedrohten Theilen des Landes zugingen, zuerst im Februar 1757 seine Pläne wegen Errichtung einer Landmiliz den ostpreussischen Zivilbehörden mittheilte und zwar zugleich mit dem Befehl, den Landstrich 8 bis 9 Meilen von der polnisch-litthauischen Grenze von den Einwohnern unter Mitnahme aller ihrer Vorräthe und ihres Viehstandes räumen zu lassen, war der Widerstand sowohl beider Kammern als auch der Regierung gegen diese Befehle ein ziemlich heftiger; was speziell die Landmiliz anbetraf, machten sie geltend, dass es für deren Einrichtung zu spät sei, dass sie dem Lande zu viel kosten und den Feind nur zu grösserer Wuth anreizen würde. Nachdem sie aber vom Generaldirektorium im Hinweis auf

gange des Feldmarschalls zur Armee nach Insterburg). 3000 Mann bildeten gewissermassen das erste Aufgebot, waren durchweg mit Gewehren und Munition versehen und hatten beständig mit einem Kommando von 2 Offizieren und 40 Gemeinen eine Reihe von Posten untergeordneter Bedeutung in der Stadt zu beziehen. Eine etwa auf 6000 Mann veranschlagte Reserve wurde zunächst nur eingetheilt und sollte sich unter der Hand mit Waffen versorgen, wobei Sensen, Forken u. s. w. zur Noth als ausreichend erachtet wurden. Da es an Reiterei gänzlich mangelte, und Lehwaldt auch nicht einen Mann entbehren konnte, ward zur Wahrnehmung der Patrouillen und Piketts in der Umgebung der Hauptstadt aus Fleischern, Fuhrleuten und dergl. eine 150 Mann starke Eskadron Berittener gebildet, die aus dem königlichen und dem städtischen Zeughause mit Säbeln und Pistolen bewaffnet wurde und einige taugliche Subjekte aus der Bürgerschaft zu Offizieren erhielt. Die daraus erwachsenden Kosten hatte die Stadt zu tragen, doch wurde ein geringer Zuschuss vom Gouvernement gewährt. Im Mai war alles vollendet und in den ersten Tagen des Juni zog die Bürgerkavallerie das erste Mal auf Feldwache.

die Kabinettsordre vom 23. Juni 1756, durch welche für den Kriegsfall alle ostpreussischen Behörden unmittelbar unter Lehwaldts Befehle gestellt wurden, zur Ruhe verwiesen worden waren, fügten sie sich allen Anordnungen des Feldmarschalls, um so mehr, als dieser in einigen Punkten seine ersten Befehle etwas gemildert hatte. Das „Projekt“ vom 28. März 1757 gab den beiden Kammern dann zunächst die nöthigen Winke, um die Miliz von der ökonomischen Seite her entsprechend vorbereiten zu können: Von den Städten, die ja durch Reorganisation ihrer Bürgerkompanien schon eine ziemliche Last trugen, wurde dabei vollkommen abgesehen; und da die königsberger Kammer ihre Grenzbewohner für nicht besonders zuverlässig erklärte, einigte man sich nach einigen Verhandlungen dahin, dass das gumbinnensche Departement die Stellung der Mannschaften allein, das königsberger dagegen einen entsprechend grösseren Antheil an den Gesammtkosten übernehmen sollte. Die endgiltige „Disposition und Ordres zur Errichtung der Landmiliz“ vom 24. April 1757 bildete alsdann die eigentliche Grundlage für die ganze Organisation.

Mit der gesammten Einrichtung der Miliz wurde von Lehwaldt, da ein Offizier von der Armee nicht entbehrt werden konnte, der litthauische Oberforstmeister von Schlieben, der selbst lange Jahre im Heere gedient hatte, betraut; er hatte, begleitet von einem Kammerkommissar, die einzelnen Aemter zu bereisen, um die Kompanien erst in Ordnung zu bringen. Mit der Formation trat dann die ganze Miliz unter den Befehl eines ehemaligen Rittmeisters, nunmehrigen Gutsbesitzers im Kreise Oletzko, von Katrczinsky. Militärisch gehörte die Truppe stets zu den Vorposten, stand also unter dem diese befehligenden General, erst Ruesch, dann Malachowski. Für die pünktliche Besoldung der Miliz hatten die Kammern durch rechtzeitige Eintreibung der nöthigen Gelder Sorge zu tragen, die gumbinnensche hatte ausserdem noch das Brot zu schaffen.

Die Mannschaften, 2000 Gemeine, wurden, wie schon erwähnt, ausschliesslich aus dem gumbinnenschen Departement aufgebracht, und zwar suchte man möglichst viel Freiwillige, Wildhüter, Schützen u. s. w. zu engagiren. Jede Kompanie ergänzte sich aus einem oder zwei Grenzämtern je nach der Grösse derselben. Als Unteroffiziere nahm man, so weit es ging, abgedankte Soldaten; zur Noth mussten Beamte, Kölmer, Landreiter und Schulzen dazu ausgebildet werden. Da die ganze Miliz nicht mehr als sieben Offiziere erhielt, hatte man auf deren Tüchtigkeit doppeltes Gewicht gelegt, Lehwaldt hatte sie fast alle selbst ausgesucht[1]). Um den Mangel des

[1]) Wir begegnen hier ausser Katrczinsky den Namen von Kannacher (Leutnant a. D. und Förster), von Philippi, Klose, Rausching (alle 3 bisher

Ober- und Unterstabes etwas auszugleichen, wurden jeder Kompanie Förster zu Fuss und zu Pferde beigegeben, die, den Gemeinen gegenüber Vorgesetzte, für die Führung von Schleichpatrouillen, für das Uebermitteln von Nachrichten u. s. w. durch ihre Kenntniss des Terrains unbezahlbar waren. Um auch der militärischen Signale nicht ganz entbehren zu müssen, wurde bei jeder Kompanie ein Thürmer oder Stadtmusikant aus einem der benachbarten kleinen Orte als Hornist eingestellt.

Die Formation fand in den ersten Wochen des Mai statt, es wurden sechs Kompanien errichtet, je eine in der Gegend von Johannisburg, Lyck, Oletzko, Goldap, Stallupöhnen und Pilkallen; die Kompanie Katrczinskys bei Goldap, also ungefähr im Zentrum der ganzen Aufstellung. Jede Kompanie zählte 1 Offizier, 4 Unteroffiziere, 18 Förster zu Pferde, 12 zu Fuss, 1 Trompeter und 333 Gemeine, also zusammen 369 Köpfe, nur die des Chefs einen Offizier als Stellvertreter und zwei Gemeine mehr, die gesammte Miliz demnach 2217 Köpfe. Schlieben rangirte jede Kompanie selbst, machte die Gemeinen mit den Offizieren, Unteroffizieren und Förstern bekannt, ermahnte sie zur Treue, Wachsamkeit und Tapferkeit und liess ihnen endlich durch den Gerichtsschreiber des betreffenden Amtes den Eid abnehmen. Dann begann sofort das Exerziren. Ende Mai wurden die einzelnen Kompanien von Ruesch besichtigt.

Eine eigentlich neue Uniform erhielten die Milizsoldaten nicht; vielmehr wurde an die Landestracht angeknüpft und diese nur mit einigen Abzeichen versehen, genau wie im Jahre 1813 bei der ersten Einrichtung der Landwehr. Da die litthauischen Bauern durchgehends weisse, beziehungsweise graue, die polnischen und deutschen Bauern aber blaue Röcke trugen, behielten sie diese bei, nur dass bei den Kompanien die Mannschaften derart ausgewechselt wurden, dass eine jede entweder ganz in weiss oder ganz in blau ging. Auf die Aermel der Bauernröcke setzte man als Aufschläge je nach den Kompanien blaue, grüne, schwarze, rothe, gelbe und weisse Tuchlappen, ausserdem erhielten die Leute Hüte mit Püscheln von der Kompaniefarbe, sowie rothe Halsbinden; ein Brotsack und eine Patrontasche mit 48 Patronen vervollständigten die Ausrüstung. Gewehre wurden zur grösseren Hälfte, im ganzen 1200 Stück, geliefert, der Rest musste aus dem Lande aufgebracht werden; wer sich daneben einen Säbel, einen Spiess und dergleichen anschaffen konnte, durfte ihn gleichfalls tragen[1]). Wir sind auf diese Unifor-

---

Wachtmeister im Husaren-Regiment Ruesch, jetzt Leutnants) von Plewe und von Kortzfleisch.

[1]) Die Offiziere kleideten sich nach Belieben, trugen aber das Portepee, sowie am Hut eine Kokarde. Die Unteroffiziere führten ausser

mirung absichtlich etwas genauer eingegangen, um zu zeigen, dass die Russen durchaus keinen Rechtstitel haben konnten, diese Mannschaften, die unter dem Fahneneide standen, die viel besser uniformirt waren, als ihre zerlumpten Kosaken und Kalmücken nicht als Soldaten behandeln zu wollen; wenn sie es dennoch gethan haben, so war das eine Verletzung des Völkerrechts.

Für die Verpflegung der Miliz wurde durch Anweisung eines angemessenen Soldes und ausserdem durch unentgeltliche Lieferung von täglich zwei Pfund Brod auf den Kopf gesorgt, deren Beschaffung ebenso wie die der 20 Rationen auf die Kompanie der gumbinnenschen Kammer oblag [1]).

III. Verwendung und Dienst der ostpreussischen Landmiliz.

Ueber die Bestimmung, die Lehwaldt der Landmiliz zugedacht hatte, geben uns am besten die „Disposition und Ordres" Auskunft, wenn er hier den Offizieren befiehlt, dass sie ihre Leute vor allem im Schiessen, im Zerstreuen und Sammeln, Patrouilliren, Treffen auf Verabredung, Schleichmärschen und Legen von Hinterhalten üben sollten, wenn er ihnen räth, sich niemals ins freie Feld zu begeben, sondern immer möglichst im Walde und im durchschnittenen Gelände zu bleiben, sich hauptsächlich die feindliche Bagage, Transporte, Patrouillen und marodirende Banden aufs Korn zu nehmen, nie lange an einem Ort zu verweilen u. s. w. [2]). Es liegt auf der Hand, wie sehr hierbei gegenseitiges Vertrauen zwischen der Mannschaft und ihrem Führer, unbedingter Gehorsam und Ergebenheit bei jener, Verschlagenheit und Thatkraft bei diesem in Betracht kommen musste. Und an diesen Eigenschaften hat es, soweit die Nachrichten reichen, auch niemals gefehlt.

---

dem Gewehr einen Pallasch und unterschieden sich, ebenso wie die Trompeter, von den Gemeinen durch eine breite wollene Tresse um den Hut. Für die Förster erscheint eine besondere Tracht nicht vorgeschrieben. Zur Bestreitung der durch diese Uniformirung entstandenen Kosten ward ein entsprechendes Equipirungsgeld gezahlt; über die Sätze vergl. Beilage XIII, Anm. 2.

[1]) Den Verpflegungsetat der Miliz vergl. Beilage XIII; ausserdem wurden die Leute auf die von den Russen, besonders aus deren Bagage, zu machende Beute angewiesen, von der ein Viertel dem Offizier, ein Viertel den Unteroffizieren und Förstern und die Hälfte den Gemeinen zufallen sollte.

[2]) Vergl. auch Lehwaldts Instruktion für den Rittmeister von Katrczinsky vom 4. Juni 1757. (Bellona, 5. Stück, Dresden 1782, S. 19) und für den Leutnant von Plewe vom 30. Mai (ebenda 4. Stück, 1781, S. 70; 5. Stück, S. 17). — Es bedarf ja kaum der Erwähnung, dass von einem Garnison- und Ersatzdienst, wie ihn alle übrigen Provinzialmilizen gehabt haben, hier niemals die Rede sein konnte.

Zunächst an der Grenze postirt[1]), wurde die Miliz nach mehreren kleinen Gefechten durch den Vormarsch des ganzen russischen Heeres theils zurückgedrängt, theils gezwungen sich tiefer in die Wälder zu ziehen, wo sie dann doch den dorthin mit ihrer Habe geflüchteten Einwohnern gegen die Kosaken Schutz gewähren, zugleich aber auch von ihren Verstecken aus den Russen manche kleine Schlappe anhängen konnte. Ausserdem deckten zwei Kompanien, seitdem sich die Armee bei Wehlau konzentrirt hatte, fast ganz allein die bedrohten Küstenstriche; und sie waren es, die am 6. September, unterstützt von 200 Husaren, bei Schaaken am Kurischen Haff den Landungsversuch eines mehr als 2000 Mann starken feindlichen Detachements vereitelten[2]). Dass die Milizen dann den Russen, als diese nach ihrem Siege bei Gross-Jägerndorf Preussen räumten, wacker zusetzten und zur Demoralisirung der feindlichen Armee nicht wenig beitrugen, bedarf kaum noch besonderer Versicherung.

Nun aber trat das lange Gefürchtete ein: der König, von allen Seiten bedrängt, brauchte nothwendig, um nicht in der Zersplitterung alles zu verlieren, auch die Lehwaldtsche Armee in seiner Nähe; schon Ende September war dies beschlossene Sache[3]). Jetzt kam die Ausräumung Ostpreussens, wie sie 1749 ins Auge gefasst war, jetzt musste das Land wohl oder übel „platt abandonnirt" werden. Noch blieben allerdings einstweilen, während die Armee schon im Oktober sich langsam aus Preussen zog, um wie wir oben gesehen vor der Hand Pommern und der Mark gegen die Schweden Hilfe zu bringen, zwei Bataillone Puttkamer als Garnison für Königsberg und Pillau sowie einige Husaren zum Patrouillendienst zurück, aber auch dies kleine Detachement nur mit der Weisung, bei abermaligem Einmarsche der Russen sofort das Land zu verlassen.

Hat sich auch gerade in den letzten Monaten des alten Jahres die Miliz noch als ein rechter Segen für das Land erwiesen, hatten es ihre Führer durch Thatkraft und Unternehmungslust wohl verstanden, sich bei den Kosaken in Respekt zu setzen[4]), was sollte nun werden, wo die Russen

---

[1]) Vergl. Bellona, 4. Stück, S. 76.

[2]) Bericht der Kammer an das Generaldirektorium vom 9. September 1757. Vergl. Tempelhoff a. a. O., I, S. 296.

[3]) Kabinettsschreiben an Lehwaldt vom 29. September und 1. Oktober (Polit. Korresp. XV, S. 384 und Anm.), vergl. auch die vom 2. und 19. Oktober (ebenda S. 398, 442). Es war die Zeit, wo der König an den Minister von Finckenstein schrieb: „Nous sommes abîmés, mais je périrai, l'épée à la main" (1. Oktober 1757, vergl. ebenda S. 395).

[4]) Hasenkamp (a. a. O., IX, S. 181) erwähnt für diese letzte Zeit auch noch „Landhusaren" unter dem Förster Eckert. Die Existenz solcher wäre ja an sich nicht unmöglich, doch ist H. vielleicht nur durch die Landhusaren der anderen Provinzen zu dieser Annahme verführt worden. Meines Wissens ist, wo wirklich „Husaren" erwähnt werden,

in kurzer Zeit das ganze Land überschwemmten, wo Ostpreussen zur Provinz des Zarenreiches ward? Freilich einfach entwaffnen, wie die Bürgerschaften in den Städten, liessen sich die braven Milizleute nicht; noch lange haben ihre Ueberbleibsel den Krieg gegen die Russen auf eigene Faust fortgesetzt, aber die ostpreussische Miliz als solche hat mit dem Januar 1758 zu bestehen aufgehört. So mancher der Leute mag sich zuletzt durch Polen zur schlesischen oder pommerschen Armee hindurch gestohlen haben.

IV. Unterhalt der ostpreussischen Landmiliz.

Die Gelder für die Verpflegung der Miliz sollten, wie wir bereits oben gesehen, ebenso wie die Mannschaften ausschliesslich vom platten Lande zusammengebracht werden. Für die Höhe der daraufhin ausgeschriebenen Steuer und speziell für die Vertheilung der Gesammtsumme auf die beiden Departements ist ein ganz eigenthümliches, nur aus dem Gange der Ereignisse erklärliches Verhältniss massgebend gewesen. Nachdem nämlich der erste Voranschlag rund 5000 Thaler als monatlichen Bedarf für die sechs Kompanien ergeben, hatte die gumbinnensche Kammer, der daran liegen musste noch möglichst viel Geld zu schaffen, ehe der Einfall der Russen erfolgte, ohne abzuwarten, in welcher Weise das ganze Quantum zwischen den beiden Departements getheilt werden würde, davon sofort in dem ihrigen die sehr reichlich bemessene Hälfte auf die Hufen im Lande ausgeschrieben[1]). Nachdem aber inzwischen Lehwaldt (am 26. April) den Kam-

das kleine Kommando von der Armee gemeint, welches noch bis zum Januar 1758 zurückblieb. Die von Hasenkamp (VI, 107 Anm. 2 und IX, 182 Anm. 1) wegen der Landhusaren angeführten Berichte sprechen immer nur von „dem Husarenkorps"; dazu heisst es aber in einer Zeitungs-Relation aus Angerburg vom 16. November ausdrücklich, dass dies Husarenkorps bestanden habe aus 3 Unteroffizieren, 40 Gemeinen und 48 Pferden von den Regimentern Ruesch und Malachowski unter Führung des Leutnants du Fay. Waren im Amte Russ, wie H. erzählt, damals zwei Kompanien Landmiliz vereinigt, so gehörten dazu 36 Förster zu Pferde und 24 zu Fuss; aus jenen wird die von Eckert geführte kleine Reiterschaar, aus diesen das von H. an demselben Orte erwähnte „Jägerkorps" bestanden haben.

[1]) Bericht der gumbinnenschen Kammer an das Generaldirektorium vom 10. Mai 1757. Nach dem in Ostpreussen üblichen Münzfuss (1 Thlr. = 90 preuss. Gr. à 18 preuss. Pfg.) hatten aufzubringen die Hufen der königlichen Vorwerke im ganzen Departement je 8 Gr. monatlich, die Hufen der Adligen, Kölmer, Chatouller und Bauern im litthauischen Distrikt ebenfalls 8 Gr., im polnischen dagegen, wo die Hufen bedeutend kleiner waren, nur 5 Gr., im ganzen 34 493 Hufen zusammen 2773 Thlr. auf den Monat.

mern eröffnet, dass er es gern sähe, wenn im ganzen etwa 6000 Thaler monatlich veranlagt würden, traf die königsbergische Kammer ihrerseits, dem inbetreff der Vertheilung nunmehr erzielten Abkommen gemäss, Anstalten, aus ihrem Departement von diesem Quantum zwei Drittel herbeizuschaffen[1]), ohne dass doch darum nun jene in der anderen Hälfte der Provinz bereits gemachte Anlage entsprechend herabgesetzt oder verändert worden wäre.

Diesem Umstande, dass also die ganze Veranlagung viel zu hoch gegriffen war — rund 7000 statt 5000 Thaler — ist es allein zu danken, dass, auch als mit dem Einfalle der Russen die Beiträge aus der ganzen Osthälfte der Provinz ausblieben, dennoch das, was einkam, zunächst immer noch für den Unterhalt der Miliz ausreichte. Wirkliche Schwierigkeiten erhoben sich erst im November, als im ganzen Lande sich die Folgen der von Lehwaldt bei seinem Abmarsche ins Werk gesetzten Ausräumung fühlbar machten. Die Kammern wollten bei der grossen Noth keine Exekution anwenden und baten das Generaldirektorium um Auskunft, wie die Sache zu handhaben, da sie jetzt in ernster Geldverlegenheit seien. Dieses wiederum ersuchte Lehwaldt seine Meinung zu äussern, da er doch die Miliz gestiftet habe, und fragte zugleich an, ob und wielange denn dieselbe überhaupt noch fortbestehen solle. Der Feldmarschall antwortete (d. d. Greifswald 12. Januar 1758), er habe seiner Zeit, da die Milizsteuer eine neue Auflage gewesen, Bedenken getragen, Exekution anzuordnen; was jetzt geschehen solle, überlasse er dem Generaldirektorium, das ja am besten wissen müsse, wie es damit in den anderen Provinzen gehalten werde, und ob, da die Kosaken noch immer nach Preussen streiften, die Landmiliz noch nöthig sei. Inzwischen hatten die Ereignisse entschieden; mit dem neuen Jahre gehörte Ostpreussen den Russen, und sie haben es bis zum Frieden nicht wieder herausgegeben.

Wollten wir berechnen, was die 6 Kompanien Landmiliz der Provinz gekostet, so wäre der höchste Ertrag der Miliz-

---

[1]) Bericht der königsberger Kammer an das Generaldirektorium vom 25. Mai 1757. Die hier überall gleich grossen Hufen der Adligen, Kölmer, Chatouller und Bauern, sowie die sogen. Freihufen zahlten durchweg den niedrigeren Satz des gumbinner Departements, d. h. je 5 Gr. monatlich, es waren dies nach Abzug der im Freijahr stehenden und der wüstliegenden zusammen 72 990 Hufen mit 4055 Thlrn. auf den Monat; dazu kam der Beitrag der 58 Amtmänner des Departements mit $^1/_8$ Prozent sowohl für ihre Person nach Proportion ihrer Arrendestücke, als auch von der Mühlenpacht der Müller, im ganzen $222^1/_3$ Thlr., so dass sich hier die Gesammtsumme von $4277^1/_3$ Thlrn. ergab. — Obwohl die Miliz erst seit Anfang Mai der Verpflegung bedurfte, ward doch, um das auf 4300 Thlr. veranschlagte Einrichtungs- oder Equipirungsgeld (vergl. Beilage XIII, Anm. 2) zu decken, die neue Steuer allgemein schon für die Zeit vom 1. April 1757 an erhoben.

steuer vom April 1757 bis zum Januar 1758 etwa auf 50 000 Thaler zu veranschlagen, jedenfalls eine äusserst geringfügige Summe gegen das, was Ostpreussen in diesem Jahre ausserdem an die eigene Armee geleistet hat, ganz zu schweigen davon, was die Russen für sich in Anspruch genommen, bezw. der Vernichtung preisgegeben hatten.

Suchen wir das Resultat unserer Untersuchungen zu ziehen. Wir haben gesehen, dass in allen Provinzen der preussischen Monarchie die grosse Nothlage des Sommers 1757 zu der Errichtung von Landmilizen führte, und dass eine jede von diesen sich in ihrer Weise im hohen Grade nützlich erwiesen hat: die Stärke der Miliz in allen Landestheilen wird sich (die stehenden Landregimenter, etwa 5000 Mann, nicht eingerechnet) in der Zeit der grössten Kraftanstrengung im Herbst 1757 auf etwa 16 000 Mann ausschliesslich der Offiziere belaufen haben; nach den mehrfach vorgenommenen Reduktionen und nach der Auflösung der ostpreussischen Miliz hat sich die Kopfzahl dann bis zu Ende des Krieges doch immer noch auf zusammen etwa 9000 Mann gehalten. Wir haben ferner gesehen, dass überall der Unterhalt der Miliz für die Lage des Landes bedeutende pekuniäre Opfer gefordert hat: dieselben werden sich für den ganzen Umfang der Monarchie auf rund 1 650 000 Thaler veranschlagen lassen, wovon auf Pommern etwa 400 000, die Neumark annähernd 150 000, Magdeburg-Halberstadt 500 000, die Kurmark einschliesslich der Uckermark etwa 550 000 und Ostpreussen nahe an 50 000 Thaler entfallen würden.

Aber noch einmal, es wäre grundfalsch, aus dem, was eine Provinz hier mehr oder weniger geleistet hat, die Grösse ihres Patriotismus bemessen zu wollen.

Anhang und Beilagen.

Anhang I.

Pommersche Provinzialtruppen ausser der Landmiliz[1]).

(Vergl. oben Seite 42 und 44).

[Förster und Jäger.] In Ausführung der Kabinettsordre vom 13. Juli, welche das gesammte Forstschutzpersonal, soweit es irgend abkommen könne, mit zur Landesvertheidigung zu verwenden befahl, war sofort unter Zurücklassung nur der nöthigsten Aufsicht für die Reviere der grösste Theil der pommerschen Förster, Unterförster und Jägerburschen nach Stettin beordert und hier aus ihnen ein kleines Elitekorps formirt worden. Die Mannschaften dienten theils zu Fuss, theils zu Pferde; die Stärke des Korps wird gelegentlich auf 4 Oberoffiziere, 140 Gemeine und 60 Pferde angegeben, wobei es allerdings fraglich bleibt, ob eine oder mehrere auf Kommando befindliche kleinere Abtheilungen bei diesen Zahlen miteingerechnet sind. Aus geübten Schützen bestehend, die zugleich bekannt mit allen Schlichen und Vortheilen des Landes, war diese Truppe besonders in der ersten grossen Bedrängniss, ehe die Landbataillone wirklich kriegerisch verwendet werden konnten, ganz ausserordentlich brauchbar, ja unentbehrlich, wenn auch die Anforderungen, die man an eine so schwache Abtheilung stellen konnte, keineswegs auf ein ordentliches Gefecht gegen reguläre Truppen gehen durften.

Mit dem Ende des Jahres 1757, d. h. also nachdem die ganze Lehwaldtsche Armee an der Peene eingetroffen war, wurden aber die wirklichen Förster und Unterförster zur Wahrnehmung ihres Dienstes wieder entlassen und später nur in besonders nothwendigen Fällen, so im Hochsommer und Herbst 1758 und 1759, wieder zusammenberufen, um ent-

[1]) Warum wir dieser Truppentheile hier noch einmal etwas ausführlicher gedenken, haben wir oben schon mehrfach dargelegt, der Grund ist ihre nahe organisatorische Verwandtschaft und ihre langjährige Waffenbrüderschaft mit der pommerschen Landmiliz.

weder gemeinsam mit den Jägern, geschlossen für sich, oder aber in kleinen Abtheilungen bei anderen Truppentheilen verwendet zu werden[1]).

Die andere Hälfte des Korps, speziell „Jägerburschen“ oder „Jäger“ genannt, blieb dagegen beständig zusammen, wurde von den Landtruppen ganz abgesondert und fand bei den Operationen verschiedener preussischer Armeen Verwendung; so wurden zeitweilig 40 Mann unter dem Befehl des später bei den pommerschen Provinzialhusaren aggregirten Rittmeisters von der Goltz sogar zum Heere nach Sachsen gezogen. Später wurden die Jäger auf Befehl des Königs dauernd den in Pommern im Felde stehenden Freibataillonen Courbière und Wunsch und auch dem Freiregiment Hordt zugetheilt[2]), und überall leisteten sie mit ihren Büchsen vorzügliche Dienste.

Die Jäger und Förster, die Kriegsdienste thaten, erhielten Traktement vorschussweise aus der Obersteuerkasse[3]), die eventuellen Rationen vom Proviantamt; ein fester Etat war dafür nicht vorhanden, die Obersteuerkasse zahlte was nöthig war und liess sich von Zeit zu Zeit ihre Ausgaben von der Generalkriegskasse wiedererstatten, das Land aber hatte dazu absolut nichts beizutragen.

[Die Bataillone Tettau und Stosch.] Wir haben schon oben bei Besprechung der Kabinettsordre vom 10. August gesehen, dass der Erfolg dieser ein durchaus zufriedenstellender gewesen, dass nämlich junge Mannschaft in grösster Zahl eingebracht worden war. Nachdem nun die Landmilizbataillone vollzählig geworden, und auch die Regimenter ihren Bedarf vollkommen gedeckt hatten, waren immer noch etwa 700 junge Leute zurückgeblieben und im Augenblick ohne eine besondere Bestimmung. Da aber diese doch in irgendwelcher Weise zusammengehalten werden mussten, es andererseits zweckmässig erschien, ihnen auch zugleich eine militärische Ausbildung beizubringen, so legte dies schon den Gedanken einer Neuformation nahe. Zugleich war auch die Gelegenheit in anderer Hinsicht die denkbar günstigste. Einerseits befand sich nämlich damals noch fast das ganze Offizierkorps, die Unteroffiziere sowie ein grosser Theil der Montirungen und der Armatur der ehemals sächsischen, dann preussischen und nunmehr aufgelösten Regimenter Flemming und Manstein (sächsisch: Minckwitz und Prinz Clemens) in

---

[1]) Sie wurden dann speziell als „Förster“ bezeichnet, und so kommen je 6 bis 8 Förster z. B. im September 1759 bei den pommerschen Freikompanien vor.

[2]) Vergl. u. a. Sulicki S. 30, 423 f.

[3]) Der Förster oder Jäger zu Fuss monatlich 5, der zu Pferde aber 6 Thlr. und dazu noch eine Ration; für die Kleidung hatten sie aber auch selbst zu sorgen. So wenigstens war es im Sommer 1757.

Stettin und zur Verfügung des Gouverneurs[1]); andererseits aber war dort noch eine ziemliche Anzahl, 300 Mann, theils inländischer, theils in Sachsen ausgehobener Rekruten verschiedener pommerscher Regimenter, die, einstweilen noch extraordinär aus der Generalkriegskasse unterhalten, mindestens auch noch für die nächsten Monate disponibel blieben und sonst inzwischen durch ausschliesslich dazu zu kommandirende Offiziere hätten exerzirt werden müssen. Unter Benutzung aller dieser Umstände errichtete demnach Manteuffel im Oktober 1757 zwei neue Provinzialbataillone, die nach ihren Kommandeuren die Namen Tettau und Stosch erhielten[2]). Wie es schien, zunächst nur provisorisch errichtet, blieben sie dann weiterhin, als die Regimenter ihre Rekruten beanspruchten, dennoch bestehen, wurden wieder rekrutirt, und als 1758 Rekrutenmangel eintrat, zog man es vor, lieber zwei Landbataillone eingehen zu lassen als gerade diese beiden, die sich besonders durch ein viel besseres Offizier- und Unteroffizierkorps auszeichneten.

Der Charakter dieser beiden Bataillone war ein ganz eigenthümlicher: es waren weder stehende, noch aber auch, trotz aller Aehnlichkeit, eigentliche Landbataillone. Der Stärkeetat entsprach nämlich bei ihrer Formirung durchaus dem der letzteren, doch betrug der Verpflegungsetat derselben von Anfang an weit mehr, und dies speziell dadurch, dass Offiziere und Unteroffiziere fast das volle Traktement der Feldregimenter bezogen[3]). Und wie die Offiziere von Feldregimentern gekommen waren, so wurden in die Bataillone auch nur vollkommen felddienstfähige Leute, „Rekruten" in dem damals spezifischen Sinne des Wortes, eingestellt[4]). Wurden Tettau und Stosch demgemäss auch häufiger als die Landbataillone auskommandirt, so war andererseits ihr Dienst in der Garnison wiederum ganz derselbe wie der der eigent-

---

[1]) Die noch übriggebliebenen Gemeinen hatte man zumeist unter die Regimenter Alt-Bevern und Moritz von Anhalt gesteckt, einige auch unter die Landbataillone.

[2]) Tettau war Oberstleutnant bei Manstein, Stosch Major bei Flemming gewesen. Die Offiziere und Unteroffiziere wurden, wohl absichtlich, so untereinander gemischt, dass man nicht etwa je ein Bataillon als die Fortsetzung eines der ehemaligen Regimenter ansehen kann. — Die Zusammensetzung der Mannschaften war folgende: aus 359 Neuausgehobenen sowie 115 Rekruten des Regiments Manteuffel wurde unter Zuhilfenahme von noch 26 Rekruten der Regimenter Hessen-Darmstadt und Franz Braunschweig das Bataillon Tettau, aus 341 Neuausgehobenen und 159 Rekruten vom Regiment Kannacher das Bataillon Stosch gebildet.

[3]) Vergl. den Etat Beilage IV; einige Offiziere erhielten durch persönliche Zulage wirklich das volle Feldtraktement.

[4]) Vergl. dazu die Benennungen bei Bevern a. a. O. S. 190: Enrollirten-Bataillon Stosch, Melirtes Rekrutenbataillon Tettau; vielleicht sollen diese darauf hindeuten, dass das letztere mehr Nichtkantonisten, also Freiwillige oder Ausländer enthielt.

lichen Landmilizen; und da auch sie, wenn auch in geringerem Umfange, als Ersatztruppe herhalten mussten, so wurde schon im Frühjahr 1758 auch ihre Rekrutirung genau in derselben Weise, wie die jener, geordnet[1]). Der Hauptunterschied dieser Bataillone von den Landmilizen liegt für uns aber besonders in der Art des Unterhaltes, indem nämlich schliesslich alle durch sie erwachsenen Kosten königlichen Kassen, nicht aber dem Lande zur Last gelegt wurden.

Zunächst hat über diesem Punkt allerdings ein eigenthümliches Missverständniss obgewaltet, eigentlich ist er bis zur Uebernahme der gesammten für die pommersche Landesvertheidigung errichteten Truppen auf die Generalkriegskasse, d. h. bis zum 1. März 1761, unklar und strittig geblieben. Als Manteuffel nämlich die ersten Vorschüsse zu diesem Zwecke verlangt hatte, glaubte die Kammer in falscher Auslegung eines Reskriptes des Generaldirektoriums den Unterhalt der beiden Bataillone aus ihren Kassen vorschussweise bezahlen zu dürfen, wie auch sonst viele ad militaria zu schreibende Ausgaben, die ihr von der Generalkriegskasse zu gewissen Terminen wiedererstattet wurden. Die Zentralbehörde hatte aber gewollt, die Kammer solle sich immediat dazu erst Erlaubniss einholen; dem Gouvernement war die Form gleichgiltig, wenn es die Gelder nur erhielt. So lebten, wenn man so sagen darf, die beiden Bataillone gewissermassen von einem Missverständnisse. Als Bevern dann nach Stettin kam, erklärte er, da mittlerweile 2 Bataillone Landmiliz mit 29 Offiziersstellen reduzirt seien, die weiteren Neueinrichtungen aber entweder zum kompletten Stande der Landmiliz gehörten oder grösstentheils aus Ersparnissen bestritten würden, das Land solle die Bataillone Tettau und Stosch an Stelle der zwei reduzirten übernehmen, da es doch einmal zur Unterhaltung von 10 Bataillonen Landmiliz verpflichtet sei.

Das Generaldirektorium ergab sich schliesslich darein und befahl der Kammer, die nöthigen Gelder, aber nur in der Höhe des Etats der eigentlichen Landmilizbataillone, an das Gouvernement zu entrichten[2]). Die Kammer endlich zahlte

---

[1]) Was sie an Rekruten nöthig hatten, wurde ihnen aus den Kreisen und Städten beider Pommern und der Uckermark von den betreffenden Zivilbehörden geliefert, und sie durften nicht wie die Feldregimenter die Aushebung durch von ihnen kommandirte Offiziere selbst vornehmen lassen. Ueber einige spätere Veränderungen und den endlichen Verbleib der beiden Bataillone vergl. unten unter dem Grenadierbataillon Ingersleben und am Schlusse dieses Anhanges.

[2]) Mehr brauchte aber Bevern auch garnicht, ohne dass er darum den Verpflegungsetat jener Truppentheile hätte herabsetzen müssen, denn es standen ihm auch noch einige andere Geldmittel zur Aushilfe zu Gebote. Unter den letzteren verdient, nebenbei als interessanter Beitrag zu den damaligen Rekrutirungsverhältnissen, besonders ein Fonds erwähnt zu werden: die Generalkriegskasse zahlte nämlich von Anfang

dann auch nach einigen vergeblichen Vorstellungen, — dass sie ja schon für die anderen Landbataillone beständig die grössten Vorschüsse machen müsse, dass die Ersparnisse ja nur auf dem Papier seien und grösstentheils durch die Neuerrichtungen absorbirt würden, — alles, was von ihr verlangt wurde, und verrechnete es als Vorschüsse zu den Landmilizgeldern. Bei der Rechnungslegung im Februar und März 1761 machte sie dann aber geltend, dass in anbetracht der ungeheuren Summen, mit denen das Land noch für den Unterhalt seiner eigentlichen 8 Milizbataillone im Rückstande sei, alle die Zahlungen für die Bataillone Tettau und Stosch[1]) als ad militaria geschehene Vorschüsse angesehen werden müssten und demgemäss nicht vom Lande gefordert werden dürften, sondern von der Generalkriegskasse zu erstatten seien; und bei der allgemeinen Abrechnung nach dem Frieden wurde dann auch dieser Anschauung der Kammer durchaus stattgegeben. Nach allem, was wir angeführt, wird man es erklärlich finden, wenn diese beiden Bataillone bisher allgemein einfach als zwei weitere Landbataillone angesehen worden sind[2]).

[Die Bataillone Bevern III und Jngerslebengrenadiere.] Vorausgeschickt sei gleich, dass die Unterhaltung der beiden Truppentheile, von denen wir jetzt noch zu reden haben, von Anfang an in keiner Weise dem Lande aufgebürdet werden sollte, sondern dass diese stets auf königliche Kassen angewiesen gewesen sind[3]).

Das dritte Bataillon Bevern verdankt seinen Ursprung dem Bestreben Beverns für sein eigenes Feldregiment Alt-Bevern (Nr. 7), das sich gewöhnlich bei der Armee des Königs befand, stets den nöthigen und geeigneten Ersatz zur Hand zu haben. Der Herzog formirte zunächst im August 1758 eine Ersatzkompanie etwa in der Stärke von 100 Gemeinen; sehr bald und zwar schon bis zum Beginn des Feldzuges 1759 war aber dann daraus ein ganzes Bataillon zu 5 Musketier- und 1 Grenadierkompanie erwachsen. Es führte nun den Namen Bevernsches Rekruten- oder drittes Bataillon und bestand nur aus Ausländern, und zwar scheinen dies ausschliesslich wirkliche Ausländer gewesen zu sein[4]). Bevern

an bis zum 1. März 1761 für 245, in jene Bataillone aufgenommene sächsische Rekruten monatlich 571 Thlr. 16 g. Gr. an Verpflegungs- und kleinen Montirungsgeldern, trotzdem inzwischen die Mannschaften vollkommen gewechselt hatten. Die Gelder waren einmal angewiesen und mussten so die etatsmässigen Ausgaben für Tettau und Stosch mit bestreiten helfen.

[1]) Es waren vom Oktober 1757 bis März 1761 überhaupt 125 920 Thlr.

[2]) So auch noch von Sulicki S. 29.

[3]) Die Höhe der Soldsätze war nicht zu ermitteln, doch dürfte wohl volles Feldtraktement gegeben worden sein.

[4]) Vergl. Bevern a. a. O. S. 124; einigen inländischen Sauerteig

verwendete aber auch auf die Auswahl der Leute und auf die militärische Brauchbarkeit dieser, unter seinen Augen dienenden Leibtruppe besondere Sorgfalt und er konnte sich auch angemessener Erfolge rühmen[1]). Den Charakter einer blossen Ersatzabtheilung verlor das Bataillon allerdings schon durch seine Stärke und es wurde dann auch besonders häufig zum Felddienste herangezogen. Als Kommandeure werden gelegentlich erwähnt Bismarck, Paulsdorf und Schöning, ohne dass das Bataillon aber darum dauernd deren Namen geführt hätte[2]); die sämmtlichen Offiziere muss sich der Herzog wohl nach und nach, wo er sie gerade herbekam, beschafft haben.

Das Grenadierbataillon Ingersleben wurde wahrscheinlich ebenfalls noch im Herbst 1758, spätestens aber im Frühjahr 1759 zusammengestellt. Aus den Bataillonen Tettau und Stosch wurden je eine, aus dem Stettinischen Landregiment aber zwei Grenadierkompanien dazu ausgesucht. Hiernach scheint das neue Grenadierbataillon jedoch auf eigene Füsse gestellt worden zu sein und eigenen Ersatz erhalten zu haben, denn bald erscheinen die Bataillone Tettau und Stosch auch ohne Grenadiere wieder in der alten Stärke von 500 Gemeinen. Ingersleben aber gehörte nun mit dem Grenadierbataillon von Köller[3]), den zwei Milizfreikompanien und den Landhusaren zur Elite der stettinischen Garnison und hat mit diesen bei den unzähligen Gefechten mit Schweden und Russen Ruhm und Ehre erworben.

Als nach dem russischen Frieden die Landbataillone reduzirt worden waren, wurden die nunmehrigen eigentlichen Rekrutenbataillone Tettau, Stosch und Bevern III auf Feldetat gesetzt, blieben aber noch als Ersatzabtheilungen und zugleich als Garnison in Stettin. Das Bataillon Ingersleben war schon im April vom Herzog von Bevern gemeinsam mit seinen soeben erwähnten alten Kampfesgenossen der schlesischen Armee

---

erhielt das Regiment Alt-Bevern dann wohl noch entweder direkt aus dem Kanton oder aus den Landbataillonen.

[1]) Stolz auf seine Schule erzählt er (S. 124): als bei dem Unternehmen auf Greiffenhagen am 1. November 1760 einige Mannschaften des Bataillons abgeschnitten und gefangen worden wären, hätten sich doch alle ranzioniren lassen, gleich den Landeskindern.

[2]) Vergl. hierzu auch das oben (S. 45 Anm. 2) über die Landrekrutenbataillone gesagte.

[3]) Wenn gelegentlich auch dieser Truppentheil als pommersches Provinzialbataillon angesehen worden ist, so beruht dies vollkommen auf einem Missverständniss. Das Bataillon ist gleich bei der auf die Gefangennahme folgenden Umformung der sächsichen Armee zu preussischen Regimentern aus je zwei Kompanien der Regimenter v. Loën (früher Friedrich August) und v. Saldern (früher Sachsen-Gotha) gebildet; es wurde dann, weil man ihm nicht recht traute, bei Zeiten nach dem Norden geschickt und erhielt durch Zuweisung von sehr viel Landeskindern einen neuen inneren Halt. Seit Köllers Tode im Februar 1761 führte es der Major von Rothkirch.

zugeführt worden; und zwar nahmen die beiden Grenadierbataillone noch speziell an den Operationen des Herzogs in Oberschlesien, sowie an der Schlacht bei Reichenbach theil. Nach dem allgemeinen Frieden wurden dann die Bataillone Tettau und Stosch unter die Regimenter Manteuffel, Alt-Schenkendorff, Quadt, Alt-Stutterheim und Wunsch reduzirt, d. h. zumeist unter dieselben Regimenter, aus deren Enrollirten und Rekruten die beiden Bataillone einst formirt worden waren. Das dritte Bataillon Bevern wurde grösstentheils unter die Kompanien des Regiments Alt-Bevern gesteckt, das Grenadierbataillon Ingersleben endlich blieb unter diesem Namen an Stelle des reduzirten Unruh'schen Grenadierbataillons, mit dessen Resten es kombinirt wurde, bestehen, und die Kompanien gehörten nun zu den Regimentern, bei denen die reduzirten Unruh'schen gestanden hatten [1]). Dies Bataillon ist somit von den gesammten, in jenen schweren Tagen in Pommern errichteten Truppentheilen der einzige gewesen, der den Frieden überdauert und erst mit dem allgemeinen Zusammenbruch der preussischen Armee im Jahre 1806 sein Ende erreicht hat.

Anhang II.

Neumärkische Provinzialtruppen ausser der Landmiliz.

(Vergl. oben Seite 99 Anm.)

Unter denjenigen Massregeln, welche der Kammerpräsident von Rothenburg Ende Juli 1757 den Ministern zur Vertheidigung der Neumark vorgeschlagen hatte, befand sich auch, wie man sich erinnern wird, das Projekt eines Försterkorps, sowie auch das der Errichtung einer Eskadron Husaren Wir haben oben bereits gleichfalls gesagt, dass diese beiden Korps auch zuerst von allen Massregeln und zwar ganz genau nach dem Vorschlage der Kammer zur Ausführung gekommen waren, dass sie aber aus verschiedenen Gründen nicht eigentlich zum neumärkischen Milizwerk gerechnet werden dürfen.

[Förster und Jäger.] Das Jäger- und Försterkorps ist in sehr vielen Beziehungen dem pommerschen ähnlich. Am schnellsten beisammen und brauchbar, übernahm es schon die ersten Patrouillen an der polnischen Grenze, sowie dann

[1]) Es waren dies die Regimenter Hessen-Kassel und Salmuth (Nr. 45 und Nr. 48). Das Bataillon Unruh war 1760 in Glatz in Gefangenschaft gerathen; erst 1763 ward, was noch übrig war, ausgewechselt, der bisherige Kommandeur, Major von Unruh, aber erhielt seinen Abschied.

im Oktober und November die Besetzung der Oderpässe bei Schönfeld und Schiedlo gegen herumstreifende österreichische leichte Truppen. Die Oberleitung hatte der Oberforstmeister von Sohr. Das Korps bestand aus 103 Mann, theils beritten, theils unberitten, unter einem Oberjäger und zwei Landjägern als Offizieren. Dauernd zusammengeblieben sind auch die neumärkischen Förster und Jäger nicht. Nachdem die erste grosse Nothlage einmal überwunden, wurden sie zunächst beurlaubt, da die Unzuverlässigkeit der polnischen Grenznachbarn immer dringender wieder ihre Anwesenheit in den Revieren forderte. Jäger werden dann in den späteren Jahren gelegentlich auch hier noch in militärischen Dienstleistungen erwähnt, doch in sehr geringer Anzahl; auf die eigentlichen Förster aber scheint man garnicht wieder zurückgegriffen zu haben.

Hatten die Kosten für die Zusammenziehung der neumärkischen Forstbeamten nach den ersten Vorschlägen des Kammerpräsidenten aus den Beständen der vermögendsten Kämmereien entnommen werden sollen, so war davon doch bald keine Rede mehr, weil die eigentliche Miliz der Provinz schon genug Lasten auferlegte. Was Jäger und Förster an Traktement erhalten haben, ist ihnen von Anfang an aus königlichen Kassen bezahlt worden[1]).

[Husaren.] Die neumärkischen Provinzial- oder Kammerhusaren, gelegentlich wie ihre Kameraden in den anderen Provinzen auch Landhusaren genannt, waren das eigenste Werk des Kammerpräsidenten von Rothenburg; er hatte sie vorgeschlagen, er hatte in der Anweisung eines Fonds für sie eine sichere materielle Grundlage zu erwirken gewusst, er brachte sie nun auch zustande. In drei Wochen waren die Mannschaften komplett, es waren alles geworbene einheimische Bauernknechte, auf die man sich also verlassen konnte. Als Unteroffiziere wurden alte Husaren verwendet, und auch an Offizieren bald die nöthigen Persönlichkeiten beschafft. In kurzer Zeit war auch die ganze Eskadron beritten. Chef ward der Rittmeister von Maltitz, ein ehemaliger Natzmer-Husar, welcher dann im Dezember 1759 durch den Rittmeister Schmidt, bisherigen Leutnant vom Landbataillon Heiderstädt und früheren Feldwebel vom Regiment Markgraf Karl (Nr. 19) ersetzt wurde. Die Minister hatten die Husaren nur auf drei Monate errichtet wissen wollen und gehofft, sie würden weiterhin nicht mehr nöthig sein. Demnach hatte man erst versucht, alte Montirungen von den Kammern der berliner Zietenhusaren zu erhalten, und erst als dies vergeblich,

---

[1]) Nach Rechnungen aus dem August bis November 1757 erhielten die drei Offiziere je 8, der Jäger zu Pferd 6, der zu Fuss 4 Thlr. monatlich, alle berittenen ausserdem aber eine Ration.

solche mit allergrösster Sparsamkeit anfertigen lassen[1]). Ebenso war die Geldverpflegung und die Rationen äusserst knapp bemessen worden. Nachdem man aber eingesehen, dass es mit den drei Monaten doch nicht gethan sein werde, musste man die Eskadron wohl oder übel auf längere Zeit, vor allem für den bevorstehenden Winter vorbereiten. Jetzt erst gab es wirklich volle Montirung[2]) und Armatur, die kleinen Montirungsgelder wurden, allerdings mit ausgesuchter Sparsamkeit, geordnet; die Soldsätze mussten erhöht, die Rationen vergrössert werden, wenn anders man von den Leuten und den Pferden wirklich schweren Dienst verlangen wollte[3]). Und die Baufreiheitsgelder reichten, wie wir sehen werden, aus, um auch alle dadurch entstehenden Mehrkosten zu bestreiten. Bei den grossen Anforderungen, welche dienstlich an die Husareneskadron gestellt wurden, bei dem beständigen Scharmutziren mit dem Feinde konnte dieselbe die wenigste Zeit vollzählig erhalten werden, und die Durchschnittsstärke war selten über 80 Mann. Wieder ganz auf den eigentlichen Sollbestand von 100 Gemeinen komplettirt wurde sie 1760 im Sommer durch den damaligen Kommandanten von Küstrin, Oberst von Tadden, und ebenso im Frühjahr 1761, als Bevern den Oberbefehl auch über sämmtliche in der Neumark garnisonirenden Truppen übernommen hatte. Im Februar 1762, als der Waffenstillstand mit den Russen nahe bevorstand, abermals vollzählig gemacht, ging die neumärkische Husareneskadron dann, wie wir schon wissen, mit den beiden pommerschen und der kurmärkischen nach dem schlesischen Kriegsschauplatze ab, um endlich 1763 nach dem Hubertsburger Frieden ebenfalls reduzirt zu werden.

Grosse kriegerische Verwendung konnte nun ja diese kleine Truppe nicht finden. Dagegen erfüllte dieselbe doch vollkommen die ihr zugewiesenen Aufgaben; wie schon die blosse Nachricht von ihrer Errichtung auch den Polen einen heilsamen Schreck eingejagt und dieselben von unüberlegten Handlungen zurückgehalten hatte. Die Husaren mussten nämlich, speziell in Abwesenheit eines grösseren Heeres, den gesammten militärischen Sicherheitsdienst in der Provinz wahrnehmen. Sie waren daher in verschiedene Quartiere: Küstrin, Krossen und Landsberg vertheilt, patrouillirten beständig an der polnischen Grenze, nach Polen hinein und gegen Schlesien bis hinunter nach Peitz. Fortwährende kleine Ge-

---

[1]) Die Mannschaften erhielten nur Stiefel, Beinkleid, Dolmann und Filzmütze, sowie aus dem Zeughause Säbel und Pistolen.

[2]) Als Mitte September 1757 20 Husaren nach Peitz detachirt wurden, hatten sie noch, da es in Strömen regnete und Mäntel fehlten, weissleinene Kittel von der Landmiliz über die Dolmanns ziehen müssen; das mochte wohl einmal gehen, aber nicht dauernd.

[3]) Den Etat vergl. Beilage IX.

fechte mit den Russen, gelegentlich wohl auch mit den Oesterreichern, waren dabei unausbleiblich, und die Eskadron bewährte sich auch in diesen sehr gut. Kleinere Kosakenschwärme wagten auf eigene Faust daher selten etwas zu unternehmen, grösseren Massen gegenüber aber konnten doch wieder die Husaren nichts ausrichten, zumal die ganze Eskadron selten an einem Orte beisammen war. Befanden sich preussische Armeen oder auch nur grössere Korps in der Neumark, so wurden die dortigen Provinzialhusaren meist zu diesen gezogen, so 1758 zum Detachement Hordt, 1759 zum Dohna'schen Korps, mit welchen sie den Zug nach Polen mitmachten, 1760 zur Armee des Prinzen Heinrich u. s. w. Ausser diesem eigentlichen Felddienst gab es aber auch dann und wann wohl einmal einen besonders eiligen und wichtigen Transport zu eskortiren, so schon im Dezember 1757 einen grossen Geldtransport nach Breslau, wo die Husaren sich auch wieder sehr nützlich erwiesen. Das spätere Schicksal der neumärkischen Eskadron, so ihren Antheil an der ruhmvollen Affaire bei Heidersdorf[1]), haben wir oben schon genügend kennen gelernt; gebührt auch speziell in diesem letzteren Falle den pommerschen Husaren und ihrem Kommandeur vielleicht der erste Rang, so haben sich doch auch die Neumärker ihrer Genossen nicht unwürdig bewiesen.

Zum Schluss einige Worte über die sogen. Baufreiheitsgelder, da dies der Fonds war, aus dem die neumärkischen Provinzialhusaren bis zum Ende Februar 1762 unterhalten wurden. Die erwähnten Gelder liefen allmonatlich in der Höhe von 916²/₃ Thalern bei der neumärkischen Obersteuerkasse ein; es waren also im Jahre 11 000 Thaler. Aus den sichersten Akzisegefällen etatsmässig angewiesen, sind sie während der Dauer des ganzen Krieges niemals ausgeblieben oder auch nur ins Stocken gerathen. Der eigentliche Zweck dieses Fonds war, wie der Name besagt, der, den in den Städten neu sich Anbauenden eine Unterstützung zu gewähren; und es ist erklärlich genug, dass ein solcher jetzt, wo alle Mittel des Landes aufs äusserste zusammengehalten werden mussten, nicht verausgabt, sondern einbehalten wurde.[2]).

Von diesen 11 000 Thalern jährlich wurden also alle Kosten der neumärkischen Husareneskadron, einschliesslich der Pferde und der Fourage, der grossen und kleinen Montirung

---

[1]) Vergl. oben S. 55.

[2]) Ueber Baufreiheits- oder Bauhilfsgelder im allgemeinen, speziell in der Kurmark vergl. Wöhner, Steuerverf., I, S. 214 ff. und Schmoller: Zeitschr. f. preuss. Gesch. X, S. 302 und XII, S. 741. In der Kurmark wurden damals aus den dortigen Baufreiheitsgeldern gelegentlich, ihrem eigentlichen Zwecke entsprechend, bedeutende Summen an Abgebrannte gezahlt; in der Neumark verbot es die weit grössere Noth an derartiges zu denken.

und des Ersatzes der ausserordentlichen Verluste bestritten, ja es war sogar noch möglich, aus den Baufreiheitsgeldern einige Zuschüsse für spezielle Bedürfnisse der Milizbataillone zu machen. Als dann mit dem März 1762 die Husaren auf die Generalkriegskasse übergingen, ist dieser Fonds dann vielleicht für das nächste Jahr auschliesslich zur Deckung der bei der Landmilizkasse ausfallenden Gelder verwendet worden.

Beilage I*).

Monatlicher Verpflegungsetat eines Bataillons pommerscher Landmiliz.

(Vergl. Seite 40).

	Thlr.	g. Gr.	Pf.
1 Kommandeur (Major oder Oberstleutnant)	24	—	—
4 Kapitäns, je 15 Thlr.	60	—	—
1 Adjutant, einschliesslich Zulage	9	—	—
10 Leutnants, je 6 Thlr.	60	—	—
5 Feldwebel, je 2 Thlr. 20 g. Gr.	14	4	—
25 Unteroffiziere, je 2 Thlr. 10 g. Gr. . .	60	10	—
10 Tambours, je 2 Thlr.	20	—	—
480 Gemeine, 96 auf die Kompanie, je 2 Thlr.	960	—	—
Kompanieunkosten, für die Kompanie 5 Thlr.	25	—	—
Gewehrgeld, für die Kompanie 4 Thlr. . .	20	—	—
Dem Feldscheerer, für die Kompanie 3 Thlr. 5 g. Gr. 7 Pf.	16	3	11
Summe	1268	17	11

Anm. 1. Später wurden die Kompetenzen des Kommandeurs um 4, die Kompanieunkosten auf jede Kompanie um 3 Thlr. erhöht, das Bataillon aber auf 500 Gemeine verstärkt; seitdem kostete das Bataillon monatlich 1327 Thlr. 17 g. Gr. 11 Pf.

Anm. 2. Rationen erhielt der Kommandeur 3, der Adjutant 1 unentgeltlich vom Proviantamt.

Anm. 3. Die jährliche Montirung kostete für das Bataillon, einschliesslich 25 Thlr. auf jeden Offizier, rund 4000 Thlr.

---

*) Für Beilage I—XII ist zu bemerken, dass nach dem damals fast in allen preussischen Provinzen, ausser Ostpreussen, geltenden Münzfuss der Thlr. = 24 g. Gr. à 12 Pf. gerechnet wurde. Ueber den in Ostpreussen gebräuchlichen Münzfuss vergl. oben S. 169 Anm. 1.

Beilage II.

Monatlicher Verpflegungsetat der pommerschen Provinzialhusaren.

a. Die eine Eskadron bis zum Oktober 1758.

(Vergl. Seite 41).

	Thlr.	g. Gr.	Pf.	Rat.
1 Rittmeister	24	—	—	3
3 Leutnants, je 15 Thlr., 2 Rationen .	45	—	—	6
8 Unteroffiziere, je 4 Thlr., 1 Ration .	32	—	—	8
1 Trompeter	4	—	—	1
1 Fahnenschmied	4	—	—	1
1 Feldscheerer	5	—	—	1
100 Gemeine, je $2^1/_2$ Thlr., 1 Ration .	250	—	—	100
Eskadronunkosten	15	—	—	—
Medizingeld dem Feldscheerer	5	—	—	—
Medizingeld dem Fahnenschmied . . .	2	12	—	—
Summe	386	12	—	120

Anm. 1. Die Rationen erfolgten unentgeltlich vom Proviantamt.

Anm. 2. Die Offiziere erhielten ein einmaliges Equipirungsgeld von je 40 Thlrn., sonst mussten sie sich alles vom Traktement beschaffen.

Anm. 3. Die Montirung der Leute ward je nach dem sehr wechselnden Bedarf extraordinär bezahlt.

b. Das Husarenkorps seit Oktober 1758.

(Vergl. Seite 44).

1. Die Leibeskadron.	Thlr.	g. Gr.	Pf.	Rat.
Dem Major als Rittmeister (inkl. 4 Rationen auf einen Equipagewagen) . .	40	—	—	10
4 Leutnants, je 20 Thlr., 3 Rationen .	80	—	—	12
1 Wachtmeister	5	—	—	1
7 Unteroffiziere, je 4 Thlr., 1 Ration .	28	—	—	7
1 Trompeter	4	—	—	1
1 Fahnenschmied	3	—	—	1
1 Feldscheerer	6	14	—	1
110 Gemeine, je $2^1/_2$ Thlr., 1 Ration .	275	—	—	110
Medizingeld	8	—	—	—
Pferdearznei	2	13	2	—
Reparaturgeld für Gewehre, Montirung und Reitzeug	10	3	7	—
Summe	462	6	9	143

	Thlr.	g. Gr.	Pf.	Rat.
Uebertrag	462	6	9	143
2. Die zweite Eskadron ebenso	462	6	9	143
3. Der Stab.				
Dem Major Stabstraktement	35	—	—	—
1 aggregirter Rittmeister	40	—	—	—
1 Regimentsquartiermeister	17	18	—	3
Totalsumme	1017	7	6	289

Anm. 1. Beschaffung der Rationen und der Montirung wie bisher.
Anm. 2. Die Mannschaften erhielten täglich 2 Pfd. Brod unentgeltlich aus dem kgl. Magazin.

Beilage III.

Monatlicher Zulageetat der pommerschen Frei- und Rekrutenkompanien.

a. Zulage bei den Freikompanien.

(Vergl. S. 43).

I. Die erste Kompanie:	Thlr.	g. Gr.	Pf.
1 Kapitän Traktement	28	12	—
3 Leutnants, je 6 Thlr.	18	—	—
6 Unteroffiziere, je 12 g. Gr.	3	—	—
3 Tambours, je 12 g. Gr.	1	12	—
144 Gemeine, je 12 g. Gr.	72	—	—
1 Kanonier	—	12	—
2 Stückknechte, je 12 g. Gr.	1	—	—
1 Feldscheerer Traktement und Medizin . .	10	—	—
Für jeden Unteroffizier, Tambour und Gemeinen zu kleinen Montirungsstücken extra 4 g. Gr. $8^1/_4$ Pf.	29	21	$2^1/_4$
Summe	164	9	$2^1/_4$
II. Die zweite Kompanie ebenso .	164	9	$2^1/_4$
Totalsumme	328	18	$4^1/_2$

b. Zulage bei den Rekrutenkompanien.

(Vergl. S. 45).

Auf jede Kompanie:	Thlr.	g. Gr.	Pf.
1 Kapitän	14	8	—
1 Premierleutnant	7	18	—
1 Sekondleutnant	5	—	—
1 Feldwebel	—	16	—
5 Unteroffiziere, je 2 g. Gr.	—	10	—
2 Tambours	—	—	—
100 Gemeine	—	—	—
Summe	28	4	—
macht auf 8 Kompanien	225	8	—
Dazu: 2 Adjutanten je 5 Thlr.	10	—	—
1 Regimentsfeldscheerer	8	—	—
2 Feldscheerer ausserdem, je 4 Thlr.	8	—	—
Totalsumme	251	8	—

Anm. 1. Ausser den Chefs der beiden Freikompanien war deren ganzes Personal ebenso wie das der Rekrutenkompanien aus den Landbataillonen kommandirt, bezog daher ausser der Zulage noch das gewöhnliche Landmiliztraktement (vergl. dies auf Beilage I). Inbetreff der Rekrutenkompanien vergl. den fast übereinstimmenden Etat der Bataillone Tettau und Stosch (Beilage IV).

Anm. 2. Alle Offiziere, die Zulage erhielten, bekamen keine Montirungsgelder (wie sonst bei der Landmiliz je 25 Thlr.), mussten sich also ihre Uniform selbst anschaffen.

Beilage IV.

Monatlicher Verpflegungsetat der Bataillone Tettau und Stosch.

(Vergl. S. 175).

	Thlr.	g. Gr.	Pf.
1 Kommandeur	36	—	—
4 Kapitäns, je 28 Thlr. 12 g. Gr.	114	—	—
5 Premierleutnants, je 13 Thlr. 18 g. Gr.	68	18	—
6 Sekondleutnants (inkl. 1 Adjutant), je 11 Thlr.	66	—	—
Dem Adjutanten Zulage	3	—	—
5 Feldwebel, je 3 Thlr. 12 g. Gr.	17	12	—
25 Unteroffiziere, je 2 Thlr. 12 g. Gr.	62	12	—
10 Tambours, je 2 Thlr.	20	—	—
Summe	387	18	—

	Thlr.	g. Gr.	Pf.
Uebertrag	387	18	—
500 Gemeine, je 2 Thlr.	1000	—	—
2 Feldscheerer, je 5 Thlr.	10	—	—
Kompanieunkosten, auf die Kompanie 7 Thlr.	35	—	—
Gewehrgeld, auf die Kompanie 5 Thlr. . .	25	—	—
Medizingeld, auf die Kompanie 4 Thlr. . .	20	—	—
Jedes Bataillon das halbe Traktement eines Regimentsquartiermeisters	11	22	—
Jedes Bataillon das halbe Traktement eines Regimentsfeldscheerers	10	—	—
Summe	1499	16	—

Anm. Die Offiziere erhielten wie bei allen stehenden Truppen kein Montirungsgeld, mussten sich also die Uniform vom Traktement selbst anschaffen. Ein fester Montirungsetat für die Mannschaften hat nicht existirt, doch wird die jährliche Ausgabe dafür auch etwas höher als bei den Landbataillonen gewesen sein (Beilage I, Anm. 3).

Beilage V.

Vertheilung der Mannschaften und der Kosten für die Miliz auf Hinterpommern, Vorpommern und die Uckermark.

(Vergl. S. 60).

a. Vertheilung der Mannschaften nach der Bevölkerungsziffer ($1^1/_3$ Prozent).

Provinz	Einwohnerzahl	Summe des aufzubringenden Kontingentes.									
		Kommandeure	Kapitäns	Adjutanten	Leutnants	Fähnrichs	Feldwebel	Unteroffiziere	Tambours	Gemeine	Kopfzahl des Kontingentes
Hinter-Pommern	246 349	6	24	6	30	30	30	149	59	2966	3300
Vor-Pommern	100 613	2	10	2	12	12	12	60	24	1211	1345
Uckermark	68 392	2	6	2	8	8	8	41	17	823	915
Summe	415 354	10	40	10	50	50	50	250	100	5000	5560

b. Vertheilung der Kosten auf die drei Provinzen nach dem Mannschaftskontingent.

Provinz	Verpflegungskosten						Montirungskosten jährlich						Gesammtkosten		
	für ein Quartal			für ein Jahr			volle grosse und einmalige kleine			zum zweiten Mal kleine Montirung			in einem Jahr		
	Thlr.	g.Gr.	Pf.	Thlr.	g.Gr.	Pf.	Thlr.	g.Gr.	Pf.	Thlr.	g.Gr.	Pf.	Thlr.	g.Gr.	Pf.
Hinter-Pommern	23 255	1	3	93 020	5		16 232	4	6	6875	6		116 127	15	6
Vor-Pommern	9432	7	3	37 729	5		6592	9	7	2804	14	6	47 126	5	1
Uckermark	6450	3	6	25 800	14		4487	21	11	1907	15	6	32 196	3	5
Summe	39 137	12	—	156 550	—	—	27 312	12	—	11 587	12	—	195 450	—	—

Beilage VI.

Nebenmodus zum Landmilizgeld in Pommern.

(Vergl. S. 69).

Es haben auf das Quartal zu zahlen:

		Thlr.	g. Gr.	Pf.
1.	Ein Pächter von jedem 100 Thlr. jährlicher Pension (= Pacht), ausser der gewöhnlichen Zuschubsteuer, und ohne dass sie solche der Herrschaft an der ordinären Pacht abrechnen sollen	—	12	—
2.	Ein Freischulz, der nicht kontribuiret, von jeder Landhufe	—	12	—
3.	Ein Pachtmüller von jedem Gange . . .	1	—	—
4.	Ein Erbmüller von jedem Gange	1	8	—
5.	Ein Windmüller überhaupt	—	16	—
6.	Ein Schneidemüller überhaupt	1	—	—
7.	Ein Schäfer von jedem 100 eigener oder sogen. Hollungs(?)-Schaafe, exkl. des Walpurgis-Schaafes	—	16	—

	Thlr.	g. Gr.	Pf.
8. Ein Schäferknecht nach der Anzahl seiner Schaafe, und zwar von je 25 Stück . .	—	4	—
9. Ein Ziegelmeister	1	—	—
10. Ein Zimmermann	—	4	—
11. Ein Leinweber	—	4	—
12. Ein Krüger vom Schank	—	4	—
13. Ein Rademacher	—	4	—
14. Ein Kohlenbrenner	—	4	—
15. Ein Schneider	—	4	—
16. Ein Schmied	—	4	—
18.*) Ein neuangelegter Bauer oder Holz-Kathe, sofern dieselben nicht noch in den Freijahren stehen und sie vermöge ihrer erhaltenen Verschreibungen nicht von allen oneribus zu Kriegszeiten befreiet worden,	—	8—12	—
19. Ein Büdner	—	4	—
20. Ein jeder Prediger und Küster von jedem Wispel Messkorn und Aussaat auf den in Kultur habenden Acker (welches auch von einem Priester-Colono ratione der Aussaat zu verstehen)	—	8	—
21. Ein jeder Pfarrbauer, der nicht kontribuirt, für die Landhufe	—	12	—

*) Nr. 17. Ein Knecht von seinem Lohn 2, und eine Magd 1 g. Gr. kam alsbald auf Antrag der Stände in Fortfall und ist garnicht erhoben worden. (Vergl. S. 69).

Beilage VII.

Tarif des Landmilizimpostes in Pommern.

(Vergl. S. 77).

Zur Aufbringung der Verpflegung für die Landmiliz wird während des Krieges von nachstehenden Konsumptibilien und Waaren ausser der gewöhnlichen Akzise erhoben:

1. von Getränken:

	Thlr.	g. Gr.	Pf.
1 Ohm Pretieuse und süsse Weine, als Sekte .	1	—	—
1 Ohm Rheinwein	—	16	—
1 Oxhoft allerhand Franz-Wein, worunter Muskat-Wein	—	12	—
1 Oxhoft Franzbranntwein	—	16	—

	Thlr.	g. Gr.	Pf.
1 Quart Danziger und anderer fremder Branntwein	—	—	3
1 Oxhoft Weinessig	—	4	—
1 Tonne fremdes Bier	—	2	—
1 Tonne einländisches Bier aus anderen Städten	—	1	—
1 Spitzling Branntwein durchgehends	—	4	—
1 Tonne Meth	—	4	—

2. von Getreide zur Konsumption.

	Thlr.	g. Gr.	Pf.
1 Wispel Erbsen	—	4	—
1 „ Grütze durchgehends	—	4	—
1 „ Hafer	—	2	—
1 „ rohes Grützkorn	—	2	—
1 „ Weizen, sowohl zum Scharren- als Haus-Backen	—	4	—
1 Wispel Roggen, sowohl zum Scharren- als Haus-Backen	—	4	—
1 Wispel Malz	—	4	—
1 „ Branntwein-Schrot *)			

3. von Schlachtvieh.

	Thlr.	g. Gr.	Pf.
1 Ochse durchgehends, sowohl zum Scharren- als Haus-Schlachten	—	4	—
1 Kuh	—	2	—
1 Kalb oder Hammel	—	—	3
1 Schwein	—	—	4
1 Lammzickel	—	—	1
1 Gans oder Pute	—	—	1
1 Spanferkel	—	—	1

4. von allerhand Viktualien.

	Thlr.	g. Gr.	Pf.
1 Thlr. allerhand Viktualien geben	—	—	3
1 „ allerhand Wildpret	—	—	3

5. von allerhand Kaufmannschaften.

	Thlr.	g. Gr.	Pf.
Von jedem Thlr. Material-, Kram- und Gewürzwaaren	—	—	3
Von jedem Thlr. einländische Fabrikenwaaren als Nachschuss	—	—	3
Von jedem Thlr. allerhand Galanteriewaaren	—	—	3

*) Der Ansatz hierfür fehlt in der Ausfertigung.

	Thlr.	g. Gr.	Pf.
Von jedem Thlr. allerhand Eisen- und Metallwaaren	—	—	3
Von jedem Thlr. Talg	—	—	3
Von jedem Thlr. allerhand Vieh zur Handlung	—	—	3
1 Faden lang Holz	—	—	8
1 Faden kurz Holz	—	—	4
1 Fuder zu 3—4 Pferden	—	—	2
1 Fuder zu 2 Pferden	—	—	1
Von jedem Thlr. Leder und lederne Waaren	—	—	3
1 Tonne feiner Honig	1	—	—
1 Tonne Rauch-Honig durchgehends	—	—	6
1 Stein Seife	—	—	2
1 Tonne grüne oder schwarze Seife durchgehends	—	—	6
1 Bottich weisse Stärke, fremde	—	2	—
1 Riess Papier durchgehends	—	—	1
Komödianten, Glückstöpfer, Okulisten täglich	1	—	—
1 Schock eichene Dielen durchgehends	—	2	—
1 Schock fichtene Dielen durchgehends	—	1	—
1 Fuder Klapp-Holz	—	—	3
1 Schock Band-Stöcke	—	—	1
1 Fuder Böttcherarbeit	—	1	—
1 Fuder Nutzholz, gross	—	—	6
1 Fuder Nutzholz, klein	—	—	3
1 Schock Felgen	—	—	4
1 Paar Wagenräder	—	—	3
1 Schock Latten durchgehends	—	—	3
1 grosses Fuder Borke	—	—	4
1 kleines Fuder Borke	—	—	2
1 Fuder Mulden und hölzerne Waaren	—	1	—
1 Fuder Kacheln, Töpfe durchgehends	—	—	6
100 Dach- und Mauersteine	—	—	2
1 Last Kalk	—	—	6
1 grosses Fuder Kohlen	—	—	4
1 kleines Fuder Kohlen	—	—	2
1 grosses Fuder Heu, so zum Markte kommt	—	—	4
1 kleines Fuder Heu, so zum Markte kommt	—	—	2
1 Schock Stroh und Rohr	—	—	2
1 Fuder Torf	—	—	1

Beilage VIII.

Monatlicher Verpflegungsetat eines Bataillons neumärkischer Landmiliz.

(Vergl. S. 110).

	Thlr.	g. Gr.	Pf.
1 Kommandeur (Major oder Oberstleutnant) .	20	—	—
3 Kapitäns, je 15 Thlr.	45	—	—
12 Leutnants (inkl. 1 Adjutant), je 6 Thlr. .	72	—	—
Dem Adjutanten Zulage	2	—	—
4 Feldwebel, je 2 Thlr. 20 g. Gr.	11	8	—
36 Unteroffiziere, je 2 Thlr. 10 g. Gr. . . .	87	—	—
12 Tambours, je 2 Thlr.	24	—	—
488 Gemeine, je 2 Thlr.	976	—	—
Kompanieunkosten, Gewehrgeld, Medizingeld } für jede Kompanie 12 Thlr.	48	—	—
Rationen, dem Kommandeur 2, dem Adjutanten 1, je 4 Thlr.	12	—	—
Summe	1297	8	—

Anm. 1. Die Rationen bezahlte also hier auch die Milizkasse.

Anm. 2. Ein fester Montirungsetat existirte nicht, die einzelnen Stücke wurden erst neu gegeben, wenn sie dringend nothwendig waren. Die Offiziere erhielten nur alle $1^1/_2$ Jahr 25 Thlr. zu neuer Montirung.

Beilage IX.

Monatlicher Verpflegungsetat der neumärkischen Provinzialhusaren-Eskadron.

(Vergl. S. 181).

	Thlr.	g. Gr.	Pf.	Rat.
1 Rittmeister	32	—	—	3
2 Leutnants, je 16 Thlr., 2 Rationen . .	32	—	—	4
1 Wachtmeister	5	12	—	1
6 Unteroffiziere, je $4^1/_2$ Thlr., 1 Ration .	27	—	—	6
1 Trompeter	4	12	—	1
100 Gemeine, je $2^1/_2$ Thlr., 1 Ration . .	250	—	—	100
Eskadronunkosten	18	—	—	—
Medizingeld	2	—	—	—
Summe	371	—	—	115

Anm. 1. Die Rationen gab nicht das Proviantamt, sie wurden aus den Baufreiheitsgeldern vom Lande beschafft.

Anm. 2. Die Offiziere erhielten kein Equipirungsgeld, sie mussten sich alles vom Traktement beschaffen.

Anm. 3. Verbesserungen seit 1758: Der Rittmeister erhielt fortan 6, der Leutnant 3 Rationen; den Mannschaften wurde täglich unentgeltlich $1^1/_2$ Pfd. Brod aus dem königl. Magazin geliefert.

Anm. 4. Die Montirung der Leute ward je nach dem wechselnden Bedarf extraordinär bezahlt.

Beilage X.

Monatlicher Verpflegungsetat des magdeburgischen Provinzialhusarenkorps.

(Vergl. S. 130).

	Thlr.	g. Gr.	Pf.	Rat.
Oberst Collignon als Chef	30	—	—	4
1 Offizier (Leutnant)	20	—	—	3
1 Wachtmeister	6	—	—	1
2 Korporale, je 5 Thlr., 1 Ration . . .	10	—	—	2
30 Gemeine, je 4 Thlr., 1 Ration . . .	120	—	—	30
Summe	186	—	—	40

Anm. 1. Die Rationen, jede täglich 5 Pfd. Heu und 3 Metzen Hafer, lieferte das Proviantamt, bezw. das Land gegen Vergütigung aus der kgl. Marschkasse.

Anm. 2. Ein Equipirungs- oder Montirungsgeld ward nicht gewährt, Collignon übernahm auf seine Rechnung die gesammte Einrichtung einschliesslich Armatur, Montirung und Remonte.

Beilage XI.

Monatlicher Verpflegungsetat des kurmärkischen Landmilizregimentes Borck.

a. Erster Etat vom September 1757.

(Vergl. S. 140).

	Thlr.	g. Gr.	Pf.
Der Chef Stabstraktement (40 Thlr.) und als Kapitän (15 Thlr.)	55	—	—
Der Chef 6 Rationen, jede zu 4 Thlr . . .	24	—	—
Summe	79	—	—

	Thlr.	g. Gr.	Pf.
Uebertrag	79	—	—
3 Bataillonskommandeure Stabstraktement (je 20 Thlr.) und als Kapitäns (je 15 Thlr.) .	105	—	—
3 Bataillonskommandeure je 2 Rationen, zu je 4 Thlr.	24	—	—
14 Kapitäns, je 15 Thlr.	210	—	—
54 Leutnants, je 6 Thlr.	324	—	—
3 Adjutanten, je 8 Thlr.	24	—	—
3 Adjutanten, je 1 Ration à 4 Thlr. . . .	12	—	—
18 Feldwebel, je 3 Thlr.	54	—	—
180 Unteroffiziere, je $2^1/_2$ Thlr.	450	—	—
54 Tambours, je 2 Thlr.	108	—	—
3500 Gemeine, je 2 Thlr.	7000	—	—
1 Regimentsquartiermeister	20	—	—
1 Regimentsschreiber (zugleich statt Auditeur)	10	—	—
Kompanieunkosten und Gewehrreparatur auf 18 Kompanien, je 15 Thlr.	270	—	—
Medizingelder auf 18 Kompanien, je 8 Thlr.	144	—	—
Summe	8834	—	—

Anm. 1. Die Rationen wurden also hier in Geld vergütet und mussten aus der Landmilizkasse bezahlt werden.

Anm. 2. Für grosse und kleine Montirung fehlte ein Etat, die erste volle Montirung kostete 16 126 Thlr.; die Subalternoffiziere erhielten im November 1758 für das erste Jahr nachträglich je 25 Thlr. Montirungsgeld.

b. Reduzirter Etat seit dem 1. Februar 1759.

(Vergl. S. 142).

	Thlr.	g. Gr.	Pf.
Dem Chef Stabstraktement (40 Thlr.) und als Kapitän (15 Thlr.)	55	—	—
Dem Chef 6 Rationen, jede zu 4 Thlr. . .	24	—	—
3 Bataillonskommandeure Stabstraktement (je 20 Thlr.) und als Kapitäns (je 15 Thlr.) .	105	—	—
3 Bataillonskommandeure, je 2 Rationen, zu je 4 Thlr.	24	—	—
11 Kapitäns, je 15 Thlr.	165	—	—
30 Leutnants, je 6 Thlr.	180	—	—
3 Adjutanten, je 6 Thlr.	18	—	—
3 Adjutanten, je eine Ration, zu je 4 Thlr. .	12	—	—
15 Feldwebel, je 3 Thlr.	45	—	—
120 Unteroffiziere, je $2^1/_2$ Thlr.	300	—	—
30 Tambours, je 2 Thlr.	60	—	—
1530 Gemeine, je 2 Thlr.	3060	—	—
1 Regimentsquartiermeister	20	—	—
1 Regimentsschreiber (zugleich statt Auditeur)	10	—	—
Summe	4078	—	—

	Thlr.	g. Gr.	Pf.
Uebertrag	4078	—	—
1 Regimentsfeldscheerer, einschliesslich Medizingeld für alle 15 Kompanien	100	—	—
1 Profoss zur Hälfte mit dem Regiment Jung-Wegnern	1	6	—
Kompanieunkosten und Gewehrreparatur auf 15 Kompanien, je 15 Thlr.	225	—	—
Summe	4404	6	—

Anm. 1. Rationen wie bisher.

Anm. 2. Die Montirungsausgaben waren genau etatisirt: Die 48 Offiziere erhielten monatlich je 2 Thlr. d. h. jährlich 24 Thlr. Für 1695 Mann vom Feldwebel abwärts waren zu einmaliger grosser Montirung für das Jahr 5085 Thlr. ausgesetzt; ausserdem wurden auf jeden Mann monatlich 8 g. Gr. zu kleiner Montirung gut gethan, d. h. jährlich im Ganzen 6780 Thlr. Die Gesammtkosten für die Montirung des Regimentes betrugen also auf das Jahr 13 017 Thlr.

Beilage XII.

Tarif des Landmilizimpostes in der Kurmark.

(Vergl. S. 153).

	Thlr.	g. Gr.	Pf.
1. Süsser Wein, à Eimer	—	12	—
2. Französischer Wein à Eimer	—	4	—
3. Rheinwein à Eimer	—	8	—
4. Fremdes Bier à Tonne	—	2	—
5. Kurstädtisches Land- und Krossener Bier à Tonne	—	1	—
6. Malz ohne Unterschied à Wispel	—	4	—
7. Roggen zum Scharren-Backen à Wispel . .	—	4	—
8. Ochsen zum Schlachten ohne Unterschied à Stück	—	4	—
9. Kühe à Stück	—	2	—
10. Schweine à Stück	—	1	—
11. Kälber, Hammel, Böcke und Ziegen à Stück	—	—	3
12. Lämmer à Stück	—	—	1
13. Viktualien, Seefische pro Thlr.	—	—	3
14. Viktualien von fremden Verkäufern pro Thlr.	—	—	4
15. Sächsische und fremde Galanteriewaaren pro Thlr.	—	—	3
16. Spezerei, Zucker, Kanten und andere Kramwaaren pro Thlr.	—	—	3

17. Materialwaaren, Pelzwerk pro Thlr. . . .	—	—	3
18. Talg pro Thlr.	—	—	3
19. Von Holz zum Handeln ohne Unterschied pro Thlr.	—	—	3
20. Von einem Haufen hart Holz	—	—	6
21. Von einem Haufen Kiehnenholz ohne Unterschied	—	—	4
22. Ein grosses Fuder Holz	—	—	2
23. Ein kleines Fuder Holz	—	—	1
24. Nachschussakzise von den einheimischen Fabrikwaaren	—	1	3
25. (Nur in Berlin) Erhöhung der Akzise vom Roggen zum Scharrenbacken auf den Scheffel um	—	—	9

Beilage XIII.

Monatlicher Verpflegungsetat der ostpreussischen Landmiliz.

(Vergl. S. 167).

	Thlr.	g. Gr.	Pf.
Der Kommandeur	20	—	—
6 Offiziere, je 15 Thlr.	90	—	—
24 Unteroffiziere, je 4 Thlr.	96	—	—
180 Förster zu Fuss und zu Pferde, je 5 Thlr. (ersteren weniger, letzteren mehr)	900	—	—
6 Trompeter, je 4 Thlr.	24	—	—
2000 Gemeine, je 1 Thlr.	2000	—	—
2217 Portionen Brod, zu je 2 Pfd. auf den Tag, unentgeltlich geliefert, kosten . . .	1663	—	—
Summe	4793	—	—

Anm. 1. Jede Kompanie erhielt ausserdem für den Offizier zwei, für jeden reitenden Jäger eine, im Ganzen also 20 Rationen.

Anm. 2. An Equipirungsgeld wurde bei der Formation für jeden Offizier 50, den Unteroffizier und Trompeter je 5, den Förster im Durchschnitt je 10 und den Gemeinen je 1 Thlr. gut gethan.

Nachtrag zu Seite 34.

Der vor kurzem erschienene XV. Band der „Politischen Korrespondenz Friedr. d. Gr." enthält einen Bericht der Minister Podewils und Finckenstein vom 10. Juli 1757 (S. 245), welcher für die Entstehung des Irrthums, dass die pommerschen Stände sich erboten hätten, die Miliz zu unterhalten, ein neues, wenn auch in keiner Weise klärendes Moment beibringt. Jener Bericht, der als die unmittelbare Veranlassung für die mehrerwähnte Kabinettsordre an Aschersleben d. d. Leitmeritz 13. Juli 1757 angesehen werden muss, stimmt mit dieser in merkwürdiger Weise im Wortlaute überein und enthält bei dem Vorschlage in Pommern und den Marken Milizen zu errichten unter anderem auch den Passus: „toutes les provinces s'empresseront de fournir les frais nécessaires pour entretenir encore un corps de troupes qui peut servir à leur défense". Demnach bleibt nur anzunehmen, dass schon bei den Ministern der, wir möchten fast sagen, verhängnissvolle Irrthum entstanden ist, dass die Provinzen bereit wären, die Unterhaltung der Miliz auf ihre Kosten zu übernehmen, und dass dieser Irrthum dann von ihnen auf den König sich übertragen hat.

Berichtigung.

S. 1. Anm. 1: lies Deutsche Rundschau 1877, und nicht 1878.

S. 2. Anm. 1: lies Märkische Forschungen XVII, und nicht VII.

S. 28 und S. 96: Die Signatur des als Landmiliz, Pommern, Militaria, 5a. b. angeführten Aktenstückes lautet korrekt: Gen.-Direkt., Pommern, Militaria, 5a. b.

S. 96.: ebenso statt: Gen.-Direkt., Pommern, Neumärk. Landmiliz, vol. I—VIII, korrekt: Gen.-Direkt., Neumark, Landmiliz, 1—8.

Inhalt.

Einleitung.

Brandenburgisch-preussische Landmilizen und Landesaufgebote bis zum siebenjährigen Kriege.

Erster Theil.

Pommern und Uckermark.

*) In diesem und dem folgenden Theil machten die eigenthümlichen provinziellen Verhältnisse einige Abweichungen von der sonst eingehaltenen Disposition unabweisbar.

Vierter Theil.

Die Kurmark.

Fünfter Theil.

Ostpreussen.

Anhang und Beilagen.

Kolibri 360 GmbH
Ferdinand-Jühlke-Straße 7
99095 Erfurt, Deutschland
produktsicherheit@kolibri360.de

Druck:
CPI Druckdienstleistungen GmbH
im Auftrag der
Kolibri 360 GmbH
Ferdinand-Jühlke-Str. 7
99095 Erfurt